开启全面建设社会主义现代化
四川新征程的实践研究

U0814316

成渝地区双城经济圈建设案例研究

裴泽庆　许彦◎编著

·北京·
国家行政学院出版社
NATIONAL ACADEMY OF GOVERNANCE PRESS

图书在版编目（CIP）数据

成渝地区双城经济圈建设案例研究／裴泽庆，许彦编著．—北京：国家行政学院出版社，2021.12（2022.5 重印）

（开启全面建设社会主义现代化四川新征程的实践研究）

ISBN 978-7-5150-2559-9

Ⅰ.①成… Ⅱ.①裴… ②许… Ⅲ.①区域经济发展—案例—成都②区域经济发展—案例—重庆 Ⅳ.①F127.711②F127.719

中国版本图书馆 CIP 数据核字（2022）第 067151 号

书　　名	成渝地区双城经济圈建设案例研究 CHENG-YU DIQU SHUANGCHENG JINGJIQUAN JIANSHE ANLI YANJIU
编　　著	裴泽庆　许　彦
责任编辑	刘　锦　谢　伦　陈　科
出版发行	国家行政学院出版社 （北京市海淀区长春桥 6 号　100089）
综 合 办	（010）68928903
发 行 部	（010）68928866
经　　销	新华书店
印　　刷	北京盛通印刷股份有限公司
版　　次	2021 年 12 月北京第 1 版
印　　次	2022 年 5 月北京第 2 次印刷
开　　本	170 毫米×240 毫米　16 开
印　　张	22.25
字　　数	317 千字
定　　价	58.00 元

本书如有印装问题，可联系调换，联系电话：（010）68929022

总序

党的十九届五中全会审议通过了《中共中央关于制定国民经济和社会发展第十四个五年规划和二〇三五年远景目标的建议》，开启了全面建设社会主义现代化国家新征程，吹响了向第二个百年奋斗目标进军的号角。全会提出了协调推进全面建设社会主义现代化国家、全面深化改革、全面依法治国、全面从严治党的战略布局，中华民族伟大复兴向前迈出了新的一大步。

站在新的历史起点上，四川主动适应国内外发展环境和条件的深刻变化，立足新发展阶段、贯彻新发展理念、融入新发展格局，奋力开启全面建设社会主义现代化四川新征程。中共四川省委十一届八次全会深入学习贯彻习近平新时代中国特色社会主义思想和习近平总书记对四川工作系列重要指示精神，全面贯彻落实党的十九届五中全会精神，分析四川发展方位和阶段性特征，深入研究事关全局和长远的重大问题，审议通过《中共四川省委关于制定四川省国民经济和社会发展第十四个五年规划和二〇三五年远景目标的建议》，为四川未来经济社会发展作出总体谋划和系统部署。

开启全面建设社会主义现代化四川新征程必须坚定以习近平新时代中国特色社会主义思想为指导，深入贯彻落实中央和省委决策部署，按照省委“稳农业、强工业、促消费、扩内需、抓项目、重创新、畅循环、提质量”工作思路，抓好疫情常态化精准防控、成渝地区双城经济圈建设、深入推进创新驱动发展、推进乡村振兴落地见效等重点工作，推动经济发展、社会文明、生态文明、民生福祉等方面不断取得新成效。成渝地区双城经济圈建设作为习近平总书记亲自谋划、亲自部署、亲自推动的国家重大区域发展战略，对四川而言意义重大、影响深远，具有引领性和标志性意义。党中央把成渝地区双城经济圈建设作为构建新发展格局的一项重大举措，进一步提升了四川在全局中的战略位势。乡镇行政区划体制改革是巩固党在农村的执政基础的重要举措，是推进国家治理体系和治理能力现代化的基础支撑，是近年来四川部署开展的涉及最广泛、群众最关注、影响最深远的重大基础性改革，对深入实施“一干多支、五区协同”战略部署、促进县域经济高质量发展、推动治理体系和治理能力现代化，意义十分重大。推动县级党校高质量发展是学习贯彻习近平总书记关于党校办学治校系列重要指示精神的生动实践，也是落实推动党中央和省委关于加强和改进新形势下党校工作意见的具体体现，对于提升党校办学质量、发挥教育培训基层党员干部主渠道作用具有重大意义。

在党中央和四川省委的坚强领导下，四川持续开展了系列探索和实践。在全面建设社会主义现代化四川方面，坚持党的全面领导、坚持以人民为中心、坚持新发展理念、坚持深化改革开放、坚持系统观念，积极融入新发展格局，打造带动全国高质量发展的重要增长极和新的动力源；着力提升产业发展水平和经济承载能力，加快建设具有全国影响力的重要经济中心；深入推进创新驱动发展，加快建设具有全国影响力的科技创新中心；全面推进深层次改革和高水平开放，加快建设改革开放新高地；持续提升共建共享水平，加快建设高品质生活宜居地；统筹发展和安全，建设更高水平的法治四川和平安四川，推进治理体系和治理能力现代化，实现经济行稳致远、社会安定和谐。在成渝地区双城经济圈建设方面，确定了成都都市圈在四川经济发展的主核地位，明确了“一轴两翼三带”的新区域发展格局，提出了以创新驱动引领高质量发展的指导原则，突出提升中心城市和城市群发展能级，聚力创新驱动引领高质量发展，强化支撑性、引领性重大项目建设，使成渝地区双城经济圈建设取得初步成效。在乡镇行政区划体制改革方面，注重顶层设计，坚持“顺向调整”思路，注重听取多方意见和建议，科学合理地设定目标，有效整合了公共资源、提升了服务效能、减少了运行成本、促进了经济发展，四川乡镇行政区划调整改革全部完成。在中国改革2020年度案例征集活动中，四川推进乡镇行政区划和村级建制调整改革入选省级特别案例。在党校高质量发展方面，进一步完善管理体制，结合办学条件、区位特点、覆盖规模、资源禀赋等因素，整合资源、优化结构、完善功能，提升教学水平。基层党校分类建设取得明显成效，党校系统办学条件得到了极大改善，师资队伍建设取得了一定成效，办学质量实现了全面提升。

扬帆“十四五”，奋进新征程。在全面建设社会主义现代化四川的起步之年，紧紧围绕党的十九届五中全会和省委十一届八次全会精神开展全面建设社会主义现代化四川新征程的实践研究，既是对“十三五”规划完成情况的梳理和总结，也是对新发展阶段战略机遇的适应和把握。结合四川发展实际，党校要深刻把握四川发展的国内外环境和阶段性特征，胸怀两个大局，辩证看待新发展阶段面临的新机遇新挑战，深刻认识社会主要矛盾变化带来的新特征新要求，始终紧扣中央和省委重大决策部署，聚焦全省经济社会发展现实问题，强化理论支撑，搭建实践转化桥梁，为全面建设社会主义现代化国家贡献党校的智慧力量。

科研工作是党校发展的基础支撑，对于提高教学质量、推进党的理论创新、服务党委和政府决策起着至关重要的作用。为了开展全面建设社会主义现代化四川新征程的实践研究，中共四川省委党校（四川行政学院）充分整合了全省党校（行政学院）系统150余名科研人员的力量，最终形成1本理论专著和3本案例集。一本专著为《全面建设社会主义现代化四川的战略研究》，3本案例集分别是《成渝地区双城经济圈建设案例研究》《四川乡镇行政区划体制改革案例研究》《四川县级党校高质量发展案例研究》，共同构成“开启全面建设社会主义现代化四川新征程的实践研究”丛书（以下简称丛书）。理论专著主要贯彻党的十九届五中全会精神，结合中共四川省委十一届八次全会提出的战略决策部署，从“十四五”时期推动四川经济发展取得新成效、推动四川社会文明不断进步、推动四川生态文明建设等七个方面进行理论思考和系统论述。案例部分主要围绕成渝地区双城经济圈建设、四川乡镇行政区划体制改革、四川县级党校高质量发展等内容，突出地方特色，集问题、思考、探索、做法、成效于一体，见人、见事、见措施，从基层实践的角度展示全面建设社会主义现代化四川的生动实践。丛书在编写过程中特别注重理论与实践相结合，政策与执行相对应，突出案例的故事性、冲突性和可读性，特别是突出时间维度的前后比较和空间维度的不同地区比较，力求在促进学术交流和干部教学的同时，为各级党委、政府提供参考，希望通过对全面建设社会主义现代化四川的理论研究和实践推动，贡献四川的智慧和力量。

裴泽庆

2021年10月

前言

成渝地区双城经济圈建设是习近平总书记亲自谋划、亲自部署、亲自推动的国家重大区域发展战略。2020 年 10 月，中央政治局审议通过了《成渝地区双城经济圈建设规划纲要》，强化了双城经济圈建设在我国构建以国内大循环为主体、国内国际双循环相互促进的新发展格局中的战略地位，赋予了川、渝两地共建带动我国高质量发展的重要增长极和新动力源的历史使命。中共四川省委十一届七次全会、八次全会就建好双城经济圈做出了战略部署，并将之确定为四川“十四五”规划的主要工作。

成渝地区双城经济圈建设事关全局，是四川加快建设经济强省、推动治蜀兴川再上新台阶的战略引领。把握国家机遇，将战略动能、战略位势、战略支撑的优势转化为四川发展实绩，对推动四川经济实现高质量跨越攀升意义重大。四川省委确定了成都都市圈在四川经济发展中的核心地位，明确了“一轴两翼三带”的新区域发展格局，提出了以创新驱动引领高质量发展的指导原则等。新战略新谋划深刻地改变了四川经济发展的路径依赖，如何建设成都都市圈、如何打造科技策源地、如何促进川渝毗邻地区协同发展、如何挖掘城市新优势等既是发展难题，更是发展要求。

本书的写作正是基于这一现实需要，立足实现“一极两中心两地”的发展目标，就加强川渝协同联动、抓好成渝主轴发展、推动五区协同发展、促进县域经济上台阶等方面的工作实践进行了案例研究。成都东部新区规划建设中的改革创新思维，德阳广汉打造成德同城先行融合区的实践，资阳建设成都东部新区协同区的谋划，眉山天府新区以区域协同为突破打造开放发展“新引擎”的创新，雅安打造成渝地区高品质康养宜居地的定位，覆盖川南、川东北地区的“气大庆”建设实施工程，泸州自贸试验区、综保区、跨境电商综试区“三区合一”的改革，南充临江新区破解“钱从哪里来”的举措，以川藏铁路带动甘孜州高质量发展的实践，遂宁船山区和达州开江县集成改革实践等鲜活的案例，都深刻地剖析了各地谋划未来发展的新挑战新思维，生动阐释了各地攻坚破难的决心和创新举措。案例以小见大，娓娓道来，有事例、有人物、有过程、有结果，既充分体现了各地发展的差异、特色和新功能定位，又对规划、决策和工作中的难点、创新进行了全面描述，为我们展开了一幅新时代四川解放思想、真抓实干、砥砺前行的壮丽画卷。

成渝地区双城经济圈建设既是国家战略，也是一个重大的理论问题和实践问题，对四川经济发展来讲，既是大机遇，更是大挑战。本书编撰的案例难以囊括四川各方面系统性的改革创新，仅希冀为各地的发展实践提供参考。

许　彦

2021年10月

目 录

CONTENTS

担纲排头兵，建设“气大庆”

——助力新动能、服务新格局的长宁实践

一、导语

当前，我们正步入百年未有之大变局的深度变革期，经济发展正从高速增长转向高质量发展，我国全面建成小康社会、实现第一个百年奋斗目标之后，即将乘势而上迎来开启全面建设社会主义现代化国家的新征程。同时，在发展中不确定、不稳定性因素加剧，新冠肺炎疫情在对全球经济社会进行短期冲击后还将带来深远的影响，这些情况使我国经济社会发展格局迎来了新的变化和调整。

国有企业是中国特色社会主义的重要物质基础和政治基础，是党执政兴国的重要支柱和依靠力量。尤其是能源类国有企业涉及国计民生、经济社会发展的命脉，是关系国家发展战略和发展安全的重要力量，肩负着历史重任、承载着使命重担。因此，我们必须始终坚持和完善党对国有企业的领导，不断推进能源类国有企业深入改革，明晰发展目标、创新发展模式、夯实发展基础，赋予新时代高质量发展的新要求新内涵，推动构筑形

成新的发展动能，为实现新阶段新目标提供坚实保障。

在能源安全形势日益严峻的情况下，必须加快新型能源勘探开发。四川拥有丰富的天然气资源，已正式提出实施中国“气大庆”建设行动。四川长宁天然气开发有限责任公司（以下简称长宁公司）是四川较早部署成立从事新型能源勘探、生产经营的综合油气公司，生产区域长宁—威远等作为“气大庆”建设的主要构成区块，进行了新的能源勘探开发模式探索，在较短时间内取得了显著成效和业绩，具有行业先行性、示范性，为推动四川转型发展、服务成渝双城经济圈建设、推进西部大开发形成新格局提供了新的动能。长宁公司是中央国企和地方国有资本整合的结果，是新时代推动“以管资本为主”的国有企业改革的新实践。从公司发起、成立到运作管理模式，再到生产经营方式，长宁公司进行了新的探索，形成了独特的发展模式，具有改革典型性。此外，长宁公司在改革发展中，发挥了党领导国有企业改革发展的独特优势和效能，在抓好党建引领上进行了一些新的探索，如创建生产一线“联合党支部”、开创党建引领的“会战模式”等。通过党建引领，该公司有效破解了企业在发展中面临的人员成分不一、生产地域分散、指挥协调不力、企地关系紧张等难题，是加强国有企业党的建设的生动实践。本案例还力求通过研究，查找长宁实践中存在的问题和不足，达到“管中窥豹”的效果，为新一轮“气大庆”工程的深入实施和相关改革发展提供参考。

二、案例背景

国有能源企业是中国特色社会主义市场经济发展和社会主义现代化强国建设的重要动力支撑，在现有国有企业体系中，涉及面广、体量较大、数量占比多，是国有企业改革的重点领域。能源是国民经济和社会发展的“主动脉”和基础保障，关系国家经济社会发展的全局性、战略性问题，是国家繁荣发展、人民生活改善、社会长治久安的关键所在，因此必须确保能源安全。经过长期发展和探索，尤其是随着改革开放的深入推进，现代化建设步伐不断加快，我国已成为世界上最大的能源生产国和消费国，形成了较为健全的能源供给保障体系。当前，我国经济发展主要依赖煤炭、电力（含水电、火电、核电等）、石油、天然气等能源，同时也对一些新能源和可再生能源积极进行探索开发。

然而，当下我们依然面临着严峻复杂的能源安全形势，现阶段我国能源供给需求和结构调整面临巨大压力。从国内来看，能源需求与日俱增，压力较大。《2050 年世界与中国能源展望》（2019 版）显示，未来 5—10 年，我国对以煤炭、油气和新能源为主的一次能源消费需求将达 40 亿吨标油的峰值，而目前我国石油进口依存度超过 70%。在经济转向高质量发展过程中，为追求更加低耗能、高增长的发展方式，中国宣布努力在 2060 年实现碳中和目标，在 2030 年之前达到排放峰值，经济发展耗能将转向以清洁能源为主。然而，从国内能源实际情况看，一方面，当下能源供给不畅、体系不够健全、新型能源开发较少，仍无法摆脱对进口渠道的依赖。另一方面，能源生产技术水平总体比较落后，不同程度上对生态环境造成了损害。从国际看，国际能源形势不容乐观。《2050 年世界与中国能源展望》（2019 版）指出，到 2050 年，世界一次能源消费将持续增长，达到 182 亿吨标油的体量。在能源需求方面，石油消费将在 2035 年前后达到峰值，其中绝大部分增长来自亚太地区的需求。能源消费也会进一步向清洁化方向发展，随着能源革命的到来，我们将从传统的煤炭石油时代向电气时代迈进，天然气等燃气资源将成为能源转型过渡阶段可寻求的路径支撑。

此外，在世界局势发生深刻变革的背景下，能源领域也受到广泛深刻的影响。国际油价在低位震荡运行，能源供给结构不断调整。以美国为首的西方国家在多个领域进一步遏制中国崛起，在能源、高新技术等领域加强对华制裁。受新冠肺炎疫情在全球范围肆虐的影响，能源危机和经济安全风险增大，保护主义、单边主义抬头，逆全球化思潮兴起，地缘政治风险加剧，世界经济深度衰退，国际能源市场剧烈波动，能源安全的挑战不容忽视。必须建立国内能源多元供应体系，加大优质、清洁能源开发，着力推动清洁低碳能源生产，推动形成能源互联网，带动能源产业升级，增强抵御风险能力，为新发展提供坚实的能源保障基础。

保障能源安全，事关发展全局。2020 年 1 月，党中央提出推动“成渝地区双城经济圈”建设，并将之作为应对国内国际环境继续发生深刻复杂变化、促进形成新发展格局的一项重大举措。2020 年 5 月，党中央基于国内国际形势变化，作出“加快构建以国内大循环为主体、国内国际双循环相互促进的新发展格局”的战略部署。在新发展格局中，四川作为全国重要的市场腹地和内陆开放门户，是国家战略的大后方，被赋予了更为重要的能源保障角色，将承担更加艰巨的任务。

作为西部地区重要能源大省，四川拥有丰富的油气资源。四川盆地天然气资源储量丰富，并且已经开始进行一些开发探索。四川盆地天然气总资源量达 38. 84 万亿立方米，约等于鄂尔多斯盆地、塔里木盆地、柴达木盆地三大盆地天然气资源量的总和，已获探明储量 3. 73 万亿立方米，探明率仅 9. 6%，是国内最具潜力的天然气勘探开发盆地。在页岩气方面，根据四川省能源局的数据，四川省页岩气资源量约为 27. 5 万亿立方米，占全国页岩气总储量的 20. 46%；四川省页岩气可采量达 4. 42 万亿立方米，占全国页岩气可采量的 17. 67%，资源量和可采量均位居全国第一。随着开采技术的变革，以及可控性、安全性的增强，四川丰富的页岩气、高含硫等高难度天然气田的开采成为可能。

新时代有新发展，四川结合省情实际和转型发展要求，积极探索怎样更好地进行新型能源开发，服务新的发展战略。中共四川省委十一届七次全会着眼加快推动成渝地区双城经济圈建设，更好地担当国家使命、服务战略全局，作出《中共四川省委关于深入贯彻习近平总书记重要讲话精神加快推动成渝地区双城经济圈建设的决定》，明确提出“完善天然气、页岩气等资源能源开发利益共享机制，建设天然气体制改革试验区，打造中国‘气大庆’”。《四川省国民经济和社会发展第十四个五年规划和二〇三五年远景目标纲要》也提出，在完善现代能源网络体系上，四川将实施中国“气大庆”建设行动，明确加快川南长宁、威远、泸州等区块页岩气产能建设，建成全国最大天然气（页岩气）生产基地，加强天然气产、供、储、销体系建设，使天然气年产量力争达到630亿立方米，打造中国“气大庆”。2020年7月，川渝两地签订《共同推进成渝地区双城经济圈能源一体化高质量发展合作协议》，明确指出双方将统筹推进川渝地区天然气资源勘探开发，积极发挥长宁—威远、涪陵国家级页岩气示范区建设的引领作用，打造川渝天然气千亿产能基地，2025年建成中国“气大庆”（油气当量相当于大庆油田），双方将携手打造具有全国影响力的能源绿色高效利用示范区和重要清洁低碳能源生产基地，为成渝地区双城经济圈建设提供坚强的能源保障。“气大庆”战略被正式纳入成渝双城经济圈建设中，并形成重要的战略支点。然而，对于天然气能源的勘探和开发，以什么样的方式进行，谁来承担牵头重任，怎样保证这些资源得到充分开采利用，勘探开发技术难题和安全性问题如何破解，地方发展和产区民生如何保障，怎样确保生态环境安全，如何有效调动各个层面人员参与进来，这些都是将要面临的问题。

三、典型案例

2013年12月，长宁公司在成都正式挂牌成立，是油气能源领域首家中央国企和地方国有资本整合的国有企业。公司矿权面积7376平方千米，横跨我国西南地区5市19县，是国内最有利的海相页岩气富集区。长宁公司成立以来，明确公司职能定位和服务经济社会发展中心大局，把能源开发的战略任务放在首要位置，紧抓油气资源勘探开发主业，通过有效整合生产资源，在短期内实现建站投产和高速增产目标。

（一）模式新颖治理难：围绕“管资本”抓改革，探索新型治理运营模式

长宁公司成立后面临许多问题，尤其对于企业怎样确保公司始终服务发展大局，怎样充分发挥国有资本融合优势，是公司需要直面的重大问题。公司抓住关键环节，在改革创立之初就科学设计参股资本份额。公司注册资本10亿元，其中中国石油天然气股份有限公司（以下简称中石油公司）出资占股55%，四川省能源投资集团有限责任公司出资占股30%，宜宾市国有资产经营有限公司出资占股10%，北京国联能源产业投资基金出资占股5%。中石油公司作为主要股东方，吸纳地方和市场有关要素，共同参与公司生产运营全过程，保证了长宁公司能够始终围绕发展大局，贯彻落实中央战略部署，同时也确保公司生产发展迅速走上轨道。

1. 大型央企来引领，抽调人员组团队

长宁公司成立之初，主要由股东方派出人员参与前期工作，没有明确的发展目标，领导班子较为松散，对于这类企业怎样进行管理，怎样开展生产经营，目前没有可供参考的模式。长宁公司的做法是，首先配好“领头羊”，加强领导班子建设和领导能力建设。“火车跑得快，全靠车头带。”公司成立以后，首先从股东方抽调一批政治素质硬、业务能力强、管理水平高、工作经验丰富的骨干组成领导班子。在决策机制上，强化联动，整合各方力量，及时修订完善“三重一大”（重大事项、重要干部任免、重大项目投资、大额资金使用）决策制度。在治理方式上，坚持优化顶层制度设计，科学引入中石油公司的成功经验和治理规范，建立健全和优化现

代企业法人治理结构，强化保障和支撑。由地方派出的参与公司领导班子的某负责人表示，“中央国企经过长期发展，形成了一套管用的治理办法，我们这样的公司可以直接吸纳运用，给我们树立了良好的治理规范”。从工作制度、流程规范到先进设备仪器、制服工装，都体现了中石油公司式的专业标准。在管理运营上，长宁公司成立时，体制机制不够健全，存在许多制度空白，缺乏成熟稳健的现代化治理方式。在发展过程中，长宁公司结合自身生产经营实际，制定标准化清单，实现治理制度化、制度流程化、流程表单化，扎实开展提质增效，成效显著。长宁公司突出依法治企、依规治企，确保经营效益持续增高。经过努力，长宁公司已建成规范统一、界面清晰、风险可控、运行高效的内部治理体系。

2. 人马不足广招兵，结对培养稳军心

在人才队伍建设上，长宁公司成立之初，人员数量不多，年龄、职称结构不够优化，一线专业技术人员匮乏，工作开展十分困难。某中层干部指出，刚组建时，公司呈现“将多兵少”的状况，而且许多人员不够专业，无法开展工作。长宁公司不断加强人才队伍建设和管理培养，除了从股东方抽调一批可即时使用的骨干精英以外，又陆续通过各种方式招引专业化高素质人才，健全队伍。截至 2020 年，员工总数 144 人，平均年龄 39. 7 岁，基层领导人员队伍平均年龄 39. 6 岁。干部年轻化走在国企前列。公司员工中，本科及以上学历人员占 95%，中高级专业职称人员占 88%，专业技术人员结构优势突出，专业化程度高，为公司高质量发展奠定了高层次专业化技术人才储备（见图 1、图 2）。

在人才发展上，长宁公司成立初期没有形成良好的人才培养发展模式，一些生产技术人员来自天南地北，远离家乡，非常不习惯。如某站井生产作业员小张的老家在山东，他大学毕业后就参加了工作，来到长宁公司后被分配到一个“评价井”工作。“评价井”平时工作人员较少，最多的时候只有 6 个人，工作环境也相对封闭。他说：“刚开始来的时候才真正

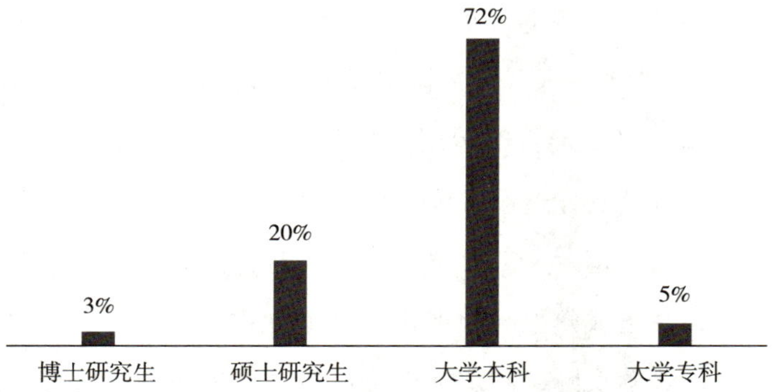

图 1　长宁公司一线员工学历情况

（注：根据长宁公司提供数据绘制）

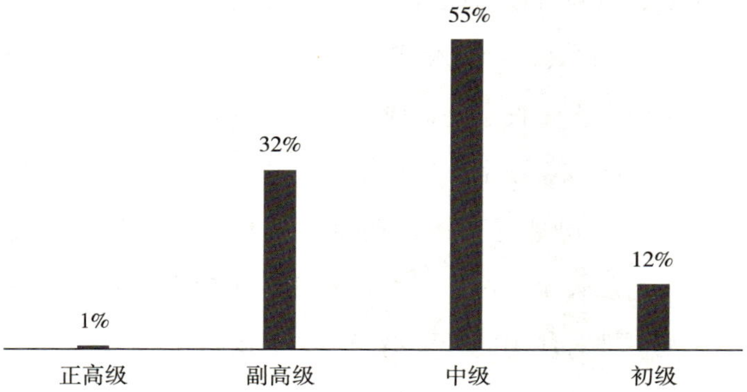

图 2　长宁公司一线员工职称结构情况

（注：根据长宁公司提供数据绘制）

体会到石油工人的辛苦和孤独，那时我才 28 岁，整天就窝在这里，经常会想家，努力工作也看不到任何希望。”公司针对这种情况，加强对生产一线人才的关注和培养，加大关怀带动力度，建立师徒结对关系。进一步建立健全动态培养机制，使生产一线干部从班组长、小队长、分队长到站长梯队培养，形成整体“老带新”、结对“传帮带”的良好培养发展模式。不断加强对年轻人才的关怀和培养，为公司发展注入活力。

（二）任务紧迫量产难：紧扣发展中心，抓好生产经营，推动高质量发展

生产经营是国有企业的核心，是有效服务社会经济高质量发展的关键。只有抓好生产经营，才能凸显公司价值。在能源短缺的情况下，清洁能源需求压力凸显，长宁公司是带着重大战略任务和发展要求成立的。在传统能源向新型能源转型的过程中，怎样较好地适应对接能源产业供应链转换，怎样合理有效地利用现有资源、技术，在短期内达到生产要求并提高生产效率，怎样抓好生产平台、基础设施工程建设等问题，关系着公司的生存和发展，关系着围绕中心、服务大局的实际成效。

1. 尽快上产成期待，会战模式促达产

长宁公司首先面临的是尽快实现生产上马的问题，公司建立起来很迅速，从酝酿到实现，不超过半年。然而，公司成立后，怎样组织生产、尽快实现上产，各个股东方心中都没有底。“这样的公司从组织勘探到建设平台、进驻生产队伍，至少要两三年才能投产。”有业内人士一开始这样认为。公司反复研究，认为要想在短期内取得成效，必须借助曾经的“石油会战”经验。怎样才能达到“会战”效果，以往都是靠组织号召、集团要求，现在要靠市场的方式解决。

长宁公司决定创新生产组织方式和管理运营模式，扬长避短，有效借力，充分发挥资本整合带来的股东方整合优势，形成“长宁会战”，铸就“长宁速度”，彰显社会主义制度集中力量办大事的优势，更要体现国有资本整合带来的好处。如果仅凭借一己之力，公司将面临很多无法解决的问题，无论从人力、技术，还是资金各个方面都难以保障。为克服“单打独斗”的局面，公司在主要发展方式和发展理念上，借鉴大庆油田建设过程中形成的“石油会战”经验，创新形成“长宁会战”模式，即在公司管理运行平台建立以后，以此为牵引，把主要精力放在生产经营布局、核心技

术引领、关键环节实施上面，将一些专业化工程和配套进行的重大项目面向有资质的业内专业承包商进行招标外包，率先启动生产建设任务，形成“百家承包商、万人大会战”的上产局面。长宁公司有效整合各方力量，转换效能、借力发力，形成了“甲方主导生产布局和核心技术、多方市场主体共同参与、资源利用充分有效、工程项目协同推进、生产组织精准高效”的良好格局，有力提质增效，并为降低成本、提高生产效率及共享式发展探索出了一条新途径，充分发挥了央企和地方国有资本融合带来的资源整合优势，确保了高质量高水平完成产能建设任务。

2. 工程建设成本管理创新，创新开展“日费制”

在基础平台建设上，长宁公司进行了较大的突破。调动了30余家单位参与施工，短期内建成了多个生产平台和监测站井，相继打造出“两百万方”“三百万方”“四百万方”平台，树立了我国西南油气田页岩气平台测试产量的新标杆。在工程建设管理上，创新承包费用“日费制”方式。公司成立之初，人员少、管理压力较大，技术保障也存在诸多难题。公司采取“日费制”，将一些可放开的领域和生产环节向有资质的生产企业进行外包。在实施过程中，坚持甲方技术主导，紧密依托技术专家团队、三级管理网络等优势资源，在资源勘探开发上采用“日费制”的管理方式，优选专业技术团队宁209H68平台、新疆贝肯70006队开展平台“日费制”试验，定时定量，单日承包结算，并引入海峡科技等进行第三方评估监督。公司重点管理有关地质导向、旋转导向、钻头、钻井液、测井、固井等关键环节的作业技术服务队伍，大大提高生产效率。钻井周期较平台考核周期提前18.72天，实现周期缩短、成本降低、风险可控。此外，在“日费制”管理下，还通过与工程设计优化、专业培训、现场精细化管理相结合，攻克了平台表层恶性漏失、茅口组可钻性差、韩家店—石牛栏组地层承压能力不足、龙马溪组安全密度窗口窄等钻井难题，实现周期、成本可控，技术难题得到有效解决。

（三）风险点多攻坚难：推动技术攻关和技术创新，强化风险管控

对于能源生产型企业发展而言，安全生产、成本控制等风险压力巨大。要实现安全发展，技术创新是关键。作为中央企业和地方国有资本融合发展的新型企业，进入了一种新的能源开发产业领域，要求形成自己独有的技术和创新能力，必须通过技术创新实现效率提升、降低成本、管控风险。

1. 勘探难度系数大，技术创新能力高

长宁公司在成立发展初期，在技术革新层面面临着重大难点，清洁生产、绿色生产方式有待形成。例如，在勘探过程中，一些区域由于当地山体特殊，多块状坚硬岩层，加上受高温等因素的影响，一些深层钻探无法展开。公司合力攻关，解锁深层高温页岩气钻井技术瓶颈，成功突破 3500 米的深循环 138℃高温钻井难题。公司通过引进、消化吸收和发展创新，形成适宜长宁地区地质条件的勘探开发八大主体技术。细化了开发单元，定制了技术模板，精准实施铂金靶体，压裂工艺实现换代升级，支撑了埋深 3500 米浅页岩气资源规模建产与清洁有效开发。公司积极攻关和推广应用清洁生产工艺，2020 年共申请发明专利 17 项，获省部级和厅局级科技进步奖 16 项，获奖数量与级别创历年之最。

2. 风险管理要求高，智能技术保障强

长宁公司成立初期缺乏相应的风险管理标准体系和风险防范与化解机制。经过研究，建立了风险分级防控体系和风险作业清单式管理模式，狠抓“两个现场”风险管控，形成“五位一体”监管体系，创新建立并实效运行中石油公司模式下的 QHSE（质量、健康、安全、环境）管理体系。安全风险全面受控，初步建成长宁智能气田。快速推动数字化转型升级，创立跨企业、跨系统、跨专业的“数据共享、信息互通、业务协同”新业

态，实现钻试现场数据自动采集、视频实时监控、应急远程指挥全覆盖（见图 3），实现生产现场“平台无人值守 + 中心站集中监控”全覆盖。实现 DOC/DOE 优化中心等 5 个智能应用系统全部上线测试，初步建成数据自动流动的状态感知、实时分析、科学决策、精准执行的闭环赋能体系。满足长宁公司规模快速上产需求，使全过程安全受控，创下了连续生产 2000 天无事故纪录。

图 3　工作人员正在进行智能监测与控制

（图片来源：现场调研拍摄）

3. 标准作业力度大，生产流程规范细

公司加大控制性流程的规范要求，加强技术交底、图纸审查、现场复核、变更签认、完工交接等关键环节标准化管理，努力打造精品工程。制定并实施《长宁区块 311.2 毫米/215.9 毫米井眼井漏处理模板》等六套技术规范和标准。经过标准化建设，“三查四定”（查设计、查工程质量、查未完工程；定任务、定人员、定时间、定措施）发现问题同比减少 33%。

在提高生产效率的同时确保生产安全，实现周期缩短、成本降低、风险可控。页岩气钻探开发技术取得重大突破，达到国际先进水平，为解决川渝页岩气复杂地层恶性井漏难题提供了新方法。这些探索确保了长宁公司在生产经营中，最大限度地减少损失和降低安全责任风险。

（四）环境复杂民生难：坚持生态优先与和谐发展，切实履行社会责任

长宁公司在发展过程中，原有的技术不适应新的地理环境，川南地区多山且地质构造复杂，生产初期对地质情况和资源储备情况掌握不够全面，有专家担心建设投入后无法实现标准达产和持续上产，加上开采后产量的周期性递减原因，对生产平台建设标准提出异议，提出应建设成本投入较少的临时性作业平台。但是，这样一来生产人员就会面临更加艰苦的作业环境，甚至可能给当地带来生态环境风险，也会给当地居民带来安全隐患。长宁公司从长远可持续发展和生态保护要求出发，抓好平台建设，高标准建设生产平台，目前已开发建成一线页岩气勘探生产标准化站点 4 个。截至 2020 年 10 月 10 日，长宁—威远国家级页岩气示范区长宁区块日产气量达到 2026 万立方米，达到全国领先水平。

1. 生态优先放第一，加强环保创先进

在环境保护和生态安全问题上，公司坚持“生态优先”的原则，对于破坏生态环境的问题，坚持“零容忍”。例如，公司在监管中发现，有的承包商将废渣、废料、清运等业务二次承包，受委托的运输方从经济效益出发，没有将废渣运往指定地点按照规定程序处理，而是偷偷运往其他地方，乱排乱倒，污染了当地的生态环境，也给当地群众带来困扰。于是，长宁公司加强了监测监管体系建设，加强新式监测技术运用，加强对承包商生产废料处置的监管，确保生态环境安全。公司介入监管后，乱倒废渣的行为得到了有效治理。长宁公司已经成为中石油公司首批进入国家绿色

矿山名录的新型能源开发企业，连续五年获得西南油气田公司“HSE（健康、安全、环境管理体系）先进单位”称号，连续两年获得分公司“节能节水先进单位”称号，连续三年获得“四川省生态环境良好企业”称号。

2. 群众利益是根本，服务民生不松懈

长宁公司所处的生产区域地方经济社会等发展状况不佳，多位于乌蒙山区连片贫困地带，交通不便，群众生产生活水平较为落后。一些地方连基本的饮水和生产灌溉用水都无法保障。基于央企和地方国有资本整合的方式，公司坚持企地共建，同步一体发展，落实好“两个责任”。公司树立“建设一个气田，造福一方百姓，带动一片经济”的理念，在建设发展过程中，加大对地方基础设施建设、灾后重建、扶贫帮困的力度，有力地服务和带动地方经济发展，共同建设更加融洽、更加密切的企地关系，实现企业与地方和谐发展。公司积极参与脱贫攻坚，助力解决民生问题。公司成立以来，扎根川南、建设川南，投入近5.6亿元加大对地方基础设施建设、灾后重建、扶贫帮困，按期向地方缴纳税费近20亿元。积极参与宜宾兴文县、高县等地的精准扶贫工程，参与蓄水池的新建或升级工作及乡村干道的改造工作。加大定向服务群众力度，在工程建设和生产经营中，切实保障群众利益。在占地补偿上，除落实国家相关补偿规定和要求外，还投入专项资金用于土地民房征用、防尘降噪等补贴。对于技术含量较低的场地清理、劳务使用、垃圾清运、伙食保障等工作，公司要求承包方坚持就地就近原则，聘用当地群众参与相关工作，为当地提供就业服务岗位100余个。

3. 坚持企地相融合，和谐共生谋发展

长宁公司在生产经营过程中还积极促进资源地绿色高质量发展，服务当地“工业强县”“生态兴县”的发展战略。促进绿色生态清洁能源综合开发利用，助力资源地调整用能结构、转变发展方式，发展低碳经济、改善投资环境，将资源储量丰富优势转化为经济优势，推动县域经济高质量发展，为进一步提升人民群众生活品质奠定坚实的基础。长宁公司加强与地方政府的工作对接，建立和完善沟通协调机制，推动了生产建设中一系列重大问题的及时解决，极大改善了与资源地的关系，行政审批和征地用地等效率显著提高。

此外，在疫情防控过程中，公司同步抓好疫情防控与复工复产，与当地政府一起坚决落实“把人民群众生命安全和身体健康放在第一位”要求，共同抗击新冠肺炎疫情。通过强化组织领导，建立全覆盖防疫机制，多方筹措防疫物资，严格人员管理，强化与地方政府和承包商的沟通协调，周密组织复工复产，公司所有员工以及7000余名承包单位员工实现“零疑似”“零确诊”，疫情防控效果明显，并率先启动复工复产。公司还加强了科普宣传，组织资深宣讲人员、专业技术人员加强对群众的宣传和科普教育，设立科普宣传日、现场开放日，让广大群众了解公司运营以及相关生产项目，宣传国家能源发展战略和相关政策，普及科学知识，构建良好的企地关系。

（五）业务分散整合难：加强党建引领，强根铸魂促发展

能源类国企的工作性质决定了石油天然气的开采都是野外作业，出于安全、环保等方面的要求，工作现场远离城市，参与工作的人员较为分散，且流动性强。有的一线工作者说：“有时为了参加一个现场会议，需要半夜就出发，坐四五个小时的车，如果下雨，还要面临山体滑坡的危险。”此外，在人员身份上也面临人员来源不一、身份多样结构差异的问题，既有各个股东方派出的人员，也有招聘选拔的人才，还有各条战线、各个环节中庞大的承包方队伍。从工作角度来看，他们主要从事行政管理、技术研发、基础工程施工、一线生产等不同工作。事权复杂、队伍庞大、业务分散，公司这种业务多样性和内部多元化的现状急需得到有效统

揽。如何才能有效“统”起来？长宁公司成立之初，党建工作较为薄弱，党组织不够健全，党员管理松散，甚至缺乏专门的党建工作队伍。针对这些问题，公司不断加强党建工作，强化党的领导，创新组织建设，发挥党员先锋模范作用，以此形成统揽全局、整合各方面力量的局面，公司逐渐凝聚起人心，发挥出战斗攻坚作用。

1. 建强党委抓关键

长宁公司首先加强党委领导，强化组织原则。旗帜鲜明坚持党的领导，建立健全公司党委、部门党总支、一线党支部的组织架构，持续提升公司党委“把方向、管大局、保落实”的能力和水平。进一步深化巡察整改成果，举一反三开展自查自纠，切实做好巡察“后半篇文章”。将党委会作为股东会、董事会等公司重大决策的前置程序，极大地强化了党委在公司治理中的领导作用。坚持和完善“双向进入、交叉任职”领导体制，任命基层负责人兼任支部副书记，贯彻落实“一岗双责”的要求。公司党委坚持全面从严治党，不断创新党建工作，将党建工作融入中心工作之中，提升了党的凝聚力、执政力和公信力，提高了党组织解决复杂问题的能力。公司党委积极开展促进党建工作与中心工作融合途径研究，进一步实现了党建工作和公司中心工作有机融合，定期安排部署全面从严治党工作，规范专题会议议程并形成常态，把研究党建工作和推动重点工作相融合，将国有企业党建工作政治优势逐步转化为长宁公司核心竞争力，使党员领导干部政治能力不断提升。

2. 建设支部筑堡垒

长宁公司积极创新基层党组织建设形式，把支部建在“站”上、建在“井”上，夯实基础，增强一线战斗力。公司党委从发展改革实际出发，优化改建党支部，有机整合基层组织力量，将机关党支部从原先的 10 个调整成 3 个，新设置的党支部由党群部门和主抓生产经营的部门联合成立，发挥党群部门的工作优势，带动提升支部整体建设；针对生产一线地域作业分布广、生产任务重、站点党员数量不均等实际情况，创新组织形式和党建工作载体，创造性地成立生产一线“联合党支部”，支部成员由各个站点生产一线中的青年骨干组成，人均年龄42岁，且40岁以下党员和本科学历以上党员占比逐年增加，具有高级职称以上的人员占57%。“联合党支部”克服地理分散和时间条件限制，每月定期召开支部会议，及时开展远程“线上”支部活动，将其他业务承包商派驻人员中的党员一并纳入支部开展活动，“联合党支部”使党的基层组织实现全覆盖。

公司以支部建设为抓手，创新开展年度党支部达标晋级现场测评工作，通过采取现场打分、交叉互评的方式对所属党支部的党建工作开展情况进行全面考核，为党支部差异化管理、提升党支部组织力奠定了坚实基础，推动了公司党委全面从严治党向基层延伸。开展“践行四合格四诠释，打造页岩气开发行业标杆”等各类岗位实践活动，不断提升党组织政治力、组织力，成立“新区评价”“评价井提速”等4支党员突击队，弘扬石油精神、凝聚组织力量，推动形成过硬的页岩气“铁军”作风。2个党支部获得中石油公司“先进基层党组织”称号，1个党支部荣获我国西南油气田公司首批“示范党支部”称号，2个党支部获西南油气田公司“先进基层党组织”称号。充分发挥基层党组织“战斗堡垒”作用，使得生产一线有了“主心骨”，在自身建设、生产经营、应急处突等过程中发挥了先锋模范作用。

3. 创新管理聚党员

长宁公司在成立之初，党员存在来源广、流动性大、组织关系分离的特点，既有抽调人员又有股东方委派的人员。例如，负责企地关系协调的某经理是由当地国资公司派出，其组织关系在原单位，因此不便于工作开展和组织管理，导致他经常两头跑，有时候两头都无法兼顾。一些工程承包队伍里虽然有许多资深老党员、老工人，但是没有被有效组织起来，组织生活也没办法开展。针对这些实际，公司创造性地开展“属地管理+身份管理”的党员管理模式，由生产一线党总支统一管理，较好地解决了党员融合的问题。在工作机制上，持续创新党建工作模式，出台公司党建标准化、规范化相关制度，推动公司党建同川南气矿、承包商、地方政府等相关关联单位、部门开展区域党建共建，创新党员活动形式，以党建为抓手整合力量，引领生产发展，充分释放国有企业抓党建、促改革发展的政治优势。近3年来公司党员数量不断增加，基层党组织数量不断增加，由2015年的37名党员发展为目前的114名党员，党员数量和结构均有了显著的变化（见图4）。

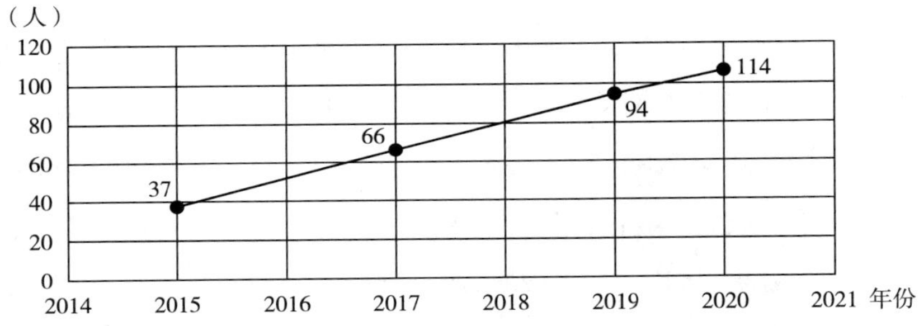

图4　长宁公司党员数量变化

（注：根据长宁公司提供数据绘制）

四、实施效果

长宁公司自成立以来，始终站在讲政治、顾大局、保民生的高度，勇于担当、拼搏奋进，大力推进页岩气规模效益开发，实现了快速跨越发展。公司发展一年迈上一个台阶，一年实现一个跨越。公司成立的第一年实现盈利，第二年产量翻两番，第三年全面建成国家级页岩气示范区，第四年突破百万吨油气当量，第五年形成大会战、产能快速推进局面，第六年单次新增储量居全国页岩气储量第一位，第七年区块累产气突破100亿立方米。2016 年，全面建成长宁国家级页岩气示范区，区块产量达到 11.24 亿立方米，超额完成示范区建产任务。随后，又在完成 30 亿立方米产能建设的基础上，公司高质高效推进 50 亿立方米上产工作。2017 年，区块产量突破百万吨油气当量。2018 年以来，按照集团公司加快页岩气发展的决策部署，长宁公司进一步加强生产组织，落实要素保障，强化生产组织。2018 年至 2020 年，区块日产规模从 400 万立方米快速攀升至 2000 万立方米以上，跃居全国第一位，年产能力超过 60 亿立方米。天然气年产量从 2014 年的 1.01 亿立方米快速增长至 2020 年的 56.13 亿立方米（见图 5）。

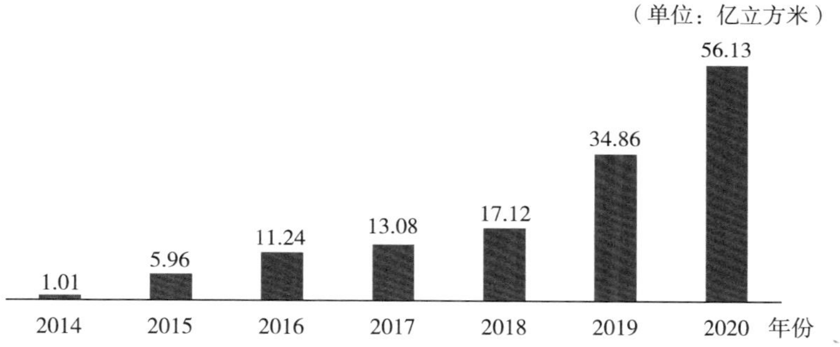

图 5　长宁公司近年来天然气年产量跃升情况

（注：由长宁公司提供）

“十三五”期间不断加快投资发展，全员劳动生产率得到大幅度增长，全面完成公司生产经营各项指标，页岩气产量累计突破 130 亿立方米，实现钻井工程质量合格率 100%、安全环保“三零”目标，公司产量持续翻番、利润屡创新高，树立了页岩气生产单位效益标杆。在川南页岩气年产达 100 亿立方米的过程中，长宁公司贡献率超过 50%，成为我国西南油气田“300 亿大气区”中的重要组成部分。经过数年发展，长宁公司已建设成为全国最大的页岩气生产区块，是世界第二大页岩气产区产量的主要贡献者。公司生产的能源产品，经过清洁处理，在纳溪、永川等地接入国家能源管网，输送到各个地方，为川渝等地经济社会高质量发展提供了能源保障。

长宁公司诞生在特殊的时代背景下和特殊的行业领域中，是新时代推动以管资本为主深化国有企业改革的生动实践。该公司通过有效整合中央国企和地方国有资本，进一步释放活力，创新体制机制，推动新型国有能源企业改革，积极担纲能源勘探开发使命。自成立以来，长宁公司围绕全面增强国有经济竞争力、创新力、控制力、影响力、抗风险能力，积极创新国有企业资本融合和管理运作方式，搭建平台载体、创新生产经营模式，实现高质量达产上产，在油气能源勘探生产上发挥“尖兵”作用。在实践中，该公司把管资本、抓改革的理念贯彻到公司高质量发展的各个方面，把“强根铸魂”的要求落实到基础建构和生产经营实践中，实现基础架构、组织建设、制度规范、人才队伍、生产基地从无到有、从有到优，创造出“凝心聚气，精锐长宁”的企业品牌和精神，持续创造佳绩。在“气大庆”建设布局中，长宁公司率先达到规模高产，实现了高质量发展，是对新时代国有能源企业改革发展新路的积极探索，为筑牢国家能源安全屏障，推动建设“气大庆”，服务成渝地区双城经济圈发展，服务“以国内大循环为主体、国内国际双循环相互促进的新发展格局”做出有力贡献。

从一个名不见经传的无名小企业，成长为一个行业先进企业，长宁公司谱写了四川新型能源勘探开发的新篇章，探索了能源类国有企业新的发展道路。公司先后入围 2020 年四川企业 100 强、2019 年度宜宾市工业企业 50 强，获得“中央企业先进集体”“国家绿色矿山企业”“四川省五一劳动奖章”“四川省科技进步一等奖”“中国石油集团公司先进基层党组织”等省部级以上荣誉 10 余项，连续五年被评为西南油气田公司先进单位。

五、经验启示

长宁公司积极对标国家战略部署，以新改革促进新发展，主动适应新型能源发展布局调整，找准方向，加快推进生产建设，有力保障了川渝地区能源供应，健全了相关产业体系。长宁公司的成立、发展、运营体现了新时代推进国有企业改革的新实践，这种模式尤其在能源这一关键领域发挥了重要作用。主要形成了以下经验。

第一，持续深化国有企业股权改革和“管资本”方式改革。公司通过推动以“管资本”为主的改革方向，优化国有资本整合方式，突出整合特点，充分凝聚和发挥各股东方优势、力量，取得了显著成效。长宁公司的改革发展紧紧围绕“管资本”这一国企改革发展的根本所在，强化企地国资融合效能，创新股权结构，有力提升了资本使用效率，通过持续深化股权改革，带动了生产经营业务。坚持以生产为中心，抓住产能提升和生产效率提高的关键环节进行改革。长宁公司在推动以“管资本”为主的改革理念引领下，加强要素整合和新兴资源动能培育，创新生产一线的管理方式，抓好基础工程建设，确保高效达产，积极对标国家战略服务经济社会发展，为高质量发展注入能源动力。

第二，进一步强化技术赋能，加强技术创新。持续推动技术创新是长宁公司取得成功的主要因素，通过技术创新使公司在质量、健康、安全和环境管理等方面达到集团公司先进水平。公司加强技术创新和运用，加快形成自动化生产、数字化办公、智能化管理的新模式，全面建成智能页岩气田。技术创新也为长宁公司在发展过程中强化风险管控提供了有效的保障，推动形成独特的风险管控体系和标准化管理方式，保证公司生产发展稳步向前。技术创新在提高生产效率、风险防控、生态安全保障上发挥了更加重要的作用。

第三，加快治理方式变革形成新的“油公司”模式。长宁公司进行科学布局，优化顶层设计，坚持抓好治理模式创新，不断推进落实生产、经营、队伍建设、技术攻坚等重点改革任务，积极探索有别于国有独资公司的治理机制。在实施过程中，充分整合各方要素资源，有效拓展发展空间，创新生产经营方式，激发增长潜力和效能。经过努力，公司健全和完善了现代国有企业管理制度，区别于原来中石油公司治理运营模式，实行管理统一、生产分散、流程作业的方式，形成了与国有资本融合方式相适应的组织机构扁平化、要素保障市场化、甲方主导高效化、生产管理智能化的新的“油公司”治理运营模式，并取得了改革实效。

第四，正确处理好企业、员工、地方三者之间的关系，把握好改革发展的根本目的和要求。长宁公司在发展中切实履行社会责任、强化共建保障，实现好维护好职工利益和人民群众利益。在员工发展上，加强人才队伍建设，推进薪酬激励制度改革等，建立健全一线职工保障体系和发展体系。完善员工岗位评价工作，完善技术服务支撑管理，以及完善适合公司实际的业务外包管理模式；加强专家队伍建设和职称职级改革，打造经营管理岗位序列和专业技术岗位序列队伍；完善基层领导干部考核评价方式，规范开展部门和基层单位领导班子及领导人员的综合考核。组建心理咨询服务团队，加强对生产一线人员和高强度作业人员的专业心理疏导，丰富职工文化生活。增强企业文化感染力、品牌号召力，让广大职工有更多的获得感和归属感。长宁公司建立了和地方长期长效合作的机制，在民生保障、基础设施建设、产地用气优惠等方面加大倾斜力度，多形式服务地方经济社会发展，促进企地和谐，实现长期共生发展，这将为长宁公司的发展带来长期效益。

第五，始终坚持党的领导、加强党的建设，引领推动自身实现高质量发展。长宁公司推进党的建设，有效发挥党委作用，加强党的领导，形成了“抓好党建有共识、践行使命有担当、基层组织有基础、企业文化有特色、人才队伍有力量”的良好局面。公司充分发挥党的政治优势和组织优势，探索创新多种用工方式下国有资本整合的企业党建的机制体制融合新方式，以党的领导统揽党建生产机制体制持续变革。发挥公司党委把方向、管大局、保落实的作用，坚定企业的政治方向。持续理顺组织关系，确保组织运行通畅，落实党管干部和人才原则；坚持加强党的领导和完善公司治理相统一，确保党中央各项决策部署在国有企业得到全面贯彻落实。强化对关键环节、关键岗位、关键领域的监督和领导，促进改革发展在关键领域、关键部位产生实效。通过加强党的建设，凝聚和带动公司全体党员、广大员工干事创业、担当有为，推动公司跨越式发展。

长宁实践带给我们的启示有以下几点。

一是要紧紧围绕“以管资本为主”的方式推动改革发展。要坚持贯彻落实新时代国有企业“以管资本为主”的改革发展方向和重点，坚持有进有退、有所为有所不为。正确处理好管理、生产和改革发展的关系，充分发挥“以管资本为主”的改革优势，确保国有能源企业性质不变、方向不偏，始终服务经济社会高质量发展。要持续推进国有企业股权多元化改革，更好地发挥国有资本的影响力和带动力，按照不同部门功能类别，推进分类改革、分类发展、分类定责、分类考核，激发活力，通过改革增加能源行业的资金来源和提高管理效率。要进一步落实共享发展理念，与地方政府构建油气产业经济发展命运共同体，探索出一条整合发展、共赢发展的新路径，打造国有资本改革促进共赢发展的标杆。

二是充分调动各方参与积极性、正确处理企业与地方市场的关系。在国有能源企业改革过程中，一些特殊关键领域要坚持大型国有企业主导权，在技术、人才、资金等方面提供坚实的保障和支持，始终坚持社会主义公有制，服务国家社会发展大局。同时，一些涉及地方发展的领域可以加强国有资本内部优化改革，引入相关方国有资本参与整合，有效整合各方资源，以市场化方式调动各方积极性，增强公司发展革新的动力，形成以国有企业为龙头、地方参与配合、市场投资要素共同匹配保障的良好格局。要充分发挥相关地方在改革发展、业务合作等重大事项上的作用，调动地方积极性，加强企地共建，创新发展思路，保障社会履责。

三是坚持生态优先，进一步加强技术创新和生产经营方式变革。作为一种国有性质生产经营组织形式，国有企业所从事的生产领域往往都是国家经济命脉所在，不仅有较多的经济资源，也肩负着重大的社会责任，同时具有经济属性、政治属性和社会属性，既要履行好经济主体的责任，更要履行好政治使命和社会责任。生态安全是能源勘探开发型企业的重中之重，在生态文明的要求下，必须正确处理发展和生态的关系，既要坚持在资源开发与市场发展上掌握产业发展主动权，又要着眼生态优先、确保生态安全，这是国有企业需要担起的重大政治责任和社会责任。与此同时，国有企业在生产经营中，要积极保障民生，服务地方发展。要加强“产”“研”相融、“产”“地”相融、“产”“业”相融。必须站在新时代高质量发展的高度找准方向，加强核心技术攻关和技术创新，加大投入力度，加快推动本行业先进技术、前沿技术、关键核心技术的开发应用和生产转化，把技术创新融入生产发展的全过程，以技术创新引领企业高质量发展，更好地服务新的发展需求。

四是积极应对和化解发展带来的风险挑战。要构建具有行业特性的全产业发展模式，继续加强关键技术集中专项攻关，真正实现以生产带动发展。强化企业风险内控管理，筑牢政治底线、守好生态安全红线，全面从严要求、优化内控机制，加强内控执行监督，增强风险预判、应对和管控能力，不断提高企业应对风险和处置突发事件的能力，杜绝较大及以上级别的安全生产事故和环境污染事件。要跳出本行业圈来看待本行业发展，充分认识产业发展的动态性和关联性，优化生产组织模式，提高全员劳动生产率，探索符合大数据、区块链特征要求的工作新机制，以龙头企业发展带动和助推相关产业高质量发展和转型发展。

五是坚持党建引领，有效解决改革发展难题。坚持党的领导、加强党的建设，是国有企业改革发展的“根”和“魂”。中国特色现代国有企业制度，“特”就特在把党的领导融入公司治理各环节，把企业党组织内嵌到公司治理结构之中。要以高质量党建引领高质量发展，以党建引领探索实现新的国有资本整合运作方式，以党建引领生产一线队伍建设，把“强根铸魂”的要求落实到公司建构和生产实践中，始终坚持党对国有企业领导的重大政治原则，一以贯之推进，促进党建与业务相融合，通过党建引领，有效解决发展过程中的矛盾和问题。

六、实践反思

需要指出的是，由于长宁公司发展新模式还处在探索阶段，所在生产经营领域和承担主业具备行业特殊性，其改革发展也面临着诸多难题。一是“一线”队伍建设存在薄弱环节，相关保障需要增强。一线地区生产条件艰苦，一些关键岗位技能人才的相关保障有待加强。一线员工在发展上存在“天花板”制约现象，因此健全家庭建设和心理建设不可忽视。二是资源储量变化情况明显，后续转型和产业发展需要考虑。随着可开采区域生产作业的覆盖，可工作区面积减少会影响上产规模，公司单一开采生产效益逐年降低。要加快发展一些配套转型产业和与主产相关的后期关联产业，形成具有长宁特色的产业链竞争优势。三是生态环境安全风险和成本压力不可忽视。相应的勘探和开发施工需加强环境监测，确保生态安全。随着井控要求更加严格以及投产井数和管线的逐年增加，管理幅度、难度越来越大，成本压力也会进一步提高。四是党的基层组织建设需要进一步夯实。要持续创新已有基层党建工作载体，进一步增强一线党员力量，加强专兼职党建力量，加大党务干部培训交流力度，提升党建工作能力。

在新发展新要求下，长宁公司要进一步提高政治站位，强化使命担当意识，勇当行业系统发展和践行国家战略的“排头兵”。进一步坚定新时代国有企业改革发展方向，树牢高质量发展理念、推动高质量发展成效，凝心聚力、攻坚克难，进一步创新发展载体，强基础、补短板，不断增强国有能源企业应对风险的能力，以良好的姿态迎接时代赋予的重任，为服务新格局、推动新发展做出长宁贡献。

参考文献

[1] 中共四川省委关于深入贯彻习近平总书记重要讲话精神 加快推动成渝地区双城经济圈建设的决定 [EB/OL]. [2020-07-16]. http://cpc.people.com.cn/n1/2020/0716/c64387-31786125.html.

[2] 四川省国民经济和社会发展第十四个五年规划和二〇三五年远景目标纲要 [EB/OL]. [2021-03-16]. http://fgw.sc.gov.cn/sfgw/c106051/2021/3/16/688d88b2c9724c239a2a424426e8d4c4.shtml.

[3] 携手打造天然气千亿产能 目标瞄准中国“气大庆” [EB/OL]. [2020-07-15]. https://epaper.scdaily.cn/shtml/scrb/20200715/239131.shtml.

[4] 时杰. “十四五”国企改革新方向：发挥国有经济战略支撑作用 [J]. 现代国企研究，2020 (12).

[5] 王敏. 能源国企改革：问题与出路 [J]. 中国经济报告，2016 (4).

[6] 文宗瑜. 双循环战略下国企改革深化与竞争定位 [J]. 国企管理，2021 (1).

[7] 杨继瑞. 四川要努力成为国内国际双循环链接的内陆新高地 [J]. 四川省情，2020 (11).

[8] 陈迎春，李扬帆. 融入“双循环”新发展格局树立“双城记”新优势定位 [J]. 先锋，2020 (7).

课题指导：中共四川省委党校（四川行政学院） 石 旻

编写单位：省直机关党校

研究团队：李 杰 欧 露 边薇薇 张 舟 张玉果
唐艺侨 唐 辉 林钲棋 徐 苗

改革创新思维，建设省级新区

——以成都东部新区建设实践为例

一、导语

成都东部新区既是成渝地区双城经济圈建设的“桥头堡”和“主战场”，也是成都实施“东进”战略的“核心”引擎。近年来，成都东部新区坚持以习近平新时代中国特色社会主义思想为指导，牢牢把握高质量发展根本要求，紧扣“建设全面体现新发展理念的未来之城”的目标定位，抢抓成渝地区双城经济圈建设、天府国际机场投运等重大战略历史机遇，依托自身优势，积极对标日本东京、雄安新区、深圳前海新区等国内外先发城市的营城理念、体制机制、管理模式，把新区建设作为成渝地区双城经济圈建设改革创新的“试验田”，坚持规划先行、改革先行、法治先行和生态先行，精准聚焦定位、突破陈规旧制、加快推进要素聚集、积极培育主导产业，探索构建践行新发展理念公园城市示范区的政策体系、管理体系、公共服务体系、营城模式、投资模式，试点实施在“建立研发保税试验区、试点技术移民制度、引育科技创新人才”等方面的重大改革举措，以践行新发展理念，更好地保护成都西部都江堰灌区核心区历史文化和生态环境，推动城市组团式发展，形成“一山连两翼”的城市发展格局，奠基成都公园城市建设的功能载体和永续空间；推动成德眉资同城化，带动全省加快构建“一干多支、五区协同”区域发展新格局；以点连轴促进成都、重庆相向发展，带动成渝中部区域城市群快速崛起，建设形成引领全省、辐射西部的高质量发展的新增长极和动力源，为打造“两中心两地”蓄势赋能提供坚实支撑，布好成渝相向发展的大棋局，彰显立城宏图迭出的新气象。

二、案例背景

（一）成都东部新区设立的战略背景与基础

成都东部新区是深入贯彻习近平总书记对四川及成都工作系列重要指示精神，着眼战略全局和未来发展，加快推进成渝地区双城经济圈建设、做强成都极核，推动成都融入“双循环”、唱好“双城记”作出的重大部署。

成都第十三次党代会以来，立足成渝相向发展，着眼于治理“大城市病”的现实需要和面向未来的可持续发展，提出实施“东进”战略，优化城市空间结构、重塑产业经济，推动城乡形态从“两山夹一城”向“一山连两翼”转变，首次突破成都城市东向的极限边界龙泉山，地理屏障被打开，迎来了更加广阔的天地，开启了永续发展的新空间。

成都市委、市政府坚定贯彻习近平总书记关于“支持成都东进、重庆西扩”的重要指示精神，分别于2018年6月和12月召开的四川省委十一届三次和四次全会上明确支持成都向东发展。2019年7月，中共成都市委十三届五次全会明确了实施“东进”战略的目标、路径、重点。全会审议通过了《成都市东部新城空间发展战略规划（2017—2035年）》《中共成

都市委 成都市人民政府关于坚持新思想指引新理念导航高质量建设面向世界面向未来的现代化东部新城的意见》。2020 年 1 月，中央财经委第六次会议明确提出建设成渝地区双城经济圈，支持成都“东进”。2020 年，成都东部新区正式成立并成为省级新区，在“十四五”规划开局之年，重庆、成都两地共下双城经济圈建设一盘棋，东部新区加快建设“双城一园，一轴一带”。

成都东部新区面积 729 平方公里，现有常住人口 54.2 万人，区域包括简阳市所辖的 13 个镇（街道）所属行政区域，具体为海螺镇、芦葭镇、董家埂镇、壮溪镇、玉成街道、养马街道、草池街道、石板凳街道、福田街道、石盘街道所属全部行政区域及高明镇、三岔街道、贾家街道所属部分行政区域，2019 年地区生产总值为 165 亿元。

以改革创新思维规划建设省级新区，成都东部新区具备扎实的基础和良好的条件。第一，东部新区区位优势明显。新区位于成渝发展主轴和成德眉资连接地带核心区域，西邻成都经济技术开发区，南接四川天府新区，北靠成都国际铁路港，集聚辐射效应非常明显。在交通体系建设上，东部新区有较为完善的交通网络基础，成都天府国际机场 2021 年投入运营，达成铁路、遂成铁路和成渝客运专线（成渝高铁）通车运营，成自宜高铁加快建设，成达万高铁和成渝中线高铁前期工作加快推进，地铁 18 号线建成投运，地铁 19 号线二期建设全面启动，区域内路网骨架初步形成，成都第二绕城高速、成都平原经济区环线高速、成安渝高速、成渝高速通车运行。第二，东部新区承载能力较强。新区山水资源丰富，毗邻龙泉山城市森林公园，拥有贯通全域的沱江水系和三岔湖、龙泉湖、龙马湖等多个湖泊以及丰富多样的浅丘地形地貌特色，具有建设美丽宜居公园城市示范区的良好生态底子。新区规划建设前，土地开发利用潜力较大，城镇建设用地占比仅为 11.28%。水资源工程保障基础较好，目前主要依靠都江堰水利工程和张家岩水库、三岔湖水库和石盘水库供水，未来可通过久隆水库等工程提高供水能力。第三，东部新区产业正加速集聚。重大功能性、标志性项目加快推进，民航飞行学院、成都体育学院、吉利大学和天府奥体公园、沱江发展轴示范工程、国际合作教育园区以及三岔 TOD（以公共交通为导向引领城市发展）项目、龙马湖商务区等项目启动实施。重大产业化项目加快集聚，已开工建设先进汽车科创空间、民航科技创新示范区、航空商贸产业园等项目，普洛斯、吉利集团、安博物流等世界 500 强企业顺利入驻，成功签约引进一大批产业化项目。第四，东部新区产业具备有力的政策支撑。新区出台了《关于坚持新思想、指引新理念、导航高质量，建设面向世界、面向未来的现代化东部新城的意见》，编制完成《成都市东部新城空间发展战略规划（2017—2035 年）》，为优化空间布局提供了基础支撑。此外，东部新区还设立了成都市东部新城发展委员会办公室，统筹协调成都东部新区各新城规划建设工作，为成立东部新区管理机构奠定了良好基础。

在建设省级新区方面，成都东部新区存在如下问题。一是成都东部新区起步于传统农业区域，产业结构层级、基础配套水平、要素保障能力相对落后，人口和经济承载能力与规划目标相比还有很大差距，特别是面对当前国际环境依然复杂严峻、国内经济恢复基础尚不牢固的挑战，依靠自身力量集聚运筹发展关键要素、全面抵御外部风险冲击、根本重塑内生动能体系的能力不足，主要表现在产业转型任务艰巨，原生经济形态中第一产业占比超过 1/5，第二、三产业发展不充分，加之国际疫情蔓延势头未减，天府国际空港枢纽功能的快速释放受到影响。二是新区自身造血能力不足。2020 年全口径税收仅约 7 亿元，在全市 23 个区（市、县）和全省 4 个省级新区中排名最后。三是新区基础设施支撑能力较差，国土空间功能调整面广量大，城市生活服务功能、产业发展配套功能不足，流量牵引和聚合效应尚未有效显现；高效运转的体制机制还不完善，新区更大意义上仍属经济功能区，在土地管理、财税运行、城市管理等方面与标准行政区划的权限仍有区别，这在一定程度上会影响开发建设效率。

（二）成都东部新区建设省级新区的筹备与政策工作

成都东部新区在建设省级新区方面，历经了五轮战略持续研究与深度推进，以城市总规支撑新区论证谋划、搭建新区整体框架、深化新区空间规划，统筹提升片区设计，开启新区全面建设新篇，全面落实中央、省委最新要求，全力助推成都东部新区规划建设，精心布局、加强保障、逐步推进，绘就东部新区“双城一园，一轴一带”高质量发展的新路径。

1. 酝酿谋划，“东进”发展策略提出

成都市第十三次党代会召开之前，在已进行的成都新一轮城市总体规划修编中，为促进城市更高质量、更有效率、更加公平、更可持续发展，总规从推进成渝相向发展、优化城市空间结构、重塑产业经济地理的角度提出了成都“东进”的发展策略，并提出了水资源和环境保护两个专项报告，以及重塑城市空间结构、资源环境承载力、通风廊道等多个专题研究，系统分析了水资源、土地资源、通风环境、生态本底等保障和支撑能力。经过了近 10 次专家咨询会，论证成都“东进”的必要性和可行性。此阶段，“东进”的战略构想已实质性体现于城市总规中。

2. 全面开展，搭建区域整体框架

2017 年 4 月，成都市第十三次党代会正式提出“东进”战略。为落实“东进”战略，成都市委、市政府邀请知名规划设计院等专业力量，从战略层面开展了“成都市实施‘东进’总体战略研究”“成都市实施‘东进’战略总体规划（2017—2035 年）”两项研究，以及开展了龙泉山东侧沱江发展轴、东西城市轴线规划 2 条轴线规划研究，同步进行城市风貌、色彩、天际线、水资源、通信、能源等 10 余个专项研究。本阶段重点确定了“东进”区域四大战略定位，即国家向西、向南开放的国际空港门户枢纽、成渝相向发展的新兴极核、引领新经济发展的产业新城、彰显天府文化的东部家园，并创造性地提出了“东进”区域山水公园式的空间布局模式及拥江发展格局，以及组团化空间结构、东西轴线骨架、城市风貌等理念。其时，“东进”区域整体框架已经搭建，作为区域发展的核心内容在后续规划建设中沿袭深化，成为成都东部新区的重要规划与建设的基础。

3. 战略研究，全面深化空间建设

2017 年底到 2018 年 2 月，围绕“东进”区域规划的空港新城、简州新城、淮州新城、简阳城区以及龙泉山城市森林公园（“四城一园”），东部新区从战略规划、分区详细规划、城市设计、控制性详细规划等方面开展了四级体系规划。同时，对新区范围内涉及的道路交通、综合管线、能源发展、通信设施、综合防灾、地质灾害、地下空间等专项规划进行统筹协调，对新区的土地利用、人口分布、公共设施、城市基础设施等配置进行了详细安排。通过勘探规划，将研究确定的定位、目标、组团式布局等要求落位城市空间，并突出了四城特色，规划布局了产业、公共服务、交通、市政等方面的设施。本阶段，成都东部新区构建了以战略规划为纲要，以分区规划为统筹，以各类专项规划为指导，以控制性详细规划为依据的系统规划体系。

4. 深度统筹，长远谋划未来之城

2018 年 2 月，习近平总书记在四川视察时提出成都要建设公园城市的重大要求。同年 6 月，四川省委提出“一干多支、五区协同”区域发展战略，确立成都在四川的“主干”定位。为落实新要求，立足未来长远发展，到 2019 年底，成都对“东进”及东部新区规划再次进行了统筹提升。在顶层设计层面，编制了《成都市东部新城空间发展战略规划》，强调建立新区“战略规划 + 空间规划 + 新镇规划（含城市设计）+ 社区控制规划”的四级规划体系，发挥对新区建设的纲领性、统筹性和指导性作用。在专项规划层面，编制了东部新城未来建设的方案，加大探索和推进成渝地区在双城经济圈国家战略中承担的核心职能的实现。

5. 全面建设，片区设计持续发展

从2019年开始，东部新区从全面规划转入全面建设新阶段，并迎来了中央推动成渝地区双城经济圈建设的重大历史机遇。同年7月，成都召开市委十三届五次全会，东部新区的发展从前期研究论证、规划设计阶段逐步转入全面建设阶段。为了实现新区可持续发展，创新探索以片区综合开发推动新区建设，成都市相关部门编制了《东部新区片区开发导则》（以下简称《导则》）和先期启动建设的9个片区的片区设计。《导则》明确了36个片区的边界和片区设计要求。在具体片区设计当中，围绕门户枢纽、科技创新、新兴产业、国际交往、文化交流、消费中心、智慧城市、生态工程等功能，确定片区功能、产业方向、风格面貌、战略作用等。通过片区设计，创新建设模式，推动先策划后规划，无规划不设计、不建设，切实保障新区规划一片、开发一片、成熟一片、成功一片。

2020年4月，四川省委、省政府正式同意设立成都东部新区。2020年7月，中共四川省委十一届七次全会明确提出高水平建设成都东部新区，打造国家制造业高质量发展示范区和产城融合的未来新城，建设“两区一城”[天府新区、东部新区、中国西部（成都）科学城]，推动成渝地区双城经济圈建设。2020年7月15日，中共成都市委十三届七次全会提出要加快创建国家级东部新区，推进城市功能协调布局，创新片区开发模式，提升人口承载力，强化功能植入，推动与重庆相向发展。

（三）成都东部新区发展定位

成都东部新区以建设成为国家向西向南开放新门户、成渝地区双城经济圈建设新平台、成德眉资同城化新支撑、经济发展新引擎和彰显公园城市理念新家园，以及打开成都面向未来的永续发展新空间为发展目标。

秉持“人、城、产”营城逻辑，坚持高起点规划、高标准建设、高质量发展、高水平治理，在产业发展、开放合作、生态文明、城乡融合、公共服务等领域先行先试、率先突破，全面增强高端要素资源的集聚配置能力，快速提高经济和人口承载力，引领重塑成都产业经济地理，建设公园城市示范窗口，打造成渝地区高质量发展增长极和动力源，努力把成都东部新区建设成为国家向西向南开放的新门户、成渝相向发展的新兴极核、引领新经济发展的产业新城、彰显公园城市理念的新家园。

预计到2025年，城市形态基本显现，天府国际机场的国际航空枢纽功能逐渐凸显，重大基础设施和公共服务设施基本覆盖，绿色空间体系逐步健全，公共服务体系不断完善，法规治理和政策支撑体系全面建立，基本具备承载城市核心功能和培育新经济的能力，战略性新兴产业、现代服务业等加速集聚，建成成都城市新中心，使之成为成渝相向发展的重要支撑。到2030年，城市功能加快健全，科技创新能力明显增强，现代化产业体系基本形成，生态环境持续优化，公园城市品质显著提升，推动高质量区域协调发展作用更加凸显，初步具备承载成都国家中心城市功能的能力。到2035年，“人、城、境、业”和谐统一的现代化城市基本建成，全球航空网络枢纽地位不断提升，成为国际门户枢纽城市的核心支点，新经济新动能形成支撑引领能力，辐射带动成渝相向发展的作用更加凸显，集聚配置国际资源要素能力走在全国前列，率先建成践行新发展理念的公园城市示范区。

三、主要工作

（一）加速提升成渝双城交通枢纽网系，畅通内外要素循环

2021年6月27日，随着被誉为“太阳神鸟”的成都天府国际机场正式通航投运，经历四次综合演练和两个阶段试飞之后，上午11：25，川航3U8001航班率先出港，成为天府机场首个商业航班。从29日16时始，成都航空3架ARJ21客机及2架空客客机陆续调机至机场，开始紧锣密鼓地

筹备第二天成都天府国际机场的正式首航。6月30日7：30，天府机场迎来令世人瞩目的“高光时刻”，成都航空“中国梦”号国产ARJ21客机从机场起飞，开始执行成都天府经上饶至舟山的航班行程。承担首航任务的“中国梦”号ARJ21客机，作为我国首款拥有自主知识产权的喷气式支线客机，其机身涂装设计运用了简洁抽象的几何图形，勾勒出安顺廊桥、上海环球金融中心、中国馆、北京央视大厦的形象，通过中国具有代表性的城市建筑反映祖国高速发展的强大态势，展现中国经济社会发展的巨大成就。“中国梦”号ARJ21客机在天府机场振翅高飞，拉开了成都航空转场至天府国际机场正式运营的序幕，标志着成都隆重迈入了双国际枢纽机场的运行时代，为建党百年呈现了一份独特的“蓉”耀献礼。

天府国际机场位于四川省成都市东部新区空港大道，北距成都市中心50千米、西北距成都双流国际机场50千米。截至2021年5月，成都天府国际机场航站楼总面积为71.96万平方米，拥有中国第一个2座航站楼手拉手式的航站楼。航站楼共设置83个廊桥机位和3条跑道，可满足2025年2800万人次国内旅客吞吐量和1200万人次国际旅客吞吐量，并可以在以后满足年旅客吞吐量4000万人次、货邮吞吐量70万吨、飞机起降量32万架次的需求。

天府机场是国家重点工程、国家“十三五”规划中计划建设的我国最大民用运输枢纽机场项目，亦是四川历史上投资体量最大的项目以及长远发展大格局的“四项重点工程”之一。面对艰巨的任务，在建设中成都主动担当“主干”责任，高站位、高标准谋划，按照省委、省政府明确的天府国际机场建设分工要求，加快实施推进总计44个、总投资约1030亿元的天府国际机场场外配套项目，发挥天府国际机场辐射带动功能。推动形成以机场为核心，以轨道交通、高速公路为主导的快速地面交通网络，打造客货“空铁公”一体全通型综合交通枢纽。2020年9月27日，地铁18号线建成投运，最快36分钟即可到达成都主城区。2020年12月31日，成都天府国际机场高速公路主线通车。截至2021年上半年，成都共建成机场配套高快速路195千米、公园大街等配套道路180千米。根据天府国际机场开展航站楼周边和内部交通流量仿真评估及推演，航站区内多种交通方式间换乘步行时间不超过15分钟，同时该机场是我国唯一同时建设两座航站楼的机场，这在全国机场建设领域都是领先的。

在建设中，天府国际机场还通过“两场一体”协同发展和差异化的定位，处理好了与双流机场的关系。天府国际机场被定位为国家级国际航空枢纽，既是成都国际航空枢纽中的主枢纽机场，也是成渝区域内机场群中的核心机场。双流机场被定位为区域航空枢纽，要做好机场国际备降保障，主要运营国内商务航线、公务机航线及港澳台地区航线，与东部新区共同发展航空装备、航空物流、跨境贸易等适航产业，共同培育商务总部、航空金融等“大航空”产业链条，共同构建“双循环”门户枢纽。通过“3高2轨2铁”的双流国际机场与天府国际机场之间快速连通规划，将实现双机场间轨道交通30分钟内直达，道路交通40分钟可达。两场高效联动之下，地处中国西南腹地的成都，在更大范围释放和抬升了成都区位优势以及聚集要素资源、经略全球市场腹地、对外开放的能级。

成都天府国际机场既是4F级国际机场和国际航空枢纽，也是丝绸之路经济带中等级最高的航空港之一，其建成后使成都成为继北京、上海后中国第三个拥有两座大型国际机场的城市，这样成渝两地的高能级国际机场有了3座。随着成渝地区双城经济圈和世界级机场群建设加快发展，成渝地区以“一带一路”建设为引领，推动实现国内通达和国际开放，支撑服务双循环发展格局，从内陆腹地不断走向中国对外开放前沿，庞大的市场迫切需要更为开放的市场环境和大力发展航空指向性经济。据中国民航局统计，2020年成渝机场群完成旅客吞吐量8383万人次，直追粤港澳大湾区机场群珠三角九市的9148.1万人次。天府国际机场正是机场群和交通体系随着城市群发展的体现，成都至自贡高铁（蓉昆客专）在天府国际机场航站楼下设站，利用成渝中线高铁等对外高速铁路网络，形成 1 小时连接成都平原城市群和成渝城市群、4 小时覆盖全省的高速铁路交通圈。“八横五纵”的机场对外高速公路网络全面形成，1 小时可达眉山市、德阳市，2 小时可覆盖省内大部分城市，3 小时可达重庆市。天府国际机场是成都进一步推进西部空域结构调整、贯通沪蓉大通道的重大举措，促进西部地区形成了东西长约 3000 千米的单向平行航线空中大通道，以不断增强的立体交通网络使成都成为“一带一路”和长江经济带强有力的连接点，串联起西藏、成渝地区与长三角地区机场群。

从宏观和全球视角来看，天府国际机场为成都东部新区乃至中国西部地区的发展提供了新动力。天府国际机场的投运将更加紧密地连接中欧班列、长江航道，构建畅连全球的交通网络、信息网络和枢纽设施以及面向全球的供应链体系，吸引全球人才、科技、金融等各类要素资源在成都东部新区汇集，并以增量经济带来的新动能改变区域经济产业结构，加快完善区域内的跨境电商、冷链产业链以及临空科创制造业。目前，成都东部新区正加快建设国际邮件集散中心、亚欧航空货物转运中心等高能级物流平台，探索构建以天府国际机场为核心的“欧洲—成渝—日韩”“成渝—东盟、澳新”的“Y”字形国际货运网络，加快推进落户于成都东部新区天府国际空港新城，涉及 5G、云计算、大数据、区块链、人工智能等新技术的中国民航首个百亿级科技创新项目等。

东部新区推进交通赋能提效，打造内联外通交通枢纽体系，做好与国家、省、市相关规划的配套衔接，依托国家级航空枢纽、高能级铁路枢纽，构建发达的快速网、高效的干线网、完善的基础网，加快融入“全国 123 出行交通圈”“全球 123 快货物流圈”，尽快形成高质量现代综合交通运输体系，畅通区域发展要素循环，全面构建对外开放通道网系，打造成都国际航空枢纽，助力四川加快融入全球经济版图，打造临空经济和航空城，推动成渝地区双城经济圈建设快速发展。

（二）高质量突破公园城市示范区建设，夯实成渝生态本底

登上“城市之眼”的龙泉山城市森林公园丹景台，阳光明媚、凉风习习，成都“一山连两翼”的公园城市格局尽收眼底。在接踵摩肩中，众多来“打卡网红地”的成都市民正惊喜地眺望着远处素有“成都千岛湖”之称的三岔湖，关注着如火如荼推进的天府奥体公园、东西城市轴线段建设，见证着成都东部新区“未来之城”将山水景观和城市建筑融合在一起的、美丽宜居的公园智慧科技城市稳步、快速地崛起。

《成都市美丽宜居公园城市规划》指明了成都将在2050年全面建成美丽宜居公园城市，即实现全方位人、城、境、业高度和谐统一的大美城市形态的总体目标。作为未来之城，成都东部新区有着丰富的山水资源，美好家园的绿色生态本底可谓得天独厚，在发展规划中，也明确提出其发展理念要立足自然资源，打造秉承山水丘陵特色的公园城市。

坚持生态优先，平衡发展与生态之间的关系，打造绿色城市。东部新区以打造全国首个无边界公园城市为目标，积极推进实现智慧治污，推进公园城市示范区建设。无边界公园城市的意义在于使公园与城市、街区、建筑无界融合。其最大的特点是对“边界”进行柔化处理，让人造场景与周边自然山水浑然天成般融为一体，在尊重自然的基础上，实现人、自然、建筑、景观的融合。东部新区正在建设中的龙马湖公园的东岸长岛，就是未来的无边界公园城市示范区。龙马湖中央公园，占地面积约2450亩，是成都简州新城的城市绿心，森林覆盖率达90%。以龙马湖为绿心，与周边街区、绿地建立多维空间链接。围绕龙马湖，有三个主题各异的岛：北岸横岛、东岸长岛、南岸旗岛。龙马湖公园的建设将呈现“无车岛”形态，这主要体现在独具匠心的无边界公园示范区的机动车道路上。不同于平日里随处可见的机动车道路，龙马湖公园的机动车道路通过借助自然山体和浅丘风貌格局，会出现忽而地面、忽而地下的特点，引导通勤

和过境交通进入地下，保障无边界公园城市交通的顺畅。与此同时，公园地下空间将实现一体化开发，地下路与地下商业、轨道站点结合，车行路入地，下沉广场连接地上和地下，保证行人步行的连续性。作为示范区的简州新城长岛，以实现生态路网为中心，建设了条形公园和社区绿地，实现城市在公园本底上有机生长。居住在成都东部新区的运动爱好者表达了对无边界公园的强烈期待，大多认为以前要想运动一下就不得不穿过马路、街区和拥挤的人流，不仅不方便还很危险，而龙马湖公园的马拉松生态绿道让他们很开心，无车就不用担心交通安全问题。在社区绿地渗透下，龙马湖公园的东岸长岛形成了13个公园街区，每个街区都有2—4个界面与公园相接，实现街区与公园的内聚外透，能让居住在这里的市民实现“出门就是公园”的梦想。

无边界公园示范区只是东部新区建设的绿色项目中的一个小板块。成都东部新区正在加快构建“2+2”两级通风廊道，营造“一山一水三廊多湖”生态格局。“一山”是指龙泉山；“一水”是指沱江水系；“三廊”是指空港新城、简州新城南北及中部连接东西两侧生态区的三条楔形廊道；“多湖”是指三岔湖、龙泉湖等多个水库、湖泊。以龙泉山和沱江为生态骨架，保护并修复河湖水网，形成渗透全域的网络化生态廊道。成都东部新区结合穿城水系、生态廊道、高快速路等，构建两级通风廊道：一级通风廊道2条，宽度不小于500米；二级通风廊道2条，宽度不小于50米。通风廊道内严控污染产业布局，严控建设用地比例等，形成有利于通风的城市空间。要营造成都东部新区高品质生活宜居地，保护和修复河湖水网是关键。为此，东部新区制定了三岔湖岸线规划管控办法，全面启动三岔湖环湖截污和生态环境提升工程，实施湖域污染治理，将三岔湖前期遗留的178艘“三无”船只全部处置完毕，使水质全面达到Ⅲ类标准，局部水质达到Ⅱ类标准。数据显示，目前三岔湖野生鸟类保护工作取得了阶段性成果，据统计，三岔湖已有鸬鹚、苍鹭、白鹭、中华秋沙鸭、大雁、白嘴鸡等约 45000 只。更令人惊喜的是，2020 年 12 月 21 日，红嘴鸥首次经停三岔湖。2000 余只红嘴鸥的到来，更加丰富了三岔湖生物种群，充分证明了三岔湖生态环境质量得到了进一步提升（见图 1）。

图 1　龙泉山城市森林公园——三岔湖

（图片来源：东部新区管委会）

据成都东部新区管委会介绍，未来成都东部新区还将着力构建复合联动的全域公园体系，加快龙泉山城市森林公园和三级城市中心公园建设，大力推进龙马湖公园、关山沟公园、绛溪河公园、三岔湖公园 4 个功能区级公园、12 个新型城镇级公园和 103 个社区中心公园的建设。

为充分保障公园城市的绿色发展，成都东部新区着力推动能源清洁化、交通智能化、建筑低碳化、空间集约化、生活绿色化建设，筑牢在全市率先实现碳达峰、碳中和的基础。在招商引资方面，“低污染”成为东部新区辖地政府重视的一个条件，注重引入电子信息、生物医疗等高端绿色技术产业，重污染、能耗大或占地多的低附加值产业将难以被列入首选。

同时，由成都东部新区公共服务局监管的在建工地已经全部被接入智慧工地管理系统，智慧工地监管采用“设备＋黑匣子”的方式进行。在日常监管过程中，系统可通过布置在施工现场的各类监控系统，如扬尘监控系统、视频监控系统、运渣车监控系统、实名制监控系统等，自动采集现场各类业务数据。根据数据分析结果，系统会锁定施工现场不文明施工等隐患，并推送提示预警信息，问题严重的会直接对施工企业实施信用扣分处理。

此外，在市民生活的社区里，成都东部新区的社区“微更新”项目也在稳步推进。养马街道荷花社区的清扫院落小巷、贾家街道社区的大扫除、丹景街道新湖街社区道路的焕然一新、董家埂镇群众清洁村社道路等，营造了社区“美”的空间。每个社区都不落下，带给市民满满的幸福感。

推行成渝双城经济圈建设，必须加强生态共建、深化污染共治、强化共商共管。2020 年 1 月 3 日，习近平总书记主持召开中央财经委员会第六次会议，专题部署推动成渝地区双城经济圈建设，其中加强生态环境保护是七项重点任务之一。《成渝地区双城经济圈建设规划纲要》提出要“坚持不懈抓好生态环境保护，走出一条生态优先，绿色发展的新路子”。

成都东部新区以公园城市示范区建设为突破，吸纳公园城市示范区建设发展的经验，以绿营城，持续探索推动成渝地区双城经济圈构筑生态文明下现代都市圈高质量发展的新路径，有助于充分发挥公园城市场景营造优势，协同加强成渝地区双城经济圈生态空间管控，促进成渝共建长江、嘉陵江、乌江、岷江、涪江、沱江等生态廊道，共建生物多样性、三峡库区水源涵养与水土保持等生态功能区，加强川渝森林城市群建设，协同推进生态保护红线管控，共同推进长江上游流域生态保护修复，进而完善公园城市生态价值转化路径与机制，打造多维生态空间，积极发展新经济、培育新业态、促进新消费，将生态资源和价值作为集聚发展要素的核心手段，构筑成渝地区双城经济圈城市可持续发展的持久动力。

（三）高点起步现代化产业功能区链，构建强劲发展动力

简州新城各部门办公室的墙上都挂着本年度重点攻坚项目作战图，有的办公室还将其细化到了单个项目。为了能够在有限的基础条件上让项目快速具备动工条件，简州新城管委会还创造过很多纪录。2019 年，为了让投资方能到拟选址区域实地考察，管委会组织工作人员克服了下大雨工程机械装备进场难的问题，仅用了两天时间就在原来条件较差的村道基础上抢修出一条 4 千米的便道。类似的事件情有很多，如骨干路网中，阳安大道与方家林大道几乎同时启动便道施工工程，从设计到施工完成具备通车条件，前后不到一个月的时间。“想在前面、做在前面”，这是简州新城各部门工作人员对自己的要求，要不断为项目提供交通条件。正是靠着这种干事创业的激情和决心，将城市规划、招商引资、项目建设、配套支撑等方方面面的细节及相关诉求统筹考虑，切实保障一旦项目落地要求马上开工，就能保证项目立即启动。简州新城通过引入一批重大支撑性项目，实现了产业功能区的高点起步和良好开局。

简州新城产业功能区规划建设面积约 55 平方千米，重点发展智能制造、检验检测两大主导产业，主攻智能成套装备、绿色智能网联汽车核心零部件、智能硬件研发制造、检验检测技术研发、装备制造、检测认证等产业细分领域，打造成都高端装备制造核心承载地、国家检验检测高技术服务业集聚区（见图 2）。

在建设发展上，简州新城聚焦高端、智能、新能源、国际化的产业发展方向，在“东进”区域协同搭产业链条，筑产业圈，形成四大功能区。围绕依托绿色智能网联汽车及智慧交通的智能制造，搭建完整产业链条；以高铁 TOD（以公共交通为导向的发展模式）为引擎，带动产业人群集聚，形成商务服务、科技创新两大领域支撑联动，构筑产业生态圈。简州新城将智能制造装备、关键零部件、智能技术与服务等作为智能制造产业

图 2　简州新城建设效果

（图片来源：东部新区管委会）

主攻方向，积极承接长三角、粤港澳大湾区等东部沿海先行地区先进制造业产业转移、成果转化和增量拓展，联动高新区、天府新区，构建分工协作、差异互补的协同产业发展格局。一是绘好“作战图”。遵循东部新区国土空间规划，制定道路竖向、供排水等 18 项关键性专项规划；制定“1 +4”产业规划及政策支撑体系，编制先进制造业发展规划，推进制造业发展政策、支持检验检测产业发展政策、促进总部经济发展政策、落实引进急需紧缺人才政策等。二是筑好“引凤巢”。建成龙马湖公园、“三纵三横”骨干路网、吉利学院（一期）等 24 个基础设施和公共服务项目，启动实施“四个一百”工程，加快建成 100 万平方米科创空间、100 万平方米人才公寓、100 万平方米标准厂房和 100 万平方米产业社区。截至 2020 年底，建成 13 万平方米新经济产业园和 5 万平方米智能制造标准厂房，入驻智能制造新经济企业 20 余家。规划建设未来之芯等 4 个总面积 80 万平方米的智能制造产业高品质科创空间，率先启动先进汽车科创空间、“C立方·智造慧创”中心建设。超前布局高感知、高带宽、无缝连接的智能基础环境，建成全省首条无人驾驶测试示范线。着力构建形成匹配精准、功能完备的产业载体平台。三是打造“集团军”。引入国家检验检测高技术服务业集聚区、埃顿中欧创新产业园两大高端园区品牌，落地阿里云IDC（互联网数据中心）、欣旺达智能硬件基地两大产业地标项目，引入产业链、供应链“专精特新”企业30余家，开工建设正强机电等产业项目12个，简州新城协议总投资约330亿元。其中，100亿级重大项目1个、其他重大项目2个。旗丰新材料、鸿杰环保、恒泰嘉改装车这3个产业链配套项目实现当年签约当年开工，完成工业投资2.94亿元、同比增长390%。凯迈新能源、奥地利三康等产业项目建成投产，并实现自主出口欧美市场。

简州新城是成都东部新区以产业功能区高质量发展为抓手，推动产业基础高级化、产业链现代化的重点区域之一。东部新区重点发展简州新城、成都未来医学城、天府国际航空经济区、天府奥体公园四大产业功能区，协同发展未来科技城产业功能区，形成“三城一区一园”产业生态圈布局，顺应产业技术引领、纵向延伸、横向嫁接、跨界融合的发展趋势。成都东部新区围绕产业生态圈创新生态链发展理念，着力构建智能制造、生物医药、航空经济、现代物流、国际消费、体育赛事和新经济“5+1”现代化产业体系，强化了面向未来前沿发展方向的前瞻布局，推动产业与创新紧密结合、先进制造业与现代服务业深度融合发展。

（四）推进城市人、城、产融合发展，开启综合营城之路

在“东部新区　预见未来”——2020成都新经济“双千”发布会成都东部新区专场上，活动主题新场景——天府奥体公园吸引了广大市民的关注。天府奥体公园产业功能区规划建设面积约86平方千米，包含依龙泉山建设形成的约34平方千米的“山地运动区”，围绕三岔湖形成约40平

方千米的“水上运动区”，主要核心区规划面积约12平方千米。作为四川首个集水上、山地、综合体育项目为一体的大型体育综合体，天府奥体公园产业功能区重点发展体育文旅、会展博览、新经济三大主导产业，主攻体育竞赛、体育文化、体育旅游、会展博览、国际会议、高端论坛、互联网科技、数字创意、大数据与云计算等产业细分领域，打造彰显公园城市理念的世界赛事未来城。

天府奥体公园将“谋赛营城”确定为重要工作范式，提出体育赛事全产业链发展路径，上游通过举办国际赛事营销城市品牌、带动新城崛起，重点发展国际赛事版权、赛事冠名转播、体育竞赛表演、体育经纪服务、职业俱乐部等；中游主要通过关联产业支撑国际赛事举办，重点发展体育赛事运营、体育场馆设计建设运营、竞技运动训练、体育传媒、体育大数据等；下游通过延伸产业和服务延长价值链，重点发展体育新材料研发、体育教育培训、体育金融服务、体育咨询服务等。依托三岔湖、龙泉山、公园绿地等自然禀赋，重点发展山地、户外、水上赛事运动，引入阿里体育、新浪体育、中体产业等国际赛事版权方和赛事组织策划龙头企业，以引进、孵化、培育的方式举办知名度高、商业价值高、市场关注度高的国际体育赛事，引进足球、棒球、电竞、滑板、越野探险等俱乐部，规划建设天府竞训基地，彰显奥体公园“体育+”标签。

天府奥体公园的定位为国际性的体育运动综合体，建设目标不仅是举办一次运动会，或者建设一批运动场馆，而是通过一种组合场馆的形式，举办顶级赛事、培养体育人才、促进周边体育产业的发展，通过多元产业叠加和融合，激活成都城市的活力，拓展城市品牌的国际影响力。

成都东部新区既是成渝地区双城经济圈的战略交汇区，也是成德眉资同城化发展的战略极核。天府奥体公园作为成都东部新区的重要组成部分，按照“山水城共融”的理念构建山地运动区、水上运动区和核心区三大功能板块，形成“推窗现景、开门见绿”的生态开敞空间，未来将成为东部新区以赛谋城、文体商旅协同发展的牵引机。天府奥体公园作为东部新区的配套项目，人、城、产融合是其重要的价值取向。未来数年，一座现代化国际体育公园将伴随着成都东部新区的快速崛起而横空出世，以其完善的功能设施、独特的魅力、高端的智能化水平为世界大型体育赛事提供优质服务。

四、实施效果

成都东部新区坚持立足“新”，开拓“变”，从白纸画图到平地上立城，从荒郊野外到城市新核，始终保持高起点规划、高标准建设、高质量发展、高水平治理，在产业发展、城乡融合、公共服务、城市治理等领域先行先试、改革探路。随着大批高能级、功能性项目持续落地开工建设，新区呈现出日新月异、蓬勃向上的势头，正逐步成长为成都乃至四川带头开放、带动发展的重要战略性平台。

（一）以改革赋能创新聚智聚力体制，充分彰显城市魅力

一是着力立柱架梁，构建更加精简高效的管理体系。成都东部新区按照“宜大则大、宜小则小”的原则，搭建“大部制、扁平化”的高效行政治理架构，一个月内实现与成都高新区、龙泉驿区、简阳市共计 9320 项行政审批事项、900 余个在建项目全部移交，相关债权债务关系全部明确，并与成都高新区签订了未来科技城共建合作协议。创新“员额制＋聘任制＋末位淘汰制”等 8 项人事管理制度，所有部门主要负责人全部配齐，公检法机构也已同步运行。二是着力引才聚才，搭建了更为创新开放的人才平台。东部新区制定完成人才专项政策体系，建立优秀人才引进“绿色通道”，探索实施具有新区特色的人才住房新政。建设金融创新中心、创意产业园、人才公园等众创空间载体，提供创新创业全生命周期服务。实施

“东部新区英才计划”、“蓉漂‘人才日’、‘人才荟’”、“青年人才感知东部新区”等人才招引活动，着力吸引落户青年人才、专业技术人才、技能人才等。三是着力提升服务，打造更为公平稳定的营商环境。东部新区对标学习新西兰、新加坡、东京、北京、上海、深圳等国家和地区的先进经验，完成营商环境“十四五”规划。市场准入全面实现“非禁即入”，消除各类不合理限制和隐形壁垒，政府采购授予中小企业合同比例达 80%。启动政务服务综合体建设，大力推进政务服务“一网通办”，全面对接省一体化政务服务平台、市“蓉易办”政务服务平台，实现企业和市民 100% 的事项网上可办、80% 以上的事项可“不见面”审批，90% 的事项一窗受理、80% 事项可全域通办、高频事项“一件事一次办”。

（二）以规划引领优化城市空间格局，精彩蝶变新区面貌

一是强化规划管控，更加高效推进了区域集约发展。遵循城市发展规律，着眼长远，以人口总体规模“倒推”规划编制。《成都东部新区国土空间总体规划（2019—2035 年）》已通过省规委会审议，编制完成了城市风貌、蓝绿空间、综合交通等 23 个专项规划。二是突出新区特色，塑造更加优美的城市形态。全面梳理完成空港新城、天府奥体城、简州新城各片区前期规划设计成果，形成新区总体城市设计，出台提升成都东部新区设计水平的实施意见。开展“中国气派、巴蜀特色”风貌专题研究。把新区未来需要挂牌出让的所有地块，均提前聘请国际顶级团队设计项目方案，并实行带方案挂牌出让，保障空间形态高低有序、疏密有致，确保每个街区、每栋建筑都是精品。三是加速重大项目建设，夯实城市发展根基。深入开展“促招商、促开工、增塔吊”百日攻坚行动。目前，新区各类在建重点项目 152 个，已累计完成投资 1021.5 亿元；在建工地 213 个，塔吊等施工设备 1000 余台，其中丹溪大道扩宽、环湖路首开段等城市骨干道路工程全面完工，金简仁快速路、成资快速路等市域快速路加快建设。东部新

区展示和政务中心已基本完工；地铁三岔站周边道路、景观全面完工；龙马湖公园示范段建成开放；林栖公园、绛溪源公园等7个景观项目基本呈现；蓝绸带社区等人才公寓即将竣工近6000套；圆满完成天府国际机场、地铁18号线等重特大工程建设运营所必需的水、电、气、通信和用地拆迁、道路建设等配套及保障任务，逐步形成了“连点成片”的建设格局。

（三）以理性落子塑造特色产业优势，跨越增长发展势能

一是主动推出项目，提升了市场认可度。2020年8月，“东部新区遇见未来——2020成都新经济‘双千’发布会成都东部新区专场”活动在天府国际机场举行（见图3）。活动通过线上、线下同步发布了100个新场景和100个新产品，还发布了《成都东部新区投资机会清单》，项目共计54个，机会信息共计181条，涉及主导产业、公服设施、基础设施三大领域。此外，东部新区还瞄准国内北京、上海、深圳、广州等重点区域和城市，发挥驻伦敦、巴黎项目招引网络资源，由新区党工委、管委会主要负责人率队赴上海、青岛开展开放合作推介活动。截至2021年上半年，已组织及参与推介活动50余场，发放宣传资料5万余份，提升了新区的社会关注度及市场认可度。二是精准招引项目，壮大了主导产业。东部新区聚焦五大主导产业，瞄准北上广深等重点区域，精准对接六类500强企业及行业领军企业，组织及参与各类推介活动50余次。2020年，签约项目30个，投资总额约1910亿元，其中100亿元以上项目6个，成功引进中国联合航空、欣旺达、云迹可及等重大产业化项目。三是聚焦产业发展，筑牢要素保障。东部新区组建了总规模100亿元的中石化朝阳东部新区产业投资基金，投资50亿元的智能制造产业基金组建方案也正在磋商论证中；与国家开发银行等7家国有银行签署战略合作协议，获得近万亿元贷款授信，为产业发展提供融资便利。加快财税、土地、人才等政策制定，形成智能制造、总部经济、电子信息等重点发展产业政策，为项目招引提供政策保障。

图 3　2020 成都新经济“双千”发布会成都东部新区专场活动现场

（图片来源：东部新区管委会）

（四）以合作共赢探索科学营城路径，科学统筹片区发展

一是进一步促进了片区工作基础全面夯实。新区在前期东部新城 9 个综合开发片区的基础上，新增未来医学城片区，由成都医投集团、成都东部集团、四川大学附属的四家医院合资组建片区开发公司。10 个片区均已分片区编制完成了控规方案、城市设计和产业规划，已开展奥体城核心区片区的控规草案公示；11 家片区开发公司均已调整为市属国有企业的二级公司，共到位资金 81.37 亿元，到位人员 404 人。二是进一步优化完善了政府主导、市场主体机制。成都东部新区、淮州新城管委会等已与 5 家市属国有企业签署了片区开发合作协议，构建“新区片区综合开发领导小组 + 片区综合开发联席会议 + 领导分片负责工作专班”三级工作推进机制，形成“政府管理权力清单 + 投资运营负面清单 + 片区开发机会清单”

3张清单，明确了责权利关系，在财政资金、土地开发及特许经营权等方面加大对片区开发公司赋能，出台片区综合开发资源要素配置清单，并完成所有片区投资协议签订，目前10个片区已获国开行授信272.2亿元。三是进一步持续支撑了重大项目建设。根据建设总体时序，按照“三优先”原则，制定了项目开发计划，10个片区三年共计划实施250个项目，总投资3016.33亿元。按照“一园一国一产业一风格”的总体要求，编制形成片区国际合作园区策划方案，明确了德国、卡塔尔等合作对象及汽车制造、航空制造、体育培训等重点产业方向。

（五）以民本宗旨推进社会事业发展，大力增进民生福祉

一是进一步打牢基层治理根基。截至2020年，新区已平稳完成117个村（社区）党组织换届选举，班子成员大专以上学历占比提升了16个百分点。建档立卡贫困户家庭年人均纯收入达到13137元，年均增长25.33%，使5775户共1.7万人脱贫，顺利通过省级交叉验收。乡村振兴统筹推进，策划包装项目82个（含重点项目32个），总投资不低于24亿元的海底捞总部园区项目成功签约。二是品质为先，加快推动教育事业全面发展。吉利学院正式招生，成都七中东部新区学校、成都石室中学东部新区实验学校已完成规划设计方案，计划于2021年三季度正式开工；成都市实验小学东部新区分校、成都石笋街小学东部新区分校、四川大学附属实验小学东部新区分校签约落地；蓝绸带小学等11个建设项目即将完工，新增学位7230个；启动石盘小学等5所学校改造提升前期工作，增加普惠性学位1224个。三是突出场景体验放大了聚人聚势效应。目前，新区龙马湖公园示范段3300平方米户外消费场景已建成投用，三岔湖周边、马鞍山观景台等区域已成为新区市民休憩娱乐的重要场所。成功举办首届元旦迎新登高越野赛和“鱼羊鲜”美食文化季，2020年国庆节以来共接待游客88.9万人次，实现消费1135.69万元；新开通接驳地铁18号线与丹景台、

马鞍山等区域的公交线路 16 条，实现建制村 2 千米范围内客车通行全覆盖；目前，地铁 18 号线和新区公交车日均客运量分别达 1.6 万人次和 2 万人次。

五、经验启示

东部新区站在新的历史起点，以大视野审视大变局，以大担当应对大挑战，以大作为抢抓大机遇，更加主动地把自身放到成渝双城经济圈中考量，放到新时代成都“三步走”战略目标中谋划，坚持前瞻性思考、全局性谋划，以系统思维统揽全局、协调各方，以功能思维理性落子、夯基固本，推动新区尽快形成承载能力，担当起在成都长远发展中接续推动城市转型、实现梯度跨越的历史责任。

（一）创新城市建设发展新路径

一是坚持战略思维，完善顶层设计。以东部新区国土空间总体规划作为逻辑起点，以片区总体需要为重要遵循，进一步优化完善各片区控制性详细规划方案、城市设计和产业规划，同时加快落实以片区为产城融合基本单元的规划要求，明确各片区的产业方向和功能定位，同时对资源要素配置、合作模式选择、利益均衡分享、长期运营管理等作出制度设计、强化片区管理。二是坚持市场运作，激发政企能动性。成都东部新区站在总揽全局的高度，推动作为综合运营主体的片区开发公司深度参与土地整理、片区设计、设施配套建设等多个环节。按照差异化组群发展要求，进一步优化各片区产业规划，与片区开发公司共同编制完成片区开发产业“两图一表”、年度投资指南和重点项目投资清单。建立健全对片区综合开发公司的支持机制，在编制国土空间总体规划近期实施方案时，优先安排新增建设用地指标至各片区，加快土地报征进程，积极支持新型产业项目供地要求，实施增量收益双向共享，通过经营权收益、自持物业租金、土地收益和产业经营收入等构建多元化收益渠道，通过专项债、企业债、“东进”基金以及金融机构长期低息贷款等融资方式，不断提升融资开发及经营能力。三是坚持国际视野，寻找高端合作伙伴。深化与德国、卡塔尔等国际合作伙伴在新区五大主导产业相关优势领域的合作。建立城市合伙人遴选机制，推动片区年内引入1—2家国际顶级城市综合运营优质企业。加快专业人才队伍建设，面向国内外大力引进城市设计、产业招引、项目服务、综合运营等方面高端专业人才和“多面手”管理团队，并策划国内外专题推介活动。

（二）营造区域协同发展新格局

一是充分发挥成渝相向发展的桥头堡作用。着眼成渝地区双层经济圈建设，与重庆璧山区、重庆高新区等开展现代产业互动，加强与成渝地区电子信息、智能制造等优势领域的产业链合作，推进产业纵向延伸、横向嫁接、跨界融合、价值增值，构建具有强大市场竞争力和可持续发展能力的跨地域多维产业集群。二是加快成德眉资同城化新支撑。加快构建成资临空经济产业带，布局临空服务业、航空物流、航空研发制造等功能组团，重点发展与机场运营紧密相关的航空物流、综合保税、服务保障、航空制造、航空维修等相关产业，与资阳构建错位协同、优势互补的临空产业集群。推动区域交通互联互通，建成轨道交通成资线，共建空港物流、轨道交通、高快速路“三张网”，打造“半小时经济圈”。三是助力开创“两区一城”协同发展的新局面。积极打造区域创新共同体，推动未来科技城加速导入重大科技基础设施和高端科创平台、优质教育资源、高端产业化项目等创新要素，助力中国西部（成都）科学城加快成型；依托未来医学城搭建高端医疗装备和健康管理科研基地，与天府国际生物城等产业功能区差异发展、合力打造全球高能级医疗健康承载地。构建跨区域产业生态圈，聚焦现代生产性服务业，借力高新区电子信息“芯屏网端”等主导产业基座优势及天府新区研发设计潜能，推进下游服务环节专业化分离与外包；抢抓智能制造机遇，充分发挥高新区技术赋能、天府新区科创策源等优势，规划布局智能成套装备和关键零部件制造平台。建设改革协同示范区，在推动行政区、经济区分离上先行示范，探索构建联合招商、财税分成、经济数据统计分享的全链条红利分享机制，全力推动与周边区域建立“研发＋生产”“总部＋基地”的协同发展体系。

（三）构建现代化产业新体系

一是加快构建产业发展政策体系。深入落实成都市委、市政府支持新区建设的各项文件，积极争取出台支持新区产业发展的专项政策。以天府国际机场正式投运为节点，争取市政府出台加快推进天府国际机场航空货运发展的专项扶持政策，推动现代生产性物流产业快速聚集。围绕主导产业发展方向，研究制定契合新区实际的“项目落地—建成投运—达产达效—发展提质”全周期产业政策支撑体系，形成具有独特竞争优势的产业发展政策环境。二是加快打造产业发展支撑载体。以产业功能区为核心，加快产业载体建设，抓好新经济产业园、智能制造产业园专业运营，聚集一批“小而精”专业企业。启动未来医学城核心区建设，加快完善产业功能配套，形成医疗健康产业承载能力。强化重大功能性平台支撑，积极争取国家药品审评医疗器械检查分中心等国家级功能性平台和检验检测机构落户，增强高端资源集聚度和全行业显示度。三是加快形成产业互动良好生态。学习借鉴上海 G60 科创走廊营建经验，深化产业集群布局，加强基础设施互联互通，推进协同创新和产业功能区深度合作，深入推进与产业先行区交流合作，争取与日本神户医疗产业都市推进机构在东部新区共建中日先进医疗合作示范区。大力发展先进制造业和生产性服务业，与天府新区、高新区深化“两区一城”建设，增强区域产业竞争力和带动力。

（四）建设国际开放合作新门户

一是依托天府国际航空港，利用成都面向泛欧、泛亚的区位优势，构建“欧洲—成渝—日韩”“成渝—东盟、澳新”的“Y”字形国际货运网络。加快招引 DHL、UPS、FedEx 等知名航空物流企业在天府国际机场设立国际转运中心，推进已签约落地的顺丰、普洛斯物流产业园建设，建设集清关、保税备货、一体化配送于一体的跨境电商产业体系，提升国际航空货运服务供给能级。争取获批综合保税区和进口商品指定监管口岸，夯实四川（成都）自贸区东部新区片区申报基础。二是依托东部新区铁路枢纽港，打造“轨道上的成渝地区双城经济圈”，引入成渝中线高铁等干线铁路，以及联通德眉资的城际铁路，预留成渝超高速通道。以建设世界级 TOD 综合体为目标，打造站城一体的成渝地区商贸金融和区域交流新极核。三是依托天府奥体公园，充分利用举办大运会、世运会等重大体育赛事机遇，加快天府奥体公园核心区、环湖马拉松赛道、国际会都岛等国际赛事场馆和国际会展设施建设，积极承办高等级国际赛事和国家主场外交活动。利用“离港免税”政策，打造空港新城消费商圈，形成以天府国际机场人流为消费主体、区域市场为消费腹地的高能级消费体验中心，构建“买全球卖全球”的国际消费供应链体系。

（五）打造高品质生活宜居地

一是推动公共服务一体化运行。遵循市场化运行、统一主体供给的原则，将供排水和燃气设施、教育和医疗设施纳入片区综合开发，实行一体化规划、布局、建设。供排水方面，优化供排水管网系统布局，加快补齐城镇供水能力不足和供水保障率低的短板，提升水利保障能力，加快建设空港新城 6、9、15 号再生水厂、空港新城供水厂和简州新城供水厂。燃气供应方面，构建协同互济能源模式，实现由单一能源供应向气、电、热、冷协同互补的综合能源供应服务转变。按照“空白领域布局、薄弱环节突破、全域市场整合”的思路逐步整合现有的5家燃气供应商。教育事业方面，加快专业化、现代化、品牌化、国际化的教育服务体系建设，扩大普惠性、公益性教育资源市场化供给，推进成都石室东部新区实验学校、成都七中东部新区学校建设，引进成都市实验小学、四川大学附属实验学校以及金苹果教育集团、嘉祥教育集团等优质教育资源。医疗卫生事业方面，设立新区医院管理集团，统筹整个东部新区公共医疗机构建设、运营和管理，全面提升区域医疗服务规模化、集约化、标准化水平。与华西医院深入合作，通过片区配套建设、优质医疗资源招引等途径，搭建覆盖全区的紧密型医联体，带动基层卫生服务能力快速提升。二是建设宜居宜业城市新社区。围绕三岔湖周边、简州人才公园等重要区域，打造高品质科创空间、大运会前金融创新中心、创意产业园等开放共享的众创空间，形成创新创业活跃、综合服务完善的人才汇聚中心。三是加快建设智慧城市。组织编制新区新基建和智慧城市专项规划，积极对接国家级研究机构、专业组织、龙头企业，科学确定智慧城市建设战略合作伙伴，先导布局东部新区数字大脑，驱动智慧计算和数据融合，密织信息通信网，打造基建融合平台、智能制造协同平台、公共服务供给平台和应用场景生态平台，形成“一脑、一网、四平台”的数字城市体系。与东部集团联合成立建设运营公司，打造一批智慧交通、智慧社区、智慧医疗等未来城市应用场景。四是建设绿色低碳城市。积极推广绿色建筑、装配式建设、钢结构住宅，研究制定实施新区绿色建筑标准、装配率标准，新开工绿色建筑比例年均增长率不低于6%。对标学习先进地区经验，探索工程项目BIM（建筑信息模型）化报建流程制度，研究制定BIM技术推广应用相关政策措施。

参考文献

[1] 范锐平．处理“六大关系” 实现“五个转变”：以片区综合开发推动新区高质量建设的成都实践 [J]. 城市规划，2021 (4).

[2] 杨继瑞．成都东部新区：铸造践行新发展理念的成都城市新格局 [N]. 中国经济时报，2021-06-25.

[3] 肖莹光．对成都东部新区规划建设的几点认识和建议 [J]. 先锋，2020 (7).

[4] 李后强．“新区效应”与成都东部新区建设 [J]. 当代县域经济，2020 (7).

[5] 顾文．成都东部新区的天然使命，打造带动高质量发展的“极中之极”[N]. 成都日报，2020-05-23.

课题指导：中共四川省委党校（四川行政学院） 石 旻

编写单位：中共成都市委党校（成都行政学院、成都市社会主义学院）

研究团队：徐苑琳 张爱民 郑 妍 代韩骏

泸州自贸试验区、综保区、跨境电商综试区“三区合一”改革实践研究

一、导语

建设自由贸易试验区和推动成渝地区双城经济圈建设，是以习近平同志为核心的党中央构建以国内大循环为主体、国内国际双循环相互促进的新发展格局，统筹全面深化改革和扩大对外开放作出的重大战略举措。推进中国（四川）自由贸易试验区和中国（重庆）自由贸易试验区建设，承载着党中央、国务院的信任和重托，是四川省和重庆市改革开放进程中又一具有标志性意义的大事。

泸州既是四川 7 个区域中心城市之一，也是四川与重庆毗邻的 6 个市（泸州市、遂宁市、内江市、广安市、达州市、资阳市）之一；既是 6 个市中唯一与重庆有长江黄金水道相连的市，也是 6 个市中唯一有自贸试验区的市，在推动成渝地区双城经济圈建设中承担着重要责任和重要使命。2020 年，泸州市委、市政府对中国（四川）自由贸易试验区川南临港片区的管理体制进行调整，在中国（四川）自由贸易试验区川南临港片区党工

委、管委会的基础上加挂泸州综合保税区、中国（泸州）跨境电子商务综合试验区党工委、管委会牌子，为泸州市委、市政府正县级派出机构，按“三块牌子、一套人马”模式运行，管理范围调整为30平方公里（实际封闭管辖范围20平方公里），统筹负责区域内党的建设、干部人事、经济发展、财政收支、建设管理、自然资源和规划管理、生态环境保护等事务；社会事务委托龙马潭区政府属地负责；受泸州市国资委委托，对港投集团进行管理。

三个国家级平台的强强联手，实现“三区合一”①，既是泸州全面落实国家战略、推动区域高水平开放高质量发展的需要，也是泸州在寻求高水平对外开放上的一次重要举措和突破，更是推动“三区”融入“一带一路”建设、长江经济带、成渝地区双城经济圈、川南渝西融合发展试验区的重要契机，是值得深入研究的课题。

二、案例背景

（一）基础数据

中国（四川）自由贸易试验区川南临港片区（见图1），是承接国家赋予四川“实现内陆与沿海沿边沿江协同开放”试验任务的具体举措，是协同中国（四川）自由贸易试验区成都天府新区片区、成都青白江铁路港片区和助推四川打造内陆开放型经济高地的重要支撑。

中国（四川）自由贸易试验区川南临港片区成立3年来，累计形成制度创新成果249项：2018年104项、2019年80项、2020年65项。主要包括：政务服务创新成果148项，占比60%；金融创新成果27项，占比

① “三区”指：中国（四川）自由贸易试验区川南临港片区、泸州综合保税区和中国（泸州）跨境电子商务综合试验区。

图1　中国（四川）自由贸易试验区川南临港片区

［图片来源：中国（四川）自由贸易试验区川南临港片区管委会］

11%；海关创新成果13项，占比5%；检验检疫创新成果和海事创新成果各11项，占比均为4%；税务创新成果7项，占比3%；其他创新成果32项，占比13%（见图2、图3）。

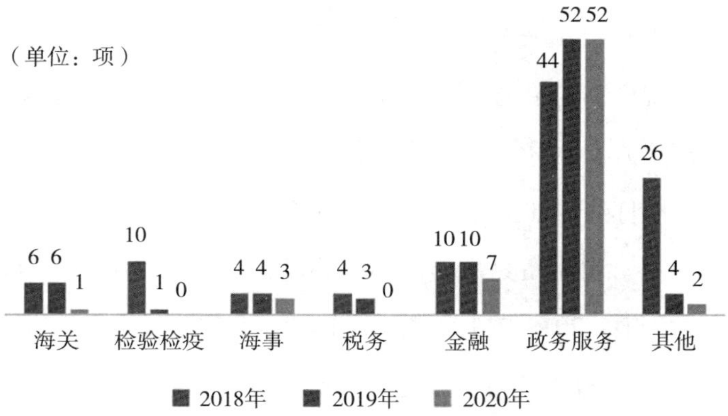

图2　中国（四川）自由贸易试验区川南临港片区2018—2020年制度创新成果统计

［图片来源：《中国（四川）自由贸易试验区川南临港片区2018—2020年工作报告》］

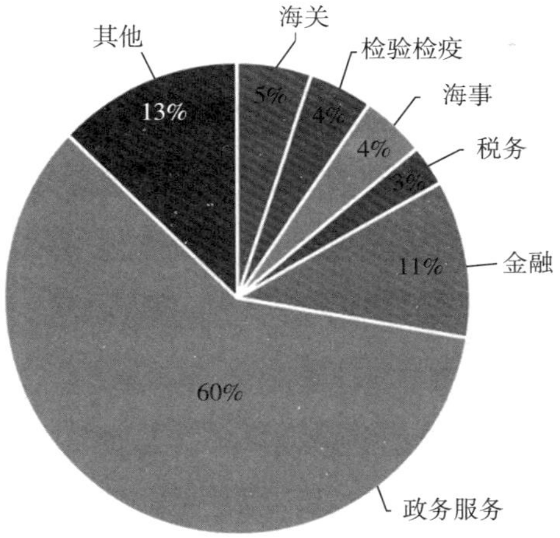

图 3　中国（四川）自由贸易试验区川南临港片区 2018—2020 年制度创新成果占比

［资料来源：《中国（四川）自由贸易试验区川南临港片区 2018—2020 年工作报告》］

泸州综合保税区于 2019 年 12 月 20 日经国务院批复设立，2021 年 1 月 28 日正式运行。

泸州综合保税区推出“江上申报、抵港验放”作业模式、“保税物流中心与港口出口联动”模式、口岸查验多方协同服务等系列改革举措，平均为查验箱减少转场调箱次数 2 次左右，每箱节约查验成本 600 元，减少货物平均在港滞留时间 1 天以上，压缩查验至放行的平均时间到 2 小时以内，中国（四川）自由贸易试验区川南临港片区进出口平均通关时间分别压缩至 14 小时和 2 分钟。

中国（泸州）跨境电子商务综合试验区于 2019 年 12 月 24 日经国务院批复设立（见图 4）。2020 年 1 月 17 日，泸州被纳入跨境电商零售进口试点范围。

中国（泸州）跨境电子商务综合试验区在泸州综合保税区建成了占地面积 3000 平方米的泸州跨境电商监管中心，日均货物处理量可达 5000 件。让老百姓看得见、摸得着、买得到“一带一路”沿线国家的进口商品。

图4　中国（泸州）跨境电子商务综合试验区

［图片来源：中国（四川）自由贸易试验区川南临港片区管委会］

（二）面临问题

一是协同联动有待加强。国家开放口岸、综合保税区、跨境电商综合试验区等功能平台尚处于协同阶段，协同开放的体制机制仍在探索中，服务川南、协同成渝的效果不够明显。二是自主创新还需深入。制度创新复制推广较多，原创性、集成性成果较少，制度创新相对滞后。三是改革受到瓶颈制约。地方事权不足问题显现，集中行政审批等改革试验受到制约，需得到国家部委、省级部门的支持。

（三）政策背景与地方落实部署

1. 政策背景

2017 年 3 月 31 日，国务院公布《关于印发中国（四川）自由贸易试验区总体方案的通知》，总体方案指出："建立中国（四川）自由贸易试验区是党中央、国务院作出的重大决策，是新形势下全面深化改革、扩大开放和深入推进西部大开发、长江经济带发展的重大举措。”2020 年 10 月 16 日，中共中央政治局召开会议审议《成渝地区双城经济圈建设规划纲要》，会议指出“要唱好‘双城记’，联手打造内陆改革开放高地，共同建设高标准市场体系，营造一流营商环境，以共建‘一带一路’为引领，建设好西部陆海新通道，积极参与国内国际经济双循环”。

2020—2021 年，川渝两地政府连续召开三次党政联席会议，推动成渝地区双城经济圈建设。出台《深化四川重庆合作推动成渝地区双城经济圈建设工作方案》《成渝地区双城经济圈建设规划纲要》《加强重庆成都双核联动引领带动成渝地区双城经济圈建设行动方案》等政策性文件，推动川渝自贸试验区建设。

2. 地方落实部署

中国（四川）自由贸易试验区川南临港片区自 2017 年 4 月批复设立以来，泸州市在省委编办的指导下，建立了“市区一体 + 三区合一”的组织架构，实现行政区、开发区、自贸区“三区合一、深度融合”，构建了优化协同高效的行政体制。同时，按照“依托长江、承东启西、协同开放、面向全球”的定位，紧扣制度创新这一核心，优化协同高效配置职能，高标准筑牢机构的“四梁八柱”，充分发挥政策制度“杠杆”撬动作用，激发内生发展动力，全力将中国（四川）自由贸易试验区川南临港片区打造成为经济发展的特区、快区和改革开放的前沿阵地。

三、典型案例

泸州“三区合一”创新管理机制的案例非常多，内容也非常丰富，累计形成创新成果 349 项。案例覆盖的范围广，既有政府部门也有企业，既有经济的也有社会的；案例涉及的主体多元化，包括了政府公务员、个人经营主体等。案例的选取遵循了“点—线—面”相结合的原则。

自贸区是制度改革创新的试验田，“三区合一”是制度改革创新的实践地。“三区合一”在工作之初就面临协同联通、便利改革、完善法治、金融创新等困境，泸州市按照《中国（四川）自由贸易试验区管理办法》，结合本地实际制定了有关配套政策。2020年5月，中国（四川）自由贸易试验区川南临港片区管理体制调整，与泸州综合保税区、中国（泸州）跨境电子商务综合试验区平台叠加。自此，具有“三区叠加”优势的内陆开放新区跃然而出。

案例一

行政事项办理倒逼体制改革创新

无论是企业注销业务期盼最多的“跑一次”，还是群众反映“办事难”的一去不复返，都体现了行政事项办理倒逼体制改革创新，而中国（四川）自由贸易试验区川南临港片区自2020年5月“三区合一”以来，就是在进行一次体制改革创新的有力探索。“三区”为什么要合一？“三区”怎样合一？“三区合一”以后能给国家、企业和市民带来什么？这些都是值得深入思考和研究的问题。

1. 企业注销业务期盼最多“跑一次”

顶着炎炎烈日，手里拿着一大堆需要办理的业务资料，正在大口喝着水，就是代办专员姚某此刻的形象。姚某为了帮助企业办理经营范围变更和企业注销的业务，已经多次跑到办事大厅，成了办事大厅的“老熟人”。虽然经常为企业提供代办业务，但姚某对办理企业注销业务是“抗拒”的。因为一个企业在退出市场时，往往不只需要注销一个经营许可证，还需要在不同的窗口办理不同的业务，导致办理企业注销业务时存在“多跑路、材料多、耗时长”的问题。姚某都记不清自己是第几次跑到办事大厅办理此项业务了。

姚某在办理业务时“抗拒”（不希望办理程序过于复杂）的事情不只这一件，他所在的公司还代办企业开设手续。姚某计算了一下，“办理此项业务，需要材料20多种，跑10多个部门，花费五六天时间”。但最让姚某感到头疼的是帮企业办理增值税增量留抵退税核算业务，因纳税人计算初退税额之后需要填写退（抵）税申请表，这个表中设计的企业数据多达11栏，同时增值税增量留抵退税核算限制条件多、标准判断难、计算复杂，这导致企业办理增值税增量留抵退税核算业务存在“申报表项目多、审批环节多、退税效率低”等问题，此项业务需要花费姚某十多个工作日的时间。

2. 群众反映“办事难”的状况一去不复返

泸州市民田某在龙马潭区开了一家洗车场，每月他都会到区政府服务中心税务大厅办理公司纳税业务。这是一件让他头疼的事情，因为每次都需要在大厅门口的排号机领取号码，而且等待窗口的叫号时间很长。田某说：“因为来办理业务的人比较多，每次排队等候的时间比较长，在排队的时候又不能去做其他事情，只能在这里等。重要的是每次来大厅都不能一次性把业务办完，还必须去不同的窗口办理业务。”

除此之外，在办理公积金业务的时候，田某也遇到了同样恼火的事情。他说：“在办理公积金业务时，要先到办理信贷业务的窗口办理业务，然后再去其他窗口办理公积金缴存、提取等业务，不能在同一个窗口就把所有业务一次性办完。大厅现在是两个窗口提供缴存、提取业务，两个窗口提供公积金贷款业务。然而经常是公积金提取窗口人多得要排长队，缴存、信贷窗口人却很少，让人感觉非常不舒服。”

行政事项办理过程中繁杂的程序、较高的时间成本，急需得到妥善解决。基于此，以“三区合一”的体制改革创新已经迫在眉睫，不得不发。

案例二

行政审批改革推动改革深入发展

中国（四川）自由贸易试验区川南临港片区管委会会同多个部门多措并举，联合推出企业开办小时清单制、企业注销制等，把企业开办时间从“工作日”压缩到“小时”。这是泸州在进入改革深水区后进行的一场“刀刃向内”的改革试验。

1. 敢想、实干、容错，推动改革“深入”发展

改革从来都不会一帆风顺，过程充满了艰辛，特别是制度的改革总是困难重重。“小时清单制”、企业注销制、“最多跑一次”等改革举措一出来，就确定了这场改革的核心和焦点是时间，这是一场和时间赛跑的变革。为了实施这些改革，中国（四川）自由贸易试验区川南临港片区经历了一场“暴风雨”的“洗礼”。

改革刚刚开始，就冒出了许多反对的声音，“根本不可能实现”“简直是异想天开”，甚至有人认为“想法是好的，但现实是残酷的，这样的改革想想就可以了……”当时，从全国范围来看，企业开办从注册到刻章、开户、办税等环节全部办结，平均耗时为20个工作日。从20个工作日办结变成按“时”办结，牵头进行商事改革的税收、工商系统成为焦点，有人认为要实现按小时办结比登天还难。企业名称、注册信息、经营范围等，每一项都需要窗口工作人员进行核准，耗费的时间均不是能够以小时计算的。

面对质疑，改革的相关负责人不断地研究、探讨、改进、优化流程。通过开放企业名称数据库，实现了企业名称的自主申报。审核信息改由申请人对注册信息真实性负责。通过企业自主申报，减少了窗口工作人员的审查时间。同时，改革还建立了容错机制，允许试错，让一线窗口工作人员放下思想包袱，放手试、大胆干。“我们建立了容错纠错机制。”中国（四川）自由贸易试验区川南临港片区行政审批局相关负责人介绍，“申请人或被委托人提交的信息、资料有误，登记机关允许申请人或被委托人当场更正，不能够当场更正的，给予10日的容错期进行改正。”

相关信息分类别、分层级归并到“三张清单”内（见图5），能够当场办结的定为1小时办结，稍微复杂一点的事项被列入3小时办结清单，所需时间更长的事项，如公司变更登记等被列入6小时办结清单。

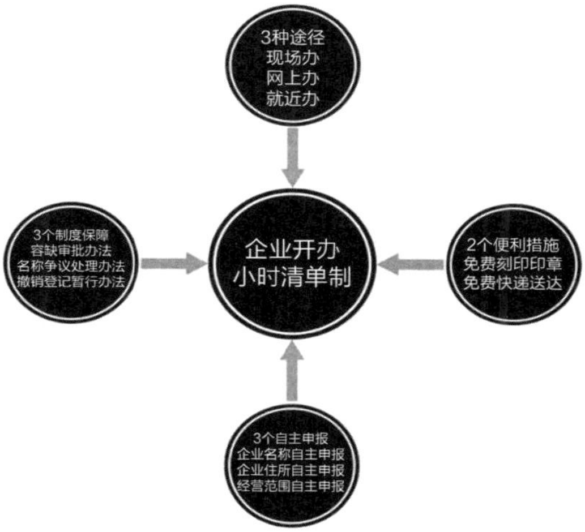

图5　企业开办小时清单制的方法

（资料来源：泸州国家高新区官网）

以企业和群众的需求为导向，泸州市委、市政府专门组织企业和群众代表座谈，解决“群众少跑路”的问题，在中国（四川）自由贸易试验区川南临港片区探索推出“企业开办全程电子化”，即“一小时办结制”。

2. 科学技术应用保障改革“落地”

2018年4月，中国（四川）自由贸易试验区川南临港片区通过“企业开办一窗受理系统”，汇集工商、公安、税务、人社、银行等多个部门单位于一体，前台综合受理，后台分别审批，将企业设立（备案、变更）、印章刻制、银行开户、税务办税、招工招聘、新设立企业社保登记等许可信息，分类别、分层级归并到“三张清单”内，提升了办事效率。

中国（四川）自由贸易试验区川南临港片区行政审批局相关负责人说：“我们打通线上线下。在线上，‘受理系统’收到企业开办信息后，将待审信息推送至‘智慧工商系统’进行企业登记核准，并同步推送至税务专网系统、银行许可辅助系统和公安、人社部门，完成刻章、开户、办税，实现‘一处受理认证、多处并行办理’。在线下，服务窗口通过‘统一收件、内部流转、联合审批、限时办结、统一发证’的模式，为企业开办提供集成化的服务。”

现在，中国（四川）自由贸易试验区川南临港片区在企业注册、印章刻制、税务办税、银行开户、人社部门招聘登记、新办企业社保登记等方面，实现了全程电子化办理。

案例三

改革成效助推市场主体发展

1. 企业办事提速，行政审批提效

2020年11月28日，泸州市华山鹰制冷设备有限公司相关负责人匆匆走进中国（四川）自由贸易试验区川南临港片区办事大厅。

“请问办理企业法人变更，需要多长时间？”

“1个小时以内。”然而，仅10多分钟后，扩音器便传来了变更办结的通知。

四川君宇菘商贸有限公司负责人在中国（四川）自由贸易试验区川南临港片区办理企业开设手续，只需14种申报材料，仅用3小时便完成了营业执照、印章刻制、办税登记、银行开户等一系列手续，这位负责人感叹道：“现在办事可方便了。”

中国（四川）自由贸易试验区川南临港片区的改革，让开办企业在材料报送上实现再“瘦身”，行政审批实现再提速，群众办事“少跑路”。

过去，开办企业需要向工商、公安、税务、人社、银行等部门单位提供27种材料，正常办结时间为11个工作日；现在只需到1个窗口，提交14种材料。“国务院要求将平均20个工作日的企业开办时间减至8.5个工作日，而我们压缩到几小时，想想都难，但我们实现了。”泸州市市场监督管理局相关负责人说。

截至目前，中国（四川）自由贸易试验区川南临港片区累计新增企业5279家，新增注册资本538.6亿元。其中，有2930家企业通过该模式完成登记，耗时最长的也只需要18小时。

2. 改革持续深入，市场主体充满活力

2018年，中国（四川）自由贸易试验区川南临港片区深入推进政府职能转变和“放管服”改革，按照“跨部门、改流程、优环节”原则，简化从设立到具备一般性经营条件所必须办理的环节，通过“企业开办一窗受理系统电子平台”等，将企业开办相关信息分类别、分层级归并到三张清单内，建立《企业开办1小时办结事项清单》《企业开办3小时办结事项清单》《企业开办6小时办结事项清单》等管理制度，压缩34项企业开办事项时限，行政审批效率再次提升。

“如果说‘最多跑一次’是解决群众跑的次数问题，‘小时清单制’则是解决每一次所需的时间问题，这种方式在全国居于领先地位。”龙马潭区相关负责人介绍。目前，这一做法已在泸州市全面推广。改革创新的举措，不仅服务于企业，更是推广到了护士、医师等群体，极大地激发了泸州市创新创业的活力。

案例四

泸渝“抱团”发展，助推泸州融入成渝

2020年1月3日，中央财经委员会第六次会议提出，大力推动成渝地区双城经济圈建设。泸州作为四川南向毗邻重庆的地级市之一，在医疗、社保、交通、环保等多个领域主动作为，以民生实事为切入点，加强与重庆毗邻区县合作，全面融入成渝地区双城经济圈建设。

1. 交通互通，泸州成为重庆出门“首选地”

2013年，G93成渝环线泸渝段通车，泸州与江津的距离拉近。此后，G8515荣泸高速公路通车，泸州至永川高速公路开始建设，泸州与重庆的区县都将实现高速公路连通。有了基础设施支撑，2019年泸州港在荣昌区设立无水港，通过“公路+水运”的多式联运方式，让荣昌区的货物高效出口，实现企业在物流运输上的降本增效。

“以前我们基本都是从重庆果园港出口，从荣昌过去大概2个小时，现在到泸州港只需要1个小时左右。”重庆荣诚物流有限公司办公室主任负责人表示，“建立无水港后，荣昌的货物通过泸州港出口更为方便，运输里程和运输时间的缩短，为企业进一步节约了成本。每吨货物的成本下降3元左右，后期磨合顺利的话还会进一步下降。”

不只无水港，泸州还在荣昌设立了城市候机厅，方便荣昌市民“出门”。

荣昌市民为何选择来泸州乘坐飞机？从地理位置上看，荣昌区和市域内相邻区县均无客运机场，荣昌市民乘坐飞机大多选择到重庆江北机场，用时需2个小时左右。而在G8515荣泸高速公路通车后，从荣昌出发到泸州云龙机场仅需1个小时左右，这让荣昌市民前往泸州乘坐飞机有了一条快捷通道。

2. 政策共推，泸州成为重庆合作“首选地”

同在长江边，泸州与重庆将共同依托“黄金水道”，携手开展水铁联运，助力内陆城市对外开放。“珞璜港是西部陆海新通道上水铁多式联运的节点，泸州港则有自贸试验区的政策红利，双方优势互补。”重庆珞璜港务有限公司负责人说：“当前成渝地区双城经济圈建设正在推进，这为珞璜港与泸州港开展合作提供了有利条件。”

成渝地区双城经济圈、内陆开放新高地、西部陆海新通道……在诸多政策叠加下，泸渝两地正抓住机遇，寻求更为广阔的合作空间。2020 年 4 月 7 日至 8 日，泸州市党政代表团拜访“邻居”，与荣昌区、永川区、江津区签署行动计划，共达成了 84 项年度任务清单。2021 年 4 月 20 日，重庆西永综保区管委会带领 12 家区内企业到泸州综保区，共商成渝双城经济圈建设。双方围绕成渝双城经济圈建设大计，推动“两区”协同发展进行了深入交流，并在原有战略合作协议的基础上进一步深化合作内容。未来，泸州综保区与重庆西永综保区将继续携手共进，着眼高水平开放、高质量发展，奋力推动成渝双城经济圈建设，打造内陆开放新高地。

除此之外，为了推动 84 项年度任务清单落地落实，泸州将与荣昌区、永川区、江津区建立和完善多层次、常态化的务实合作长效机制。“我们要联合成立办公室，下设交通、产业、环保、公共服务 4 个专项合作工作组，分领域策划、推进具体合作事项和项目。”市发展改革委有关负责人介绍。

3. 领域互助，泸州重庆群众共享合作“红利”

泸州和重庆不仅依托交通基础实现互联互通，在环保、医疗等多个领域也广泛合作。如联手护河就是川渝两地共同筑起长江上游生态屏障的共同责任。流经四川、重庆的塘河是长江支流，为了更好地保护塘河生态，合江县与江津区塘河镇建起了联动机制。

“我们每季度开展一次联合巡查，对于巡查中发现的问题及时协商解决。”塘河镇规划建设管理环保办公室相关负责人介绍说。在生态环保方面，塘河镇与合江县白鹿镇加强日常巡查和互动，召开联席会议，有问题、有质疑都“摆在台面上说”。“这个制度建立以后，沿岸整治效果比以前更好，发现的问题都能及时整改，塘河水质常年保持在Ⅱ类以上。”

泸州还有优质的医疗资源，可辐射川渝滇黔接合部区域。荣昌区便与泸州实现了医疗资源共享，让老百姓得到了更多实惠。2019 年 9 月 12 日，西南医科大学附属中医医院荣昌分院在重庆市荣昌区中医院正式挂牌，来自泸州的专家每周会到分院坐诊、查房、会诊、手术。“我们新建了一些科室，比如脾胃病科、消化科、肛肠科等。”荣昌区中医院相关负责人介绍说。分院挂牌后，总院不仅为分院带来了业务上的支持，而且使荣昌区老百姓“不出门”就能享受到更好的医疗服务。“除了专家到分院坐诊，有些疑难病例我们还可以通过远程平台请总院的专家会诊，让老百姓不出区就享受到专家会诊的福利。”

四、实施效果

（一）“三区合一”改革实践后的总体效果

在大力推进成渝地区双城经济圈建设的背景下，“三区合一”改革实践取得了较为丰硕的成果。截至 2020 年，中国（四川）自由贸易试验区川南临港片区实现主营业务收入 147 亿元，比上年增长 46.5%，比全泸州市增速高 40.4 个百分点；规模以上工业增加值 23.2 亿元，比上年增长 18.8%，比全泸州市增速高 13.8 个百分点；利润总额 3.2 亿元，比上年增长 64.1%，比全泸州市增速高 34.7 个百分点；固定资产投资 116.9 亿元，超目标任务 16.9%。2021 年第一季度“开门红”任务超额完成，实现固定资产投资增长 31.4%，比“开门红”目标（17%）高 14.4 个百分点，比全省增速（19.9%）高 11.5 个百分点，比全泸州市增速（21.3%）高 10.1 个百分点；规模以上工业增加值增长 32.3%，增速位居四大园区之首，比“开门红”目标（18%）高 14.3 个百分点，比四川省增速

（15.5%）高16.8个百分点，比全泸州市增速（15.3%）高17个百分点。另外，主营业务收入38.6亿元，比上年增长35%；地方一般预算收入3244万元，比上年增长45.2%。

1. 制度创新有突破，改革探索有提升

坚持以制度创新为引领，积极开展改革探索。一是完成落实试验任务。高质量推进落实试验任务139项，按照省政府的分工，重点推进实施泸州专属任务18项。二是着力突破制度创新。聚焦海关、海事、金融、税务、政务服务等重点领域，大力开展差异化、首创性、集成式探索，形成创新成果65项。“增值税小规模纳税人智能辅助申报服务”“企业‘套餐式’注销服务模式”等经验获全国推广；“启运港退税‘三控一共享’沿江协同模式”“行政许可现场勘验（评审）标准化模式”等9项成果获全省推广；“外汇行政许可线上办理”“施工图联合审查机制”等10项成果获泸州市推广；“企业准入即准营‘小时清单制’服务模式”有望作为“最佳实践案例”在全国推广。

2. 平台建设有突破，开放载体更完善

一是完成综保区建设。推动成立由泸州市委书记、市长任双组长的综保区建设和发展领导小组，以市委、市政府名义先后印发《泸州综合保税区管理体制方案》《泸州综合保税区工作推进方案》等文件，确保建设、验收、招商等重点工作有序按期推进。截至2020年7月底，全面完成基础和监管设施建设，区内实现“七通一平”。11月5日，通过成都海关组织的联合预验收。12月25日，通过海关总署组织的联合验收。2021年1月28日，正式封关运行。二是推进跨境电商综试区建设。重点围绕跨境电商物流、仓储、交易等关键节点，推动保税备货进口业务，新建成归途、EAF、洋淘港3个跨境电商交易平台和3个线下展示体验中心，设立1万平方米的跨境电商专用仓库，全年跨境电商交易额突破1亿元。三是充分发挥口岸平台作用。继续做大做强泸州港、保税物流中心、进境粮食指定口岸等平台功能。2020 年，泸州港集装箱综合吞吐量 15.5 万标箱，增长 13%。其中，外贸集装箱吞吐量 5.02 万标箱，增长 7.5%；保税物流中心进出口额 5.04 亿美元，增长 81.9%；进境粮食中转量 42.5 万吨，增长 183%。

3. 水港资源有依托，发展动能更强劲

持之以恒实施“产业大突破”。一是完成招大引强。聚焦恒力产业项目，组团赴江苏、浙江等地开展纺织专场招商，成功举办恒力（泸州）产业园招商推介会，吸引金苏华织造等 200 余家企业来泸州考察。为做好服务企业工作，泸州市市场监管局川南临港片区分局针对恒大的需求，积极会同市局相关业务科室主动上门服务，走访车间一线，并与企业管理和技术人员座谈交流，在企业知识产权申报、运营、保护等方面，帮助企业谋划，提出意见建议。目前，已与南华纺织、恒信织造等 20 余家关联企业达成合作意向，南通大亚纸业公司也签约入驻。突出综保区加工贸易精准招商，与佐鲁银华等企业洽谈合作，现已有入区企业 25 家、拟入区企业 15 家。二是推进项目建设。实施重点项目 11 个，完成投资 186.8 亿元。其中，恒力（泸州）产业园完成投资 155 亿元，纺织项目 2 个月完成一期 1127 亩土地平场，6 个月建成投产。2020 年 11 月 16 日，实现一根丝到一匹布生产工艺全过程贯通，当前每天生产布约 20 万米，已累计生产布 200 多万米，员工达到 7000 多人，二期基础设施建设正紧锣密鼓开展。龙芯微集成电路封装测试项目完成投资 5.5 亿元，一期项目建成投产，现有核心生产线 10 余条，年生产半导体产品超过 60 亿支。

（二）与政策预期目标进行比较

1. 全力攻坚，制度创新再上台阶

坚持以制度创新为引领，大力开展“差异化、首创性、集成式”改革创新，集中推出一批重大改革事项，有 8 条信息被《国办专报》《国办要情》采用。截至目前，总体方案的试验任务已推进实施 139 项，累计形成创新成果 274 项，2 项经验获国务院办公厅通报表扬，1 项经验获国家发改委发文表扬，在四川省推广 10 项、在泸州市推广 83 项。其中，2019 年创新成果 80 项，生产型出口企业出口退税服务前置获国务院发文推广。从目前了解的情况来看，中国（四川）自由贸易试验区川南临港片区制度创新成效在第三批自由贸易试验区中处于领先地位，远超过湖北宜昌、襄阳以及河南郑州、洛阳等地区。中央电视台《焦点访谈》栏目《足迹之开放的大门只会越开越大》对中国（四川）自由贸易试验区川南临港片区改革成效进行了点名表扬。

2. 突出重点，产业发展蓄势突破

牢牢聚焦“产业大突破”工作主题，突出发展航运物流、港口贸易、先进制造、现代服务业“四大产业”，积极打造临港进出口加工中心、临港进出口商品集散中心、临港大宗商品交易中心“三大中心”。引进厦门建发、厦门象屿、美盛农资等世界 500 强、全国民营 500 强骨干企业开展大宗商品加工，项目全部建成后预计实现年产值 270 亿元、进出口金额 26 亿美元。恒力（泸州）智能化新材料产业园项目成功落户。新增注册企业 1691 家、注册资本 153. 2 亿元，其中金融机构（企业）20 个；新签约项目 26 个、签约金额 37. 6 亿元，其中 1 亿元以上的项目 8 个。

3. 补足短板，开放载体不断完善

始终坚持“创平台、聚优势、促产业”，全力做强做大现有功能平台，全力争创国家级口岸平台。泸州港、保税物流中心（B 型）、进境粮食指定口岸业务量大幅增长，泸州港外贸箱量达 4. 9 万标箱、增长 34. 9%，泸州港保税物流中心（B 型）实现进出口总额 2. 8 亿美元、增长 49. 8%。建成进境粮食第二仓库后，年周转能力达 50 万吨，全年进口粮食突破 15 万吨，稳居长江上游港口第 1 位，进一步巩固了泸州作为西南进口粮食加工集散中心的优势。全力争创国家级平台，泸州综合保税区成功获批，保税物流、保税加工等业态正加快集聚。进口肉类指定监管场地成功获批运行，跨境电子商务综合试验区成功获批。积极搭建服务平台，香港中文大学川南医学转化研究院、四川大学泸州产业技术研究院、西南财经大学泸州自由贸易区研究院建设运行。建成省级人力资源产业园（筹），成功争取副高级职称评审权限。

4. 协同开放，区域合作迈向深入

积极推动协同开放、服务周边，逐步构建起“覆盖内外、联系广泛”的区域合作网络。稳定开行“泸州—武汉/上海”集装箱班轮 30 余班/周，升船机“五定”外贸直航班轮 4 班/周。新开行“泸州—石家庄”白酒专列，建立泸酒北上、北粮南下贸易新通道。建立昆明、赤水、荣昌等 7 个无水港，辐射滇东、黔北、渝西等多个省外区域。创新推出“启运港 + 无水港”退税、口岸通关“零费用”等举措，吸引周边省市汽车零部件、玻璃纤维、铝锭、竹制品、水果等货物在泸州港进出。

五、经验启示

（一）典型做法

中国（四川）自由贸易实验区川南临港片区始终秉持“为国家试制度、为四川建窗口、为地方谋发展”原则，大胆试、大胆闯、自主改，着力推进“创新、开放、发展”三大主线工作，积极融入成渝地区双城经济圈建设，以高水平开放推动高质量发展。

1. 聚焦对外开放，加快做大平台规模

一是加快综保区建设。2021 年 1 月，泸州综保区正式封关运行，新招引四川中嘉助听器项目、耀启电子产品生产项目等 6 个项目，累计入区企业（项目）达 31 个，占规划面积的 65%，投资总额 50 亿元。2021 年 1—3 月，实现进出口额 3. 48 亿元，增长 4. 5%，力争全年进出口额突破 50 亿元。二是加快跨境电商综试区建设。现已成功落地 B2B、B2C、海外仓出口和 1210 保税进口业务，建成归途、洋淘港、众友东方等跨境电商交易平台，建成跨境电商监管中心 5000 平方米、专用仓库 10000 平方米。2020 年交易额突破 1 亿元。2021 年 1—4 月交易额达 3300 余万元，力争全年交易额突破 2 亿元。三是高效运营进境粮食指定监管场地。建成进境粮食第二仓库，仓储面积达到 16000 平方米。2017 年以来，泸州港进境粮食累计超过 100 万吨，其中 2020 年完成粮食进口 42.5 万吨，增长 183%，稳居长江上游港口第一位；2021 年 1—4 月完成粮食进口 20.2 万吨，增长 720%，力争全年粮食进口突破 70 万吨。

2. 聚焦协同联通，做强优势产业

泸州、重庆均位于长江上游，都拥有水运港口，都可发挥水港和进境粮食口岸资源优势，发展粮油加工、仓储等产业，现已聚集中海粮油、西南食谷、春华秋实等重点企业，正推动落地中信建设 150 万吨进口粮食深加工项目和荣海生物 10 万吨亚麻籽油生产项目。2020 年，实现产值 10.1 亿元，增长 839%；2021 年 1—4 月，实现产值 6.1 亿元，增长 279%，粮油专用仓常规储备能力达到 30 万吨。

3. 聚焦经济发展，加快推进产业聚集

一是做强电子信息产业。依托龙芯微、华景光电等骨干企业，重点发展半导体封装、光电子器件、手机终端等产业。2020 年，实现产值 55.9 亿元、增长 19.5%；2021 年 1—4 月，实现产值 19.6 亿元、增长 41%，力争全年产值突破 60 亿元。二是做强高端纺织产业。依托恒力（泸州）产业园，重点发展涤纶长丝、高档织物等产业。目前，恒力（泸州）产业园纺织项目一期已全面试产，累计生产布 3200 万米，实现产值 1.5 亿元，纺织项目二期正陆续投产，力争 2021 年产值突破 10 亿元。三是做强新材料产业。依托中海沥青、合盛硅业等龙头企业，重点发展石油化工新材料、有机硅新材料等产业，成功招引落地新康意预涂膜新材料项目。2020

年，实现产值29.1亿元；2021年1—4月，实现产值11.1亿元，增长12.1%，力争全年产值突破40亿元。

4. 聚焦深化改革，加快推进制度创新

截至2020年，中国（四川）自由贸易试验区川南临港片区累计形成创新成果349项，其中首创性成果38项，获全国推广（表扬）6项、全省推广19项，生产型企业出口退税服务前置、增值税小规模纳税智能申报服务、企业套餐式注销服务3项经验获国务院全国推广，企业开办小时清单制、商事制度改革获国务院通报表扬，“最多跑一次”改革经验获国家发改委表扬推广。目前，自贸区企业开办、出口退税、进出口通关等工作效率在全国领先。

（二）启示

中国（四川）自由贸易试验区川南临港片区积极抢抓“一带一路”、长江经济带、成渝地区双城经济圈建设等重大战略机遇，试制度、畅贸易、兴产业，加快打造进出口加工贸易先导区、长江上游产业转型升级示范区、内陆开放经济新高地，努力为把泸州市建成全省和成渝地区经济副中心贡献力量。

1. 强化顶层设计，建设优化精简高效的管理体系

一是聚焦协同高效，建立“市区一体＋三区合一”组织架构。泸州市将中国（四川）自由贸易试验区川南临港片区建设作为全市经济社会发展的“一号工程”，市委、市政府主要领导亲自挂帅，成立中国（四川）自由贸易试验区川南临港片区领导小组和改革开放创新发展指挥部，各成员单位全方位参与，构建市区一体、齐抓共管的工作格局。大胆推进开发区行政体制创新，自贸区、长江经济开发区党政主要领导均由龙马潭区党政主要领导兼任，强化统筹协调，确保政令畅通；区政府20个相关部门增挂自贸区相关机构牌子，实现“三区合一、深度融合”，构建了优化协同高

效的行政体制。二是聚焦目标考核，建立“清单制 + 责任制”推进机制。推行自贸区清单管理制度，编制自贸区总体方案责任分工清单、实施方案责任分工清单、首批改革试验任务清单等，逐一细化分解试验任务，将工作完成情况与年终目标绩效挂钩，构建了分工合理、责任明确、运转高效的运行机制。强化督查督办，建立自贸区网上督查督办系统，实施定期例会制度，实行“每月通报、每季考核、半年兑现”制度，坚持用制度机制推动工作落实。

2. 积极搭建开放载体，全力融入“成渝双圈”

坚决贯彻落实成渝地区双城经济圈建设各项决策部署，深度融入川渝自贸区协同开放示范区建设。与成都、重庆等周边自贸区（综保区）开展跨区域合作，培育一批企业融入“国内大循环、国内国际双循环”格局，推动外向型经济高质量发展。一是突出综保区建设。泸州市委、市政府先后印发《泸州综合保税区管理体制方案》《泸州综合保税区工作推进方案》等文件，确保建设、验收、招商等重点工作有序按期推进。发挥综保区“境内关外”优势，完善保税加工制造、物流分拨、销售服务“三大业态”，不断提升贸易便利化水平。加大跨境电商企业培育，通过监管模式、商业模式、扶持模式的创新，促进跨境电商品牌建设。依托进境粮食指定监管场地、进口肉类指定监管场地等平台，扩大大宗商品交易体量，做大外贸货源体量，打造大宗商品交易中心。二是加快跨境电商综试区建设。重点围绕跨境电商物流、仓储、交易等关键节点，推动保税备货进口业务，新建成归途、EAF、洋淘港 3 个跨境电商交易平台和 3 个线下展示体验中心。三是充分发挥口岸平台作用。继续做大做强泸州港、保税物流中心、进境粮食指定口岸等平台。

3. 强化“放管服”改革，建设法治化、便利化的营商体系

一是聚焦改革试点，打造宽松平等的市场准入环境。深化“证照分离”改革试点。出台涉改事项对应改革方式的“两书五办法”，围绕公共

卫生、城市管理、食品经营等领域的99项审批事项，优化行政审批方式，着力解决“先照后证”后市场主体办证难的问题，最大限度地降低企业创新创业门槛，充分释放市场活力。深化商事制度改革。创新“多证合一”“异地互办”“集群注册”“政银直通”“名称直核”等商事登记制度改革。建立“政银授信系统”，大力推行企业注册、开户、刻章、办税、社保、招聘登记“1小时办结”。二是聚焦提质增效，打造高效便捷的政务服务环境。组建行政审批局。打破部门壁垒，设立自贸区行政审批局，集中行使市级部门下放、委托的235项审批权限，推进政务服务标准化建设，规范办理流程，实现“一表申报、一窗受理、一章办结”。建立“一口受理、接办分离”审批机制，推行“统一收件、内部流转、联合审批、限时办结、统一发证”的企业注册模式，通过精简办事流程、优化办理环节等，使企业注册由原来的20个工作日减少到1个工作日，审批效率提高了80%。全力推进“最多跑一次”改革。充分利用“互联网+政务服务”模式，实现了1035项办理事项“最多跑一次”，占办理事项总数的97.6%。探索推行“容缺受理”机制。对不涉及公共安全、生态环境保护、生命财产安全的无须现场勘验，对通过事中事后监管能够达到事前审批的事项，建立容缺审批清单目录，实行容缺受理，助推行政审批再提速。

4. 强化聚智聚才，建设人才集聚创新发展的激励体系

一是聚焦要素供给，强化人才编制保障。泸州市为融入成渝地区双城经济圈建设，实施“决胜全面小康、建成区域中心”和“人才兴市”战略，实行编制统筹管理制度，着力保障自贸区的用编需求，将“好钢用在刀刃上”。建立人才专项编制使用制度，设立高层次人才专项编制，专门用于引进高层次急需的人才，发挥编制使用的最大效益。二是聚焦人才激励，构建干部成长摇篮。推行“岗编适度分离”改革，打破身份、级别、地域限制，把优秀的专业管理人才和领导人才选派到自贸区任职、挂职或兼职。推行符合不同职业岗位特点的薪酬制度和激励约束机制，实行自贸

区发展、机构设置与个人职务晋升、薪酬待遇双挂钩制度，实现内部动能向发展动力的转化。出台《中国（四川）自由贸易试验区川南临港片区集聚高层次人才十二条措施（试行）》，明确给予高层次人才资助标准，特殊人才“一事一议、上不封顶”；建立首期规模10亿元人才创新创业股权投资基金，与泸州市人才发展基金形成了“双基金双驱动”模式。

参考文献

[1] 泸州市人民政府．泸州：跨境电子商务综合试验区这样建［EB/OL］．［2021-06-27］.http：//www.luzhou.gov.cn/xw/jrxx/content_721313.

[2] 泸州市人民政府．川南临港片区运行4年　形成创新成果340余项［EB/OL］．［2021-06-27］.http：//www.luzhou.gov.cn/xw/jrxx/content_791795.

[3] 川南临港片区管委会．改革再深化　效率再提升！川南临港片区：创新“即报即退”税收服务［EB/OL］．［2021-07-05］.http：//ftz.luzhou.gov.cn/content.jsp? Id=8a4037857814dc4d0179f9f2269009c6.

[4] 杨涛，赵飞．“小时清单制”为企业办事提速　四川自贸区川南临港片区着力提升行政审批效率［EB/OL］．［2021-07-05］.http：//news.workercn.cn/32843/201812/27/181227045952372_2.shtml.

[5] 章华维，高红霞．川渝合作“双城记”　泸州与邻“唱大戏”［N］．四川日报，2020-05-11（10）.

[6] 泸州市龙马潭区人民政府．龙马潭区：产业大招商聚“数”而为高质量发展乘“云”而上［EB/OL］．［2021-07-05］.http：//www.

longmatan.gov.cn/xw/ssyw/content_59008.

[7] 魏冯．泸州引进两家世界500强企业［N］．四川日报，2019-05-03（1）．

[8] 泸州市龙马潭区人民政府．泸州市龙马潭区2019年国民经济和社会发展统计公报［EB/OL］．［2021-06-27］．http://www.longmatan.gov.cn/fdzdgknr202006181813/23dept22/subject0323dept22/subject12623dept22/content_94965.

[9] 四川泸州市编办．四川泸州市以“三个强化”建“三个体系”推动自贸区驶入发展“快道”［EB/OL］．［2021-07-05］．http://www.scopsr.gov.cn/shgg/spfw/201811/t20181115_312277.html.

课题指导：中共四川省委党校（四川行政学院） 龚丽兰

编写单位：中共泸州市委党校（泸州行政学院）

研究团队：李春艳 刘太兵 徐林 陈强 王流

打造成德同城先行融合区，助推成德同城化的广汉实践

一、导语

在区域经济一体化浪潮推动下，成渝地区双城经济圈的建设进程不断加快，成德眉资同城化的发展不断深入，成德交界地带融合发展的步伐日渐加密，边界融合发展成为成德同城化发展的重点工作。边界融合是指毗邻的两个或两个以上的国家或地区协调发展，通过协调机制消除行政边界障碍，促进地区之间的资源优势互补，实现边界区域在经济、政治、社会、环境、文化等方面的整体协调发展。“擦去”行政边界，以市场为纽带，交界地带共绘同心圆是推动同城化的必经之路和关键一环。地处成德同城化“桥头堡”位置的广汉市与成都市青白江区、新都区、彭州市、金堂县接壤，属于名副其实的成德交界地带，凭借区位优势，广汉市抢抓机遇、乘势而上，以“北接德阳，南融成都”为目标，正全力打造成德同城先行融合区。

为实现这一战略目标，广汉市积极完善和推动融入成都都市圈的工作

机制，与毗邻城市签订多个合作框架协议、建立“1+N”联席会议制度，在基础设施互融互通、产业经济联动发展、公共配套共建共享、生态环境联防联治等方面展开合作；共同推动重大任务、重大项目落地落实，精准对接成德眉资“三区三带”空间规划和德阳市“中心城区—城市新区—城市组团”三级空间体系规划；建立项目化、清单化推进机制，构建“责任制+清单制+项目制”管理体系。该项区域战略的实施既能从实践层面为落实成渝地区双城经济圈建设战略、深度融入成都都市圈、加快推进成德同城化打下坚实基础，也能从理论层面为其他城市群的“边界地区融合发展”提供借鉴和参考。

二、案例背景

（一）基础情况

为贯彻落实国家“一带一路”倡议，长江经济带发展战略和中共四川省委、省政府提出三大发展战略。2013 年，“成德同城化”的发展战略启动。同年，成都与德阳两市通过签署《成都德阳同城化发展框架协议》和《关于共建工业集中发展区的协议》，初步达成了规划、工业经济、政府采购、交通、教育、旅游、城市水源地保护、金融 8 个合作事项，“成德同城化”初见雏形。此后，德阳市委、市政府把“成德同城化”发展作为全市“一号工程”加以推进，着力把德阳打造成为成都国家中心城市北部的新城，实施推进成德同城化发展“六个协同”路径，加快形成以成都主城区为核心，南有天府新区、北有德阳新城的“一核两中心”发展格局。

近年来，随着成德同城化工作向纵深推进，两地在多个合作领域取得重大突破。

在产业协作方面，编制完成《成德临港经济产业协作带空间规划》，积极推进成德两港一体化运营工作，全面服务成德临港产业体系发展。两港先后于2019年5月、2020年11月签署合作共建协议书，深入推进姊妹港建设，促进资源要素跨区域高效整合。初步形成以顶层设计与规划协同为核心，构建了通道构建与班列开行、口岸建设与保税功能、基础设施与技术装备、管理运营与标准规范、招商政策与产业项目5个方面推进两港一体化运营的实施路径。一是推动班列共建共享。在德阳国际铁路港挂牌“成都中欧班列德阳基地”和“蓉欧+东盟国际班列德阳基地”，常态化保障德阳国际铁路物流港班列开行需求，共同打造服务本地及周边产业发展及贸易集聚的“蓉欧+”组货基地。2020年，德阳通过成都国际班列共计发运超800车，运输货值近4000万美元。二是推进招商引资协同。2020年7月，成德两港联合举办成德临港经济产业带投资“机会清单”新闻发布会，发布标准化厂房、新消费场景、大宗贸易等领域共23个产业化投资项目，实施精准招商。三是深化交流合作互动。建立两港常态化互访机制，各级领导多次交流互访，共谋成德眉资同城化发展机遇。联合筹办“亚蓉欧”全球合作伙伴大会等各类宣传推介活动，广泛宣传各地资源及优势。

在交通同城方面，加快构建“9高13快13轨”成德同城综合交通体系，全面融入成都城市轨道、干线公路、公铁空枢纽“三张网”，形成6高4快4轨的成德同城交通基础设施路网。推进打通“断头路”、动车公交化、地铁摆渡车、跨市公交、城市候机楼、天府“一卡通”六大标志性工作。成德间动车开行数量达100余列，平均发车间隔控制在20分钟左右，来往客流相比公交化开行前增长200%，有效缩短了成德之间的往来时间。德阳主城区、广汉至成都地铁3号线、什邡至成都地铁5号线摆渡车均已开通，广汉—青白江、什邡—彭州、中江—金堂等成德接壤地区城际公交已开通。成德公交“一卡通”全面推行，双流机场全省首个城市候机楼在德阳投入运营，成德间地空联运多方式转换实现突破。

在公共服务方面，通过教育资源共享、医疗卫生协作、医疗保险合作、户籍管理便民、体育事业协同发展，实现更多的公共服务共享。一是加强社会保障合作。新增市内异地联网结算定点医院，加强成德绵三地医疗机构违规问题协查，处理结果互认；推动建立以社保卡为载体的“一卡通”服务管理模式。二是强化公积金数据互联共享。2020 年 3 月，成德眉资四地签署了《成德眉资住房公积金同城化发展合作协议》，积极推动政策全面协同、数据互联互通、系统共建共享、队伍共育共进等。三是加强户籍管理合作。推动“微户政”平台建设，推动实现户籍便捷迁徙、居住证互通互认等。四是加强教育合作。积极搭建成德教师培训培养交流平台，协同建设职业教育产教融合试验区等。

（二）面临问题

虽然成德同城工作推动已久，但是对标省委“一干多支、五区协同”和“四向拓展、全域开放”的发展战略和目标要求，仍然面临诸多掣肘。

经济总量差距过大。成都市是国家中心城市之一，经济总量突破 1.7 万亿元，而德阳市 2020 年生产总值仅为成都的 14%，两地经济发展水平差距较大，且产业协同发展更多依靠政府主导力量推进，市场力量相对较弱。当前，成都市仍处于不断吸附聚集优势要素资源、推动工业化充分发展的阶段，对周边区域的极化效应大于辐射效应，在协同发展关系中占据主导地位，导致两地在招商引资以及集聚要素资源方面“强弱”之分明显。

政策协同难度很大。成都市作为副省级城市，许多国家级改革创新试验政策向其倾斜，因此有更加雄厚的财政实力和更多的宏观调控手段，制定的政策更加开放，如统筹城乡综合配套改革、自贸试验区、高新区自主创新、全面创新改革等。良好的政策优势，加剧了成都的虹吸效应，增强了对流动人才、科研机构、总部经济等的吸引力。而德阳市因基础条件与成都有较大差距，实施同等优惠政策难度较大。

教育、医疗、社保、政务服务等方面的便利共享还需加强。两地存在行政壁垒难以打破、跨区域共建共享共保共治机制尚不健全的问题，各项工作的协调性不足，区域协调发展机制未充分建立，同城化的发展红利还未充分释放，群众的获得感有待提高。

（三）政策背景与地方落实部署

党的十九届五中全会通过《中共中央关于制定国民经济和社会发展第十四个五年规划和二〇三五年远景目标的建议》，要求坚持实施区域重大战略、区域协调发展战略、主体功能区战略，健全区域协调发展体制机制，完善新型城镇化战略，构建高质量发展的国土空间布局和支撑体系，为“十四五”时期我国区域协同指明了方向。2020 年 1 月 3 日，中央财经委员会第六次会议召开。会议指出，推动成渝地区双城经济圈建设，有利于在西部形成高质量发展的重要增长极，打造内陆开放战略高地，对于推动高质量发展具有重要意义。

当下，四川正处于抢抓国家重大战略机遇，推动成渝地区双城经济圈建设成势见效的关键时期，既肩负深度融入新发展格局、加快推动高质量发展、全面推进社会主义现代化建设的时代重任，又面临多重国家战略交汇叠加的重大机遇，发展的战略动能将更加强劲、战略位势将更加凸显、战略支撑将更加有力。

2020 年 1 月 14 日，四川省委、省政府办公厅印发《关于成立四川省推进成德眉资同城化发展领导小组的通知》，设立了以省委常委、成都市委书记为组长，副省长、成都市市长、德眉资三市市委书记为副组长的四川省推进成德眉资同城化发展领导小组，统筹推进成德眉资同城化发展。领导小组下设常态化运作、实体化运营的同城化办公室，履行办事机构职责。

2020 年 1 月 16 日，四川省成德眉资同城化推进会议召开。会议作出了把加快成德眉资同城化发展作为推动成渝地区双城经济圈建设先手棋的重大决策部署。

2020年3月11日，四川省推进成德眉资同城化发展领导小组正式发布了《成德眉资同城化发展暨成都都市圈建设三年行动计划（2020—2022年)》（以下简称《行动计划》）和《成德眉资同城化发展暨成都都市圈建设2020年度重点工作任务》。两个文件均明确了推动交界地带融合发展，其中便包括推动广汉—青白江交界地带融合发展。

2020年7月30日，中共德阳市委八届十二次全体会议审议通过了《中共德阳市委关于贯彻落实成渝地区双城经济圈建设战略深入推进成德同城化推动德阳高质量发展的决定》。该决定明确指出要聚焦成德眉资同城化综合改革试验区建设，探索行政区和经济区适度分离改革。深化广汉—青白江、什邡—彭州、中江—金堂等边界试验区建设，理顺市、区两级财政事权与支出责任划分。建立跨区域产业转移、园区共建、项目统筹的成本分担和财税利益分享机制。全会首次提出“边界试验区”概念并将广汉市定位为“成德同城先行融合区”。深度融入成都都市圈、加快建设成德同城先行融合区，是广汉高质量发展的必由之路，有利于接受成都都市圈城市辐射，集聚科技、资金、人才等要素，加快构建现代化经济体系；有利于扩大开放，深入对接“一带一路”建设、长江经济带发展、成渝地区双城经济圈建设等国家战略，在更高平台共享资源。

打造成德同城先行示范区，广汉市已具备得天独厚的先天条件与优势，无论是其经济社会发展水平还是改革开放程度，都为发展战略的进一步推动打下了基础。“十三五”期间，广汉市抢抓历史机遇、克服重重困难，砥砺前行、不断发展。一是经济总量稳步增长。2020年，实现地区生产总值428.96亿元，较2015年增加135.09亿元，年均增长6.5%；人均地区生产总值达6.9万元；城镇和农村居民人均可支配收入分别达到40992.7元和22024.6元，人民生活水平大幅提高，决胜全面建成小康社会取得决定性成就。二是改革开放取得明显成效。全面创新成效显著，供给侧结构性改革有序推进。投融资体制改革、乡镇财政体制改革稳步实施。行政体制改革初见成效，“放管服”改革全面落实，商事制度改革顺利推进。农村改革深化拓展，集体产权制度改革、供销合作社和农民合作社综合改革等试点全面推进。在开放领域，成功举办两届“四川国际航空航天展览会”。对外经济贸易的支点作用加快形成，进出口总额累计达到166.61亿元，位居全省前列。三是成德同城率先突破。与青白江区、新都区等地的边界合作步伐加快，广汉市被纳入成都航空口岸144小时过境免签范围，成为中国（四川）自由贸易试验区德阳协同改革先行区落地片区。“十三五”时期，广汉市深入践行新发展理念，落实高质量发展要求，圆满完成“十三五”规划目标任务，取得可喜成绩。

借助自身优势，依托战略支撑，广汉市乘着打造成德同城先行融合区的东风，顺势而上、大胆创新，与交界地区展开密切合作，亮点纷呈。

三、典型案例

作为成德同城的“桥头堡”，广汉市正处于发展的战略机遇落地期、转型发展关键期、蓄势突破窗口期。成渝地区双城经济圈建设、“一带一路”建设、长江经济带发展、新时代推进西部大开发等多重国、省重大战略在广汉交汇叠加。“一干多支”发展、成德同城发展等战略的深入实施，广汉市这一重要“支点”处于关键区位，有利于借势发展，重塑竞争新优势。广汉市虽已具备“同城化”发展的基础条件，但长期以来与成都各区县之间还只是地理位置自然相接的独立个体，并未形成真正的发展合力，其“桥头堡”的区位优势未得到充分发挥。特别是在公共服务政策、城市居住环境等方面与青白江区、新都区等地差距较大，这些毗邻地区对广汉市产生了一股强大的吸引力，导致广汉市本地人才流失严重，所谓的区位优势反而变成了劣势。

无力抗衡，只能合作。为此，广汉市委、市政府出台“顶层设计”，明确提出广汉与青白江两地的融合发展战略。如果交通建设是成德同城化发展的硬件基础，那么公共服务一体化、生态环境一体化则是成德同城化的软件支撑，也是吸引人才的核心要素。为提升成德同城软环境，推进公共服务、生态建设等向成都看齐、与成都同质，广汉市发改局、人社局等工作部门以政策为指引，主动出击、寻找机会，与成都交界区县在行政审批通办、人才协同、教育共享、生态共治上做文章，推动各领域关键性工作稳步推进、重大项目落地落实，迈出了成德同城边界融合最为坚实的一步。

（一）合作探索“跨区通办”，携手推进“放管服”改革

建好成渝地区双城经济圈，唱好“双城记”，打造一流的营商环境尤为重要。为了推进“放管服”改革，“让数据多跑路、群众少跑腿”，持续推动政务服务利企便民。2020 年 7 月 22 日，四川省人民政府办公厅与重庆市人民政府办公厅签署《关于协同推进成渝地区双城经济圈“放管服”改革合作协议》，着力打破区域壁垒，提高资源配置效率，协同推进“放管服”改革。以此为指引，广汉与青白江合作探索“跨区通办”，携手推进“放管服”改革。

1. *群众有需求，政府忙回应*

广汉市与青白江区背靠背、肩并肩，特别是广汉的向阳镇、新丰镇与成都的青白江区仅仅一街之隔。广汉人经常开玩笑说，“从青白江城区只要轻轻一迈脚就到广汉了”。由于地理位置毗邻，广汉市和青白江区两地群众交集往来十分频繁，“同城人”的理念在还未提出成德同城化战略时，就已经植根在两地群众心中。

虽然城市与城市、两地群众心与心的距离近在“咫尺”，但从行政区

划来看，广汉市属于德阳地区，青白江区属于成都地区，行政区域的分割造成两地在发展速度上呈现出“天壤之别”的态势。

“我的企业虽然在广汉市，但是和青白江区距离这么近，却享受不到那边的优惠政策，还是有点不公平啊。”在广汉市开办公司的陈某某不无埋怨地反映道。这只是差异性的一个微观体现，但政务服务的不同质、不同标、不同轨的情况可见一斑。比如在审批办理的时限上，在青白江区开办企业，一天就能办出来，在广汉则需要两天；又如在审批材料的提交上，青白江区很多事项都实现了“一证通办”，仅靠一张身份证就能办理，而广汉还不行；再如礼仪培训、服务态度、大厅建设等也有差距，种种差异产生的原因就在于成都市与德阳市两地的政策差距，一街之隔的青广两地也因为成德政策的差异化而呈现出两套内容迥异的服务机制，办事群众的体验感被大大削弱。

对政务服务的需求不仅局限在与青白江的同质同标同轨上，“办事不方便”也是前来办事的人经常反映的问题。从路程来看，广汉市的向阳镇、新丰镇的农村社区居民到青白江区办事比到广汉办事更方便，如果当地老百姓到青白江区行政审批局办事就只需要十分钟，而到广汉市行政审批局则需要半个小时。“如果在青白江区就能办事，那就太好了！”广汉向阳镇、新丰镇的不少群众在行政审批局办理业务时向窗口办事人员反映道。

如何回应当地市场主体和社会群众的普遍需求？如何在“放管服”改革的大背景下推进行政审批工作“服务人民”的目标落地落实？广汉行政审批局的同志对此反复思索。

2. 跨区谋合作，初探遇挫折

一切事物的发生都伴随着偶然性与必然性。为群众服务是青广两地行政审批部门的共同价值追求，这也是推动跨区合作的必然因素。而偶然的合作机遇发生在2019年10月的一天。

在全省的一次业务工作会上，青广两地行政审批部门的参会领导和同志们在会后闲聊。广汉市行政审批局一位同志就两地工作中经常出现的一个现象讲道："广汉市有很多青白江区的打工群众和企业住在广汉市，但是厂办在青白江区，或者住在广汉市，却是青白江区的身份证。如果从他们的身份信息和企业信息来看，都必须回到青白江区去办理业务，实际上是很不方便的。"该话题一引出，瞬间引起在场所有人的共鸣，青白江区行政审批部门的同志分析指出，这不仅是政务服务的问题，更是制约青白江区和广汉市长远发展的一个现实因素。于是，给这群人提供更好的政务服务的初步想法在与会人员心中不谋而合，大家纷纷表示可以在这个没有先例的领域做做工作。

想法有了，如何做？怎么做？按照当时的政策，并不是所有的审批事项都能实现跨区办理，只有一定范围内的行业领域有跨区办理的条件和基础，如工商领域。由于四川省工商厅把市（州）数据资源进行了整合，青广两地共用的又都是省里的工商系统，跨区通办才能实现，也就是说，只有从省级层面进行了资源整合的行业才具有跨区通办的操作空间。大家你一言、我一语，从理论层面勾画了此项工作的蓝图。

但是这毕竟是第一个"吃螃蟹的人"，在没有任何可参考、可借鉴经验的情况下，有的人大胆、有的人谨慎。谨慎的人认为，"我们把审批权限交给了青白江区，在办理过程中如果出了问题，承担责任的还是我们"；大胆的人认为，"服务人民是我们开展工作的最大的目标定位，在政策范围内可能存在一定的风险，但大家是愿意去承担的"。在思想交锋中，广汉人的"敢为天下先"的改革意识，"敢为人先、追求卓越"的城市精神占据了上风。

按照初步设想，基于当时的政策、硬件条件、平台整合，在现有的条件下两地启动第一批跨区审批事项的梳理工作。2020 年 3 月，具体的行动计划出台，"跨区通办"工作在政策层面找到了立足点，一改过去无政策可依时步步为营的工作节奏，两地开始大胆放手去试，大张旗鼓去做，在四川省率先签订《青白江广汉审批服务事项跨区域通办协议》。

面对完全陌生的工作领域，只有依赖长期以来的经验判断。审批局在通办事项的梳理上，把眼光放在身份证办理、企业营业执照办理等高频事项上。“按照常理判断，平时办件量多的领域应该就是跨区通办需求高的领域。”参与梳理第一批跨区通办事项工作的工作人员说道，“但是在推进的过程中才慢慢发现，我们理解的高频不一定就是真正的跨区通办的高频”。第一批33个跨区通办事项推出后，社会上的反响并没有达到大家的预期效果，一个月一两件、两三件的办件量，参与此项工作的审批局的同志被“当初为了两地群众冒着风险去做这个事情，但是推出的效果却不如人意”的想法反复纠缠，无不感到失落和失望。

3. 合作再拓展，持续谋优化

虽然未达预期，但是大家还是对“跨区通办”抱有深深的期许和信心。借助联席会议制度这一交流机制，两地工作人员面对面就跨区通办工作进行研判，分析发现引起办件量低的原因不外乎以下几个：一是知晓度不高，最开始针对此项工作的宣传策略是“广撒网”，宣传的主要方式是通过主流媒体全面地进行宣传报道，缺乏针对性；二是通办事项定位错误，凭经验主义聚焦到自以为的高频事项，忽略了此项工作的真正受众应该是由于自身原因办事不方便的群体；三是接受程度低，由于跨区通办还是个新生事物，虽然老百姓和市场主体知道此项工作，但囿于长期形成的办事习惯或对政策的理解不到位，需要一定的时间来接受和适应。

意识到问题后，谋定而后动，审批局的同志开始对症下药、循因施策。2020年10月29日，广汉市行政审批局联合成都市青白江区行政审批和优化营商环境局在广汉市新丰街道龙居社区开展“跨区通办进社区”活动（见图1）。在活动中，向小区群众发放跨区通办宣传资料，耐心讲解跨区通办的事项和办理流程，提供政策咨询，并为符合要求的老年群众现场办理老年证。通过一系列进社区活动主动把跨区通办送到群众身边，让老百姓知晓政府所做的便民工作。“这样我们办事就更方便了！”现场群众的欣喜之情溢于言表。

图1　广汉市新丰街道龙居社区开展“跨区通办进社区”活动

（图片来源：广汉市行政审批局）

两地审批局在工作中逐渐发现，现在几乎家家都有汽车，无论是跑青白江区还是广汉市，差距并不大。真正不方便的则是老年人和残疾人群体，比如老年人不会开车，腿脚不方便，又不会使用电脑，年轻人可以轻轻松松通过手机和电脑办理的事项，老年人则存在很大难度。因此，他们才应该是跨区通办的主要关注对象，应当聚焦这些特殊群体进行跨区通办事项的梳理工作。经过从“以事为主”到“以人为主”的思路调整，通过十余次的线下线上反复商讨，两地行政审批部门在原有的33个通办事项上又梳理出包括老年证办理等事项在内的第二批38个通办事项，并配套推出了更多个性化的跨区域服务。

先行先试的举措引起了社会的强烈反响和各相关部门的密切关注，《人民日报》《四川日报》等30余家中央或省级媒体相继报道，对“跨区通办”给予了高度肯定。

（二）共建“大港+”人才联盟，助推区域人才一体化

“区域协同，人才先行。”党的十九大报告指出，要破除妨碍劳动力、人才社会性流动的体制机制弊端，使人人都有通过辛勤劳动实现自身发展的机会。同城化发展，归根结底只有依靠人才一体化，才能有效激发区域发展活力。2020年，成渝两地在重庆召开共同人才协同发展联席会议，签署《成渝地区双城经济圈人才协同发展战略合作框架协议》，明确了人才协同的“4个方面”和“13项重点任务”，为构建成渝人才协同发展大格局确立了方向，为实现成德人才一体化提供了目标指引。

1. 发展所需，不谋而合

“一干多支、五区协同”战略提出之前，无论是德阳市的广汉市，还是与之毗邻的成都市青白江区、新都区等地，都将成德同城的工作中心聚焦在能带来实际经济效益的产业协同和肉眼可见的交通协同上，并未将人才工作作为成德同城的切入点，该领域的协同工作几乎处于真空状态。

但是，长期以来，广汉对人才的需求十分强烈。广汉市新丰镇、向阳镇等加工制造企业面临非常严重的招工难、用工难问题，一线操作工人极度短缺，当地多个劳动密集型企业纷纷向人社部门反映情况，希望相关部门帮忙解决制约企业发展的燃眉之急。

除了低端产业工人的缺乏，高端技术领域同样遭遇人才瓶颈。油气装备产业是广汉的支柱型产业，如果说三星堆是广汉的旅游名片的话，那么油气产业就是广汉当之无愧的产业领域的金字招牌。以国内顶尖的石化三大院（中石油西南油气田工程技术研究院、中石油川庆钻探钻采技术研究

院、中石油川庆钻探安全环保质量监督检测研究院）为科技支撑，广汉市高新西区形成了以四川宏华、宝石机械等龙头企业为引领的石油天然气装备制造产业集群，产品及服务涵盖油气装备产业链“钻、采、输、控”各个环节，是全国最大、国内领先的油气装备研发制造基地。“为实现企业创新发展，探索关键核心技术攻关，我们迫切需要引进高端人才。为了解决高端人才缺乏的问题，我们长期与四川大学、西南石油大学等成都的知名高校开展合作，如邀请专家到我们企业莅临指导，或者委托高校对我们企业比较优秀的技术人才进行定向培养。”四川宏华集团的人事工作人员说道。

广汉市人才工作领导小组在工作开展过程中，了解到本地企业的用工需求，以及多个企业已经与成都建立起人才交流的现实情况，萌生了与成都开展人才协同工作的初步想法。

直到 2018 年，四川省提出“一干多支、五区协同”的战略定位后，这一想法才逐渐照进现实。一方面，成都急于在成德眉资同城化的人才工作上有亮点、出成果；另一方面，广汉也想将人才协同工作作为成德同城化的切入点和突破口。于是双方一拍即合，人才协同工作于 2019 年正式启动。

2. 主动融入，寻求联合

工作伊始，对于如何进行人才协同，两地并没有形成固定的合作机制和方式，主要以零星分散的人才交流活动为合作形式，协同的规模效应远未达到。

如何推动人才协同工作步入正轨、走向成熟？大家把目标瞄向了“大港区”这一新兴的平台。2019 年 1 月，为推动成都北部发展，以成都国际铁路港为核心，以青白江区、新都区、金堂县三个区（县）为主体的“金青新大港区”首次在成都市政府工作报告中提出。为促进园区发展，青白江区牵头在园区的公共服务工作上提出了一些关于人才领域的亮点做法。

几乎在同一时间，2019 年 2 月，德阳市全面启动机构改革工作，一个全新的机构“德阳国际铁路物流港服务中心”挂牌成立，经四川省批准，该服务中心和德阳国际铁路物流港管委会一套人员两块牌子。自此，德阳国际铁路物流港用长长的铁轨牵连着姊妹港——成都（青白江）国际铁路，成为成德两城合体后的经济大动脉和成德同城化发展中的定盘星。

广汉市以成德铁路港融合发展为契机，同时看准“大港区”的人才工作亮点，翘首以盼与“大港区”在人才领域的合作机会。2020 年，经过一年半的前期酝酿，这一机会终于来临！实际上，从 2018 年开始，成都市在每年的最后一个星期六都会开展大范围的“蓉漂”人才活动，但活动的参与主体仅仅局限在“大港区”的金堂县、青白江区、新都区三地。2020 年 4 月，为营造跨区域人才合作的强大声势，扩大人才协同工作的影响力、号召力，成都市人才工作领导小组办公室和德阳市人才工作领导小组办公室联合主办“蓉漂人才日—大港 + 高峰论坛”，广汉市人才工作领导小组以协办单位的身份参与了本次活动。活动中，金堂县、青白江区、新都区、广汉市、中江县五地共同签订《“大港 + 人才联盟”合作协议》，一个区域组织性的人才合作模式终于在此次活动中惊艳亮相。

“人才共引、才智共育、平台共建、服务共融”的人才合作规划和方向由此敲定。从 2020 年开始，无论是在人才交流、人才信息的共享上，还是人才引进、人才培训上，“大港 +”人才联盟的伙伴们无不用心谋划、精心组织、热心参与。

“广汉市举办的几场干部培训，比如到深圳、浙江等经济发达地区，都会邀请其他成员地区共同参与”；“广汉市在 2020 年举办的企业家人才培训，也适当地分配了几个名额给‘大港 +’人才联盟的其他区县”；“广汉市开办的各类高端讲座，也会邀请其他成员地区的人才来听”。广汉市人才领导小组工作人员针对人才培训工作介绍道。

“我们公司对一线工人的需求比较大，通过近两年参加春风行动，招到了一部分员工，这个活动确实帮我们解决了招工难的现实问题!”四川华侨凤凰纸业有限公司负责人说道。借助“春风行动”这个平台，将需要招工的人才信息进行整合，在己方和对方的招聘网站上同时发布，产生宣传效应后再开展线下的招聘活动。2020年11月，成都市青白江区、新都区、彭州市、金堂县和德阳市的广汉市、什邡市、中江县人才工作领导小组、成都产业集团联合承办的2020“蓉漂人才荟·走进华南理工大学（大港区专场)”活动在华南理工大学（大学城校区）体育馆成功举行，76家大港区知名企事业单位携1200余个岗位参加双选会，吸引了2000余名大学生参与，同步直播在线观看量达27万人次，现场气氛热烈，互动参与度高，获得参会企业和人才的一致好评。

因为新冠肺炎疫情原因，线下招聘被迫终止，为了固定“春风行动”的平台机制，延续活动效果，“大港+”人才联盟在春风行动基础上进一步发展了“云招聘”，将每月第二个星期三作为四地“人力资源区域协作网络招聘会”举办日，联合发布人才的招引需求并予以公告。

“以前我们在人才信息的获取上存在难度，但是成都在这方面却做得很好，通过‘大港+’，我们也实现了高端人才的信息共享。”广汉市人才领导小组工作人员谈到此项工作时不禁流露出欣慰的神色。2020年，广汉市通过人才信息共享机制从新都了解到“千人计划”的人才情况，并且掌握到重庆大学某研发团队的科技成果转化需求，于是主动对接并最终促成其研究成果在广汉落地转化。

（三）打造青广教育城，齐心聚力补短板

教育是最大的民生，最大的社会需求，优质教育资源的配置会导致高学历、高收入的户籍人口向教育领域集聚，能够提升该区域的生活品质与凝聚力，进而打破人才流通壁垒，促进区域人才一体化。而教育恰恰是青白江区和广汉市这两个地区共同的短板。德阳国家高新区围绕宜业宜商宜

居目标，聚力补齐教育这块最大的民生短板，投资258亿元打造以重庆巴川中学为核心、K12（基础教育）学校为基础、云教育产业园为支撑的青广教育城，以提升该区域的生活品质与凝聚力，进而打破人才流通壁垒，促进区域人才一体化。

1. 谋共识，促合作

围绕教育这项最大的民生问题、最大的社会需求，青广两地逐渐达成共识，共同拟定《青白江区—广汉市共建青广教育城项目加快交界地带融合发展合作协议》《青白江区—广汉市教育城融合发展实施方案》，努力补齐教育短板。

当前，青白江区正在打造国家级自贸区、开发区，需要良好的人居环境与之配套，以吸引那些高层次人才，但是光靠公立学校来配套远不能满足。青白江区对德阳市高新区推进青广教育城建设是非常欢迎的，虽然不为己所有，但可为己所用。青白江区的人才子女可以住在凤凰新城，然后在广汉市新欧鹏读书。为了从凤凰新城到青广教育城，很多年前青白江区就修了许多路，但都是断头路。市民张某说："因为路不通，想把娃送来读书，很不方便，急切盼望两地协商打通这些断头路。"广汉市急民众之所需，正在奋力打通这些断头路。

青白江区主要领导说："要与广汉市甚至德阳市形成高效分工、错位发展、有序竞争、协同配合的现代产业体系。同时，实现区域公共配套跨界共享，推动公共服务资源合理配置，促进金青新彭大港区实质性建设，加快成都平原经济区东北部一体化进程。一体化发展不是一句口号，需要各个层面强力推进。青白江区和广汉市各伸出一只手，紧紧握在一起，正变成一个拳头。"德阳高新区引进的高端人才王先生说："有了高质量的教育资源，我们就没有了后顾之忧，进一步坚定了我们留下来干事创业的决心。"

2021年1月，青广教育城被成功纳入省"成德眉资毗邻地区同城化发展先行示范区”，成为八个示范区之一。

2. 谋发展，显成效

青广教育城的核心是融合基础教育、教育培训综合体、云教育产业园于一体的新鸥鹏教育小镇。该项目占地面积3600亩，总投资约258亿元（一期投资75亿元）。其中，一期占地1380亩，拟在高新区成都第二绕城高速公路南侧区域建立占地面积360亩的民办学校（含小学、初高中教育），学生规模将达到1万人。学校周边还将建设1020亩的“教育培训综合体+云教育产业园+房地产+商业配套”的项目。以K12教育产业为主题、以地产为引擎，湖景掩映其中，打造成宜居、宜学、宜游、宜养的国家级教育小镇，充分利用周边有利条件，形成臻美之居、一生之城。目前，巴川学校一期已竣工并投入使用，在校学生约1000人，第一批学生中，成都地区学生占到70%。学校建成之后可以吸引人气，周边可以形成一个小型的社区，促进区域的新城开发。

新鸥鹏教育小镇以产城结合开发为新理念，以教育立城、建镇，两湖夹8000亩生态公园，沿湖打造滨湖商业走廊，与天子湖四季花海及湖滨风情商业交相呼应，共同组成花海湖风情商业，按照AAAA级风景区标准，融入历史、人文、艺术等元素。建设完成后，将大幅提升高新区城市形象和居住品质，为高新区新增15万以上常住人口，带动数十个产业发展和每年提供数亿元持续税收。

3. 谋品质，铸未来

德阳巴川中学作为该示范点的核心，地处教育小镇（见图2），占地面积500余亩。目前东校区一期教学楼、行政楼、实验楼、学生宿舍等已竣工验收并投入使用，在校学生约1000人；大弯中学初中部占地面积69亩，预计2021年上半年投入使用。青广教育城建设完成后，将会形成从幼儿园到高中的“一站式”学校、寓教于乐的教育公园、海量的云端教育资源等独具特色的“教育+”黄金矩阵，吸引全省乃至全国的优秀学子前来就学，从而促进和稳定两地招商引资成果，带来人口和生产总值的双增长，铸就德阳发展的一张新名片。

图2　德阳新鸥鹏教育小镇实景

（图片来源：吉屋网）

“我家里有两个小孩，我对教育这一块特别注重，也关注和考察了很多学校，巴川中学的教育理念和优秀的师资力量吸引了我。尤其最近看到巴川中学与成都四中、七中、九中校长同台共同探讨川渝教育未来发展，让我更加坚定了购房的决心。”洋房客户张先生说。始于颜值，步于品质，忠于服务，合于生活。青广教育城以教育引领未来，以品质铸就未来，从一开始就注定了奇迹的发生，让我们跟随小镇的脚步，共同见证成德同城的美好未来！

（四）筑梦三星湖，打造国家高新区升级版

三星湖位于广汉市与青白江区交界处，是德阳高新区“一湖六岛”空间布局的核心，开创了成都平原地区兴建大型水利工程和生态湖泊的先例。项目工程估算总投资约23.65亿元，包括在青白江建2座拦河闸和1座取水闸，在马牧河建1座取水闸，在青白江与马牧河汇口处形成三星湖

水库。建成后，将蓄水680万立方米，形成近4000亩的三星湖水面，能够为周边的生态环境带来净化水质、补充地下水、调节雨洪和保护生态多样性等多重效果。项目负责人表示，“项目对于提升三江汇流地区防洪能力，优化成都北部区域自然生态环境具有重要作用”。同时，环成都经济圈将形成南有天府新区兴隆湖，北有德阳三星湖的高品质生态格局，为天府大道百里中轴线再添靓丽风景，使德阳高新区在成德同城化进程中的“桥头堡”作用更加凸显。

1. 重规划：一张蓝图绘到底

三星湖是40平方公里的高新区的灵魂所在，可以说是在未来十年，成都平原上唯一周边可以进行城市建设和产业开发的人工湖。三星湖的建设历程正是德阳国家高新区“十三五”期间发展阶段的辉煌缩影，见证了广汉市在艰难中无畏前行的开拓史。

前期工作异常艰难，不但要做规划、搞侦测，筹集资金也是困难重重，用时两年多，才初步将资金来源确定下来。在整个项目建设过程中，高新区的书记虽换了一任又一任，但是每任领导都坚持不懈地一张蓝图绘到底，一直坚定不移地推动三星湖建设。

40平方公里新区的选址是出于对青广同城化的考虑。新区建设之前，青白江区和广汉市城区已经紧紧相连，从区划上看呈现葫芦的形状，相比其他城市之间的农村、工业园相连，青广两地更加具备并联发展的条件。新区建设完成后，利用广汉主城区、德阳高新区和青白江的主城区，葫芦形状将转变成一个比较稳定的三角形，有了这个条件，青白江区和广汉市才能够发展更高水平的同城化。

围绕三星湖高起点、高标准规划了由“智慧岛、智造岛、航空岛、文化岛、健康岛、保税岛”六大特色产业岛环绕的特色空间布局（见图3），实现一岛一主业，一岛一景观的AAAAA级城市生态空间，把德阳高新区打造成国家高新区升级版，建成宜业宜居的绿色园区，促进与成都错位协同发展（见图4），促进成德交界产业生态深度融合，形成产、城、人、境融合发展新格局。该项目高起点规划的另一个鲜明特色还体现在规划时为青广未来发展留足了充分的空间。德阳高新区有关领导表示："未来我们将以三星湖为核心，建设AAAAA级景区标准的园区环境，打造高端产业、绿色园区、科技新城，让'三星堆·未来城'成为镶嵌在成都六环上的钻石之城。"

图3 "一湖六岛"整体规划

（资料来源：今日头条——铁路信息直通车）

图4 三星湖规划

（资料来源：德阳高新区管委会）

2. 强交通：一张路网通四方

青白江区与广汉市两地虽自然融合、地缘相接、人缘相亲，但两地曾一度相恨相杀。很多交通也没打通，青白江区早早就修了多条公路，却大多是断头路，等着广汉市这边去打通。因此，老百姓工作生活中有诸多不便。不仅各自为政，两地甚至“互相伤害”，在规划上将污染企业设置在两地交界地带。青白江区村民刘某回忆说：“那个时候我们这儿就是典型的城乡接合部，又乱，路又不通!”

随着成德同城化的加快，依托“三星湖”的串联效应，天府大道北延线、成绵高速扩容线开工建设，交通状况逐步改善。2021 年，全面开工的德阳高新区骨干路网项目投资 40 余亿元，包括 25 条道路管网，其中有 7 条道路和青白江城区无缝连接。正在施工的玉璋路是德阳高新区的主干道之一，一头连着广汉市区，另一头连着青白江城区。项目贯通后，广汉市、德阳高新区、青白江区三地城区的通勤时间将缩短至 10 分钟，成德“十分钟经济圈”即将变成现实。

四通八达的交通大动脉把德阳高新区与更广阔的外界连接，依靠自身的多重优势，大批人才、项目、技术等资源正在向德阳高新区聚集。德阳高新区规划建设局领导表示：“按现在的建设进度，不出五年，成都德阳两地市民楼挨楼、街临街的同城化愿景将率先在德阳高新区实现。”

3. 显特色：积蓄发展新动能

德阳国家高新区依托成都良好的产学研居环境，通过申报省级院士专家产业园，与清华大学、浙江大学、四川大学、中科院成都分院等高校院所建立了紧密合作关系，形成 60 个各类科技创新平台，实施产学研项目，与青白江区共享资源，共建产业园区，助力两区产业升级与融合发展。近年来，园区陆续引入深圳新南山、一汽解放、联东 U 谷等产业项目 100 多个，实现招商引资到位资金近 500 亿元，“一湖六岛”科技产业新城的生动图景正逐步变成现实，一个拥有一流生态、高端业态的成德融合发展新城呼之欲出，成为推动成德产业深度融合发展的重要孵化器。

位于德阳高新区的中国民航飞行学院，培养了全国95%以上的机长。依托民航飞行学院的研发创新优势建设航空岛，深挖航空产业发展潜力，推出“一核三带四板块”航空小镇规划，兴建了会展中心、航空主题博物馆，举办了两届四川国际航空展、一届四川国际装备展，园区通航产业企业已达22家，一个集“培训、运营、维修、研发、制造、会展、旅游”为一体的通用航空产业链已经成型。

四、实施效果

（一）实现政务服务一体化

青广两地行政审批部门结合企业群众需求，在全省先行先试，梳理出70余个跨区域通办事项。运用“窗口协助帮办、数据线上跑路、快递线下配送”工作模式，实现了公司设立登记、申报纳税、道路运输经营许可等事项的跨区通办。通过统一规范事项名称、办理时限、服务标准、审批流程，做到同一事项、同一标准，实现两地窗口服务、证明材料、审批结果等效力互认。在青广跨区通办的示范作用下，广汉市不断扩大通办业务合作对象，主动寻找“盟友”开展合作。2020年11月，成都市新都区行政审批局与德阳市广汉市行政审批局签订《新都广汉审批服务事项跨区域通办协议》。2021年5月20日，广汉市再次与青白江区、新都区、金堂县共同签订了“大港区”政务服务同城化协议，确定通办事项204个。截至2021年5月，共有274个事项实现了与青白江区跨区通办，共办理跨区事项200余项。此外，广汉市还与彭州市、金堂县签订了跨区通办协议，共清理事项116项。通过“跨省通办”“跨区通办”工作的开展，打通了广汉周边政务跨区通办“一环线”；与资阳市安岳县、眉山市仁寿县签订了跨区协议，建立了成德眉资一体化政务服务“连接线”，与重庆市九龙坡区、新疆石河子市、昆明市五华区、江苏省昆山市签订了跨区通办协议，建立了“成渝通办”“跨省通办”的“延伸线”，有效解决了两地企业和群众办事“多头跑、跑远路、跑多趟”等问题，为成德同城发展注入了便民动力。

（二）实现区域人才一体化

广汉市以加快建设成德同城先行融合区为引领，以“大港区”为载体，在人力资源和社会保障方面，积极加强与成都市青白江区等周边县（市、区）合作，共建“大港 +”人才联盟，携手组团、凝聚合力，共同做好人才引进及保障工作，有效促进了人力资源的科学配置和有序流动。“大港 +”人才联盟以成都国际铁路港为依托，签订《“大港 +”人才联盟战略合作协议》，建立联席会议制度，增进四地人才工作部门联系，经常性开展工作交流。一是每年发布《“大港 +”人力资源协同发展重点合作项目清单》，联合策划开展招聘会、研讨会、研修班等人才主题活动。二是共同建立“大港 +”人才联盟大数据云平台。将“大港区人才云网”作为“大港 +”人才工作和人才服务的统一宣传展示平台，共同建立区域人才、项目、政策信息数据库，实现区域间资源信息共建共享。三是开展党政干部互派交流。“大港 +”人才联盟各地计划每年选派 8 名左右综合素质好、有发展潜力的优秀干部到其他四地区开展交流锻炼或顶岗学习，交流时间为半年左右。从而充分发挥“大港区”与广汉市的人才叠加优势，不断畅通人才流动渠道，突出人才聚合效应。

（三）实现生态治理一体化

一是共筑绿色发展空间。合力打造龙泉山城市森林公园，协同推进沱江及其主要支流的生态水网和成都第二绕城高速生态环境建设。依托龙泉山、沱江流域等山水资源和天府大道北延线等高快速路建设绿道网络，植入休闲驿站、消费场景，推动农、商、文、旅、体、养、科等要素沿绿道布局，打造观山绿道、滨水绿道、观景绿道，衔接成德两城，串联广汉全域。二是强化环境协同共治。根据青广两地《深化区域合作加快协调发展框架协议》，青白江区与广汉市将加强跨界污染协同治理，探索区域统一规划、信息共享、同步治理、共同管护的生态环境保护模式。以沱江及其主要支流为重点，强化沿江沿河城乡建设、产业发展、居民生活的污染物排放管控，协同推进水体环境治理，重点实施青白江、鸭子河等跨（共）界水体综合整治工程。三是构建生态共治长效机制。目前，德阳市正组建专班共同研究管道送水事项，同时正加快勘测高景关水库，计划从长远上解决防洪、灌溉、供水、沱江水生态环境等问题。探索自然资源、环境科技创新与环境政策管理创新协同联动，建立健全智慧化的跨区域突发环境事件应急响应机制。

五、经验启示

（一）经验

1. 以政策规划指明区域发展方向

一是强化顶层部署。目前，摆在德阳市、广汉市面前的重点任务和工作重心就是落实成渝地区双城经济圈建设国家战略以及四川省委作出的“下好先手棋”“建好都市圈”的重大部署，地方党委必须主动发招、强化领导。对此，中共德阳市委八届七次全会首次明确提出建设“边界示范区”，并将广汉市定位为打造成德同城先行融合区；中共广汉市委十四届十三次全体会议因时应势提出“深度融入成都都市圈、加快建设成德同城先行融合区”的发展路径。充分体现地方党委聚力重大任务、聚焦重点工作的魄力与担当，从“顶层设计”出发，有效推动地方改革发展，紧扣成渝双城经济圈建设这一国家战略的发展方向，审议通过《中共广汉市委关于落实成渝地区双城经济圈建设战略、深度融入成都都市圈、加快建设成德同城先行融合区的决定》，明确广汉市要紧紧围绕成渝地区双城经济圈“一极两中心两地”基础定位和德阳市功能定位，聚焦打造成都都市圈“现代产业高地、北翼融合支点、健康宜居样板、文化旅游示范”四个定位，深度融入成都都市圈、加快建设成德同城先行融合区。

二是做好发展规划。德阳市自然资源和规划局组织编制《成德同城化空间发展规划》，提出了“将成德两市建设为临港开放、协同创新的同城化先行区”的总体定位以及“‘以一港一轴’为核心的‘一带一路’开放引领区、以智能制造为牵引的协同创新带动区、凸显公园城市特色的美丽宜居示范区”的分项定位，由此为广汉市打造同城先行区明确了方向目标。以《成德同城化空间发展规划》为依据，以对接成都都市圈为指引，广汉市制定了《广汉市国民经济和社会发展第十四个五年规划和二〇三五年远景目标纲要》，明确提出“融入新发展格局，打造开放合作新高地”的发展目标，强化了打造成德同城先行融合区的规划引领和制度保障。

2. 以“1 + N”协商制度推动合作体系加快构建

为有力有序推动边界地带合作协议落地落实，加强广汉市与成都市交界地带的沟通协商，广汉市与各地建立了深化区域合作加快协调发展区域联席会议制度，并采取“1 + N”组织架构模式。“1”即联席会议，原则上每年两地轮流牵头组织召开一次，也可根据工作需要临时召开，由召集人主持，负责研究制定相关机制、重点工作和任务，推进区域协同发展的相关事项，协调解决合作过程中的重要问题；“N”即联席会议下设的工作专班，由两地分管重点领域的政府领导牵头负责，通过召开专题会议等形式，协调解决各领域合作过程中的重要问题，难以协调一致的问题报联席会议审议决定。如青白江区行政审批和营商环境建设局和广汉市行政审批局正是基于《深化区域合作加快协调发展框架协议》签订了《青白江广汉审批服务事项跨区域通办协议》，并在双方深化区域合作加快协调发展区域联席会议制度的模式下开展两地行政审批部门的协商，以协商机制的建立保证区域整体最优决策落地落实。

3. 以产业协作实现经济协同发展

一是聚焦集群发展，共筑高质量产业生态圈。为了打造集群产业链，广汉市主动参与成都都市圈产业协作，培育上下成链、左右配套、优势互补、集群发展的现代产业，积极探索“总部 + 基地”“研发 + 制造”“头部 + 配套”等模式，与青白江区、新都区合力打造世界级先进制造业集群。围绕油气装备制造、商用车制造、医药产业、食品产业、先进材料、通用航空、数字经济积极开展项目合作。支持龙头企业联合组建产业发展联盟和行业协会，鼓励在蓉科研机构及龙头企业配套项目向广汉市转移发展。如围绕油气产业协作发展，广汉市与新都区、西南石油大学三方提出共同打造“一城一镇两基地”的油气产业生态圈，三方已经就签订油气钻采产业战略性合作协议、编制油气钻采产业规划、发布机会清单等达成初步共识。积极引导新都孵化成熟企业到广汉市发展壮大，形成“创新孵化在新都、制造集成在广汉”的发展格局。在成都市第三届新进材料发展论坛举行期间，广汉市组织有色金源、科力特等 10 余家新材料制造企业参加，共同搭建产业交流平台。

二是突出错位发展，共建临港经济产业协作带。根据成德眉资“三区三带”空间规划的差异化发展思路，区别于成眉高新技术产业协作带、成资临空经济协作带，成德同城的产业发展定位在成德临港经济产业协作带。该协作带着眼于服务全省制造业转型升级、建设外向型经济发展高地，共建共享成都国际铁路港经开区建设势能，突出区域开放发展引领功能，大力发展适欧、适铁、适港的临港经济。着力构建高效分工、错位发展、有序竞争、相互配合的现代产业体系。发挥铁路港推动同城化的辐射带动作用，聚焦适铁适欧出口型制造业和现代物流产业，共建共享铁路港经开区和综保区，争取把青白江区和广汉市打造成为成德临港经济产业带核心示范区。此外，广汉市围绕德阳市建设世界级重大装备制造基地的目标定位，不断提升“3+2+1”产业体系，促进要素合理和产业有序转移，构筑建设成德临港经济产业协作带、支撑高质量发展的经济基础。

4. 以共建共享推动公共服务整体提升

一是教育方面。为提升两地百姓获得感，青白江区与广汉市不断加强教育合作交流，推动建立教学一体化机制，组建学校发展共同体，如青广教育城的落成正是体现教育共建共享的重要举措。此外，广汉市与成都市多个县（市、区）教研机构签订教研培训深度合作协议，展开全方位的业务合作；教研交流合作频繁，教师培训深入开展；广泛引入优质教育资源。

二是医疗卫生方面。成德眉资四市签署医疗合作协议，协同推进医疗保障同城化，广汉市实现毗邻区域定点医药机构全部开通异地就医直接结算，与四川大学华西医院等医院合作，组建了心血管内科、神经外科、创伤中心等10余个专科联盟。

三是社会保险方面。不断加强社会保险业务合作。目前，全省范围内已全面推行“四川省转移和协查认证省级平台”，通过省协查认证平台及推行手机App人脸识别，已实现青白江区与广汉市两地退休人员领取养老待遇资格互认。依托省社保卡管理信息系统，已实现两地社保卡补换卡业务互通互办。

四是交通出行方面。为了让群众出行更加多元与便捷，广汉市畅通与德阳市区和成都北部交通连接，构建“骨干路网、城际公交、轨道交通”三位一体通勤圈。在轨道交通方面，广汉市域铁路S11线已启动前期工作。在道路网络方面，天府大道北延线三星堆示范段已基本完工。G5成绵扩容高速项目已初步确定广汉段互通的位置及线型走向，德阳至天府国际机场快速通道现正在加快编制工程项目可行性研究报告，彭广青淮快速路、成都货运大道北延线及两个城际交通储备项目已完成国土空间规划编制工作。在公共交通服务体系方面，广汉市已开行至新都地铁3号线及青白江城区 2 条城际公交，逐步实现市民出行公交化；“天府通·广汉卡”实现公交、地铁等多场景应用，同城化半小时通勤圈更加完善。交通互融、圈层互融，让城市距离不断缩短。

（二）启示

1. 党委引领、谋篇布局是推动先行融合区建设的根本保障

所有重大改革和重要战略的推进都离不开党委的统一领导和部署，越是在历史发展的紧要关头，越是在纷繁复杂的形势下，越是要加强和改善党的领导，充分发挥党的领导核心作用。在地方加快推动区域高质量发展的新形势下，地方党委的核心领导作用强不强，事关地方全面深化改革和经济社会发展的大局。从这个意义上讲，强化地方党委的核心领导作用，就是要确保地方改革发展能够沿着正确方向不断向前推进，就是要保证能够广泛凝聚改革发展的共识、最大限度地聚焦改革发展的合力，着力解决好地方改革发展中的重大任务和重点工作。

2. 政府协商、规划先行是推动先行融合区建设的首要前提

不同区域之间、不同层级政府之间有不同的发展需求，利益有时难以协调，在合作过程中需要制定相关的区域规划来促进和保障区域之间的合作，增强对两地政府部门的指导性与约束性。同理，打造先行融合区，推动成德同城化必须以科学规划为引领，在充分调查研究毗邻两地的经济、社会、文化、生态等各种资源要素的基础上，按照区域城市定位和边界融合的规律，结合实际情况和主要矛盾，全面编制区域发展规划。规划的编制既是两地政府推进此项工作的重要手段，更是两地政府应当履行的职责。规划之外，具体合作项目的推动需以政府协商为前提。在我国的行政区划体制背景下，区域经济发展存在不同程度的分割现象，在政府追求自身利益最大化的动机驱动下，政府行为往往表现为地方本位主义和保护主义。如果政府间缺乏协商，政府各自追求自身利益的最大化，其结果只能

是“双亏”；如果双方政府加强协调，则会趋于合作，实现“双赢”。可见，政府间的协调在区域合作中至关重要。

3. 区域共治、联动创新是推动同城先行融合区建设的基本路径

区域协调发展面临治理资源的分散化与社会风险的系统化、治理机构的边界分割与治理对象的流动性等众多矛盾，这些矛盾问题大多发生在区域毗邻地区，因此区域边界如何实现协调共治是解决问题的关键。广汉市与成都市多个区（县）互为近邻，“同饮一江水、同赏一片天”的现实状况决定了双方生态环境问题休戚相关，必须在推进生态环境共保共治上作文章。

4. 先行先试、持续优化是推动同城先行融合区建设的有效方法

任何成功的探索，都必须在既定的现实生活中展开，从具体实际出发，回应群众关切和现实需要。但是，创新性工作的开展很难在初始阶段就把所有情况预判准确并做到毫无疏漏。在改革创新中，各地面临的发展机遇是同等的，只有通过先行先试才能抓住发展的主动权。广汉市和青白江区两地正是在体察群众关切和市场需求的背景下大胆尝鲜，在全省率先开展行政审批跨区合作，迈开了该领域先行先试的步伐。但是，工作不能止步于此，尚处于探索阶段的先行先试，只是基于理论和政策的总结，还未与现实社会发生碰撞，在市场和群众检验的过程中，难免出现与市场不匹配、与群众需求脱节等诸多问题，必须对此予以回应，不断调整方式方法，增强工作的成熟度和提升群众的满意度。

参考文献

[1] 中国共产党第十九届中央委员会．中共中央关于制定国民经济和社会发展第十四个五年规划和二〇三五年远景目标的建议 [M]．北京：人民出版社，2020.

[2] 天津市中国特色社会主义理论体系研究中心．充分发挥党总揽全局协调各方的领导核心作用［J］．求是，2016（1）．

[3] 打造“一湖六岛”产业空间布局　德阳三星湖开建．［EB/OL］．［2018-12-25］．http：//scnews.newssc.org/system/20181225/000932299.html．

[4] 孙久文，张翱．论区域协调发展视角下“行政区经济”的演变［J］．区域经济评论，2020，48（6）．

课题指导：中共四川省委党校（四川行政学院）　龚丽兰

编写单位：中共德阳市委党校（德阳行政学院、德阳社会主义学院）

研究团队：潘宗保　朱立红　杨千玲　彭　柳　李　勇　倪　婷

瞄准船山县域集成改革的靶向标

一、导语

2019年9月，习近平总书记在主持中央全面深化改革委员会第十次会议时指出："落实党的十八届三中全会以来中央确定的各项改革任务，前期重点是夯基垒台、立柱架梁，中期重点在全面推进、积厚成势，现在要把着力点放到加强系统集成、协同高效上来，巩固和深化这些年来在解决体制性障碍、机制性梗阻、政策性创新方面取得的改革成果，推动各方面制度更加成熟更加定型。"2020年1月，中央财经委员会第六次会议把推动成渝地区双城经济圈建设纳入国家重大发展战略。四川省把县域集成改革试点作为推进成渝双城经济圈建设的重要载体，2020年7月，四川省委深改委印发《成渝地区双城经济圈建设县域集成改革试点方案》，把遂宁市船山区纳入全省首批9个试点县（市、区）之一，要求以川渝毗邻地区一体化发展体制机制改革为重点开展试点。2020年11月，遂宁市委深改委印发《成渝地区双城经济圈建设遂宁市船山区集成改革试点实施方案》，要求到2023年基本完成主要任务，2025年全面完成试点，明确提出探索基础设施互联互通协作、开放合作、要素市场化配置、科技创新协同、城乡融合发展、生态环境联防联控、公共服务共建共享七大领域共22项试点内容。因此，如何认真贯彻落实四川省和遂宁市的战略部署，找准船山区成渝地区双城经济圈县域集成改革的突破口，是一个非常值得研究的课题。

二、案例背景

（一）区情概况

船山区位于四川盆地中部，东邻蓬溪，西连大英、安居，南接重庆潼南，北靠射洪，是遂宁市政治、经济、文化中心。2003年，经国务院批准设立县级行政区，全区面积617平方公里，辖9镇1乡14个街道，常住人口约69万人。船山区县域经济综合排名位居全省第一方阵，正积极谋划培育全国县域经济百强区，全区经济社会处在加速发展阶段。

集成改革是一项系统工程，开展集成改革需要综合考虑改革基础、改革意愿、改革能力、示范效应等。船山区作为成渝间重要节点城市，在推进集成改革试点、加快融入成渝地区双城经济圈建设方面具有良好基础、强烈意愿和浓厚氛围。

1. 区位优势显著

船山区已初步建成“1环9射”高速公路、“3向7线”铁路、东西南北4个方向铁路交织的现代立体交通网络，遂成绵、渝成遂两个交通循环圈交汇于此，遂宁港、涪江复航临港经济区建设正加快推进，水陆相连、内畅外达、便捷高效的现代立体交通运输体系正加速形成，成渝地区双城经济圈重要黄金节点城市、四川重要次级综合交通枢纽、国家“一带一路”重要通道、全国物流重要节点城市的地位不断巩固。

2. 发展基础扎实

遂宁高新区船山园区顺利完成“一年起步”目标任务。船山区创新探索东西部扶贫协作和省内对口帮扶新模式，与浙江永康市、东阳市和四川阿坝州理县“三方四地”共建“飞地园区”，完成园区规划编制和基础设施建设，成功招引裕丰新材料等亿元以上项目3个，计划投资25亿元。现代产业体系加快构建，初步形成以电子信息、智能装备、生物科技为重点的先进制造业，以文旅康养、现代商贸为重点的现代服务业，以及都市农业的“321”主导产业体系。圣平岛国际旅游度假区和吉祥生态康养新城项目有序推进，观音湖国际旅游休闲度假区建设加快推进。

3. 生态资源突出

涪江贯穿全境，植被丰茂，森林覆盖率接近40%，2020年空气优良天数达348天，遂宁市获得全国海绵城市试点优秀城市、全国文明城市、国际花园城市等20余张名片。“遂宁鲜”农产品区域公用品牌享誉省内外，是成渝两地最为重要的“菜篮子”基地之一。

4. 改革氛围浓厚

党的十八大以来，船山区严格落实中央、省委全面深化改革决策部署和市委有关工作要求，精准把握改革关键，推进改革任务落实，累计承担国家层面和省级层面部署改革试点30项，在推进国家知识产权强县工程示范区、国家海绵城市建设试点、国家居家和社区养老服务改革试点等方面形成了一批可复制、可推广的新机制、新模式，为全省乃至全国提供了经验借鉴（见表1），具有浓厚的改革氛围和坚实的改革基础。

表1　2014年以来船山区承担的国省改革试点任务统计

序号	试点类别	试点名称	完成时限	备注
1	国家层面	国家知识产权强县工程试点	2017年	已完成
2	国家层面	工商登记制度改革试点	2017年	已完成

续　表

序号	试点类别	试点名称	完成时限	备注
3	国家层面	全国水生态文明城市试点	2017 年	已完成
4	国家层面	农村土地经营权抵押贷款试点	2017 年	已完成
5	国家层面	海绵城市建设试点	2018 年	已完成
6	国家层面	国家智慧城市试点		持续推进
7	国家层面	新型城镇化综合试点	2020 年	
8	国家层面	居家和社区养老服务改革试点	2020 年	
9	国家层面	养老服务和社区服务信息惠民工程试点		持续推进
10	国家层面	水资源税改革试点		持续推进
11	省级层面	特殊人群服务管理改革综合试点	2015 年	已完成
12	省级层面	涉农资金整合打捆下达农业项目资金改革试点	2016 年	已完成
13	省级层面	扩权强镇（龙凤镇）		已完成
14	省级层面	农业科技人员创新创业改革试点	2017 年	已完成
15	省级层面	农村集体资产股份合作制改革试点	2017 年	已完成
16	省级层面	相对集中行政许可权改革试点	2018 年	已完成
17	省级层面	四川省现代农业林业畜牧业建设重点县	2018 年	已完成
18	省级层面	城市设计试点	2019 年	已完成
19	省级层面	“3+1”科协基层组织建设试点	2018 年	已完成
20	省级层面	四川省学校体育（艺术）区域整体推进改革试点	2018 年	已完成
21	省级层面	公证参与人民法院司法辅助事务试点	2018 年	已完成
22	省级层面	全省乡镇行政区划调整改革试点	2019 年	已完成
23	省级层面	全省村级建制调整等改革试点	2019 年	已完成
24	省级层面	统计改革创新试点		持续推进
25	省级层面	事业单位法人治理结构建设试点		持续推进
26	省级层面	机关事业单位平时考核试点		持续推进

续 表

序号	试点类别	试点名称	完成时限	备注
27	省级层面	经济发达镇行政管理体制改革		持续推进
28	省级层面	土壤污染综合防治先行示范区建设	2020 年	
29	省级层面	企业环境信用评价试点		持续推进
30	省级层面	农业产业发展融资风险保障金试点	2022 年	

资料来源：船山区委全面深化改革委员会。

（二）困境问题

1. 思想认识方面

一是毗邻地区在集成改革的总思路上虽达成一致，但在具体落实方面还需进一步深化共识；二是区内个别单位对集成改革认识不到位，存在把集成改革事项同日常业务混为一谈等现象，导致相关部门之间配合不够紧密；三是领导干部还需进一步增强责任意识，改革创新要取得突破性成效，需要领导干部主动作为、勇于担当、大胆创新。

2. 统筹协作方面

一是经济区与行政区适度分离的改革很难，阻力很大；二是地区层级不对等，船山区属县级行政区，毗邻的潼南区属市级行政区，双方横向协同的运转机制尚未理顺，在政策支持、行政权限、资金拨付使用等方面存在不对等；三是统筹协调难度大，此项试点工作涉及省、市相关部门和重庆市潼南区等毗邻地区，在试点工作政策争取、利益分配、对接沟通等方面存在难点、堵点，客观上制约了试点工作高效推进。

3. 客观条件方面

一是中心城市地位削弱。经过多轮区划调整，大量行政区域、资源要素、重要产业被调减、托管，现有经济总量、发展动能、市场活力等大幅缩水。遂宁高新区船山园区建设仍处于起步阶段，工业基础十分薄弱、经济总量偏小，产业集聚、要素转化、市场竞争的优势不够明显。同时，老城区在城市面貌、市政规划建设、公共卫生环境等方面与遂宁市河东新区等市直园区存在明显差距，区域引领力、辐射力、带动力呈减弱趋势。二是创新发展动能不足。创新动能与发展需求不相匹配，高校资源稀缺、科技创新人才资源偏少，高层次创新创业型人才尤其是产业领军人才严重不足，高素质双创人才孵化难、引不进、留不住。区内无科研院所，每万人拥有科技人员和专业技术人员数量偏低。全区超过70%的规模以上工业企业无研发人员、无研发机构、无研发投入，全社会研究与发展经费占地区产值的比重仅为0.07%，低于全国（2.17%）、全省（1.48%）的平均水平。

4. 船山实践方面

一是改革突破性与创新还有待挖掘提升，船山区现有部分改革事项虽取得一定成效，在全区乃至全市范围内形成了可行性先进经验，但放之于遂潼一体化、成渝地区双城经济圈的大环境下，其普适性、先进性、示范性、突破性尚需进一步挖掘提升；二是上下联动未形成常态，部分单位未能及时向分管县级领导、市级主管部门反馈报告改革事项推进情况或面临的问题，特别是在争取省市经济社会计划、指标、政策等方面缺乏积极性、主动性，对省级权限范围开展改革事项、省级部署的改革试点掌握不全面，导致省委就集成改革赋予试点区县的特殊权限不能被最大化利用和使用；三是经验推广不及时，部分改革任务或机制建立完成后，经验成果的总结、推广力度不够，不能及时为推动省级毗邻地区一体化发展提供可复制、可推广的“船山经验”。

（三）政策背景与地方落实部署

1. 政策背景

2020年5月，四川省委深改委印发了《关于推动成渝地区双城经济圈建设重点改革工作安排的通知》，文件提出开展成渝地区双城经济圈县域集成改革试点，将选择具有较好改革发展基础的若干县级行政区进行试点，鼓励试点县（市、区）积极推动区域协同、产业创新、营商环境、生态保护、公共服务等领域的改革，进行差异化、特色化探索。同年 10 月，中共中央发布了《成渝地区双城经济圈建设规划纲要》，特别指出成渝地区双城经济圈在双循环新发展格局中的重要地位，为进一步唱好“双城记”指明了具体方向、提出了新的更高要求。

2021 年 1 月，四川省发改委和重庆市发改委联合印发的《遂潼川渝毗邻地区一体化发展先行区总体方案》指出，遂宁市和潼南区将按照“统一谋划、一体部署、相互协作、共同实施”的总体要求，立足成渝、联动双城、先行先试、形成典范，推进基础设施、产业发展、生态环保、机制创新、公共服务“五个一体化”，助力打造区域协作的高水平样板，建设联动成渝的重要门户枢纽，对成渝地区中部崛起形成重要支撑。

2021 年 2 月，四川省第十三届人民代表大会第四次会议批准《四川省国民经济和社会发展第十四个五年规划和二〇三五年远景目标纲要》，并提出在成渝地区双城经济圈中部共建遂宁潼南川渝毗邻地区一体化发展先行区。3 月，十三届全国人大四次会议表决通过的《关于国民经济和社会发展第十四个五年规划和 2035 年远景目标纲要的决议》进一步明确了成渝地区双城经济圈建设的目标。

2. 地方部署落实

2020 年 3 月，遂潼双方共同签署“1 + 17”合作协议，即 1 个《推进遂宁潼南一体化发展合作协议》和 17 个专项合作协议，包含区域规划、基础设施、产业发展、协同创新、生态保护、公共服务、体制机制 7 个一体化大类共 38 个具体协议事项。同年 12 月，船山区委四届十一次全会专题研究“加强县域集成改革试点，建设川渝毗邻地区一体化发展先行示范区”工作，并提出要深度融入成渝地区双城经济圈建设。随后，船山区向四川省委深改委积极申请省级支持事项29项，其中25项获得批复同意。

2021年5月，四川省出台首批省级支持事项清单，明确支持船山区（遂宁高新区）与潼南区申报共建共管遂潼科技产业园等事项，推进成渝地区双城经济圈建设县域集成改革试点。

三、典型案例

集成改革试点是把分散开展的各项改革试点集中在一个区域推进，从而形成改革系统集成和叠加放大效应。因此，改革涉及领域广、数量多，而且是全新的探索。船山区在推进成渝地区双城经济圈县域集成改革过程中，以川渝毗邻地区一体化发展体制机制改革为重点，紧紧围绕交通基础设施、现代产业体系、协同创新能力、生态环境保护、公共服务共建共享等重点领域，聚焦解决体制性障碍、机制性梗阻等问题，积极推进川渝合作改革创新在船山区先行先试。通过近一年的探索实践，找到了改革的突破口，取得了一定的成效，值得认真分析、总结和提炼。

（一）瞄准交通一体化，打通发展大动脉

一体化发展，交通当先行。交通一体化是遂潼一体化发展的重要载体和主要抓手。遂潼两地首条跨省城际公交线路开行、通港大道加速建设（见图1）、两地签订“1+N”合作协议、共同规划建设“112344”交通网等。在2020年，遂潼两地正经历着交通运输一体化的“蝶变”，不仅方便了遂潼两地的群众，而且为联动成渝、遂潼经济的发展提供了良好的交通条件。

1. 谋“便”：三条客运线方便两地群众出行

伴着寒冬的蒙蒙薄雾，沿着国道246线遂宁磨溪镇向潼南城区一路前行，宽敞的道路犹如一条臂膀，拥青山入怀，览村庄入目。坐在公交车上

图 1　遂潼快捷通道一期工程——通港大道加速主体工程完工

（图片来源：遂宁市融媒体中心）

的乘客李某说："坐公交，就能跨省，这是多么幸福的事情啊！"

2020 年 4 月 23 日 13：30，潼南城区 211 路公交从江北汽车站发往遂宁磨溪镇公共汽车站，标志着遂潼两地首条跨省城际公交线路开行。开行仪式上，在潼南区双江镇创业的遂宁人孔先生作为群众代表发言，"以前因便民公交不互通，公司的潼南职工、遂宁职工上下班非常不便。现在，职工回家方便了，公司还节约了职工的住宿成本"。

几天后，2020 年 4 月 28 日 10 时，遂潼两地首条跨省城际定制客运——遂宁潼南定制客运正式开行。从此，遂潼两地市民只需线上预约或线下拨打预约电话，商务快客即可为其提供点对点上门接送服务。

2020 年 12 月 28 日，遂宁市首条跨省农村客运班线正式开行。三家镇与崇龛镇毗邻，过去因未开行客运，两地居民往来不便。经常到崇龛镇赶集的老百姓以前都是搭载摩托车，既不安全又不方便。"'农客'省钱、安全，安逸多了。"坐在新开通的"安居—潼南（崇龛）"线客车上的薛先生说。

据遂宁市道路运输和港航事务中心副主任介绍，2020 年四川省与重庆市签署了《成渝地区双城经济圈运输服务一体化发展合作备忘录》，明确将在规划政策统筹协调、道路运输领域、水运港口领域、多式联运领域、行业管理协同共治等方面开展合作。这一举措为省际客运提供了机遇，遂宁至潼南跨省公交、遂宁—潼南城际定制客运、安居—潼南（崇龛）省际农村客运的开行，便是受益于此。

2. 谋“变”：一张路网让两地经济按下“快捷键”

“以前，从我家到潼南要跑 50 多公里，现在只有 10 多公里，车程由 1 个多小时缩短到 15 分钟。”家住 G246 公路旁的翟先生是磨溪镇人，从部队复员后就投入运输行业中，他见证了 G246 公路的多次变迁发展，感受着这条路给遂潼两地深入交往带来的便利。他介绍说，“经过提升改造后，此处最大弯道的绕坡路已变为直路，相比以前减少了 1.5 公里”。

减少的是道路里程，增加的是发展机遇。目前，G246 公路沿线发展起了养殖、种植、旅游等产业，成为遂潼两地的发展致富路。

通港大道是遂潼快捷通道的一期工程，既是遂潼沿江通道的主要通道，连接 G246 公路和遂宁中环线，也是遂宁主城区（船山）到遂宁港的重要水陆连接线。该项目全长 10.8 千米，分为 A、B、C 三个施工标段。其中，B、C 段项目正在实施路面工程，目前项目总体进度完成 93%。

“二期工程将直接连通重庆市潼南区米心镇，遂潼将新增一条快捷通道。”通港大道 A 段项目秘书表示，他们就遂潼快捷通道的二期工程正加速开展前期工作。

“2020 年 3 月以来，我们与潼南区交通局、铜梁区交通局、合川区交通局、璧山区交通局等重庆多个区的交通主管部门签订了交通运输互联互通合作协议，并且就部分重大项目签订了具体推进备忘录。市级领导也多次带队到重庆市交通局对接争取两地交通项目同步规划建设。”遂宁市交通运输局综合规划科负责人介绍说。2020 年 10 月，交通运输部批复了四川省交通强国建设试点方案，遂宁市涪江高等级航道、渝遂高速扩容、三星船闸等项目，被纳入四川省交通强国建设试点项目和成渝地区双城经济圈交通一体化发展项目，为下一步加快推进遂渝两地交通基础设施建设奠定了扎实基础。

为加快落实四川省委、省政府支持遂潼建设川渝毗邻地区一体化发展先行区的决策部署，遂宁市交通运输部门还与潼南区共同规划建设"112344"（1 环 1 水 2 机 3 铁 4 高 4 快）交通网。其中，"1 环"即遂潼一体化大环线：由省道 207、省道 209、省道 540、涪江沿江通道等道路组成，全长约 180 公里，途经遂宁市、潼南区 14 个乡镇，规划按二级及以上公路技术标准建设，力争 2025 年之前建成。"1 水"即涪江复航，计划 2024 年开通遂宁至重庆货运水上穿梭巴士。"2 机"即遂宁安居机场、潼南通用机场，正在抓紧推进。"3 铁"即遂渝铁路、兰渝高铁、璧山至铜梁延伸至潼南遂宁的市郊铁路，正在抓紧推进前期工作。"4 高"即南遂潼高速，遂渝高速扩容及规划研究的璧山经潼南、遂宁至简阳高速，盐亭经蓬溪至潼南高速，计划到 2025 年规划内高速建成通车。"4 快"即遂潼大道（国道 246 提档升级）、遂潼快捷通道（通港大道延伸线）、金桥经荷叶至米心沿江通道、潼安大道（省道 209 提档升级），力争"十四五"期间建成。

（二）瞄准产业一体化，推动经济大发展

1. "无中生有"：园区建设托起船山腾飞希望

曾经，船山区从 2008 年开始筹建中国西部现代物流港，创造了"无中生有"的奇迹，成功创建为"全国流通领域现代物流示范城市""中国物流示范基地""国家级物流服务业标准化服务示范园区""四川省成长型特色产业园区"。2019 年 3 月，中国西部现代物流港被遂宁市直管成立了遂宁高新技术产业园区。

现在，船山区白手起家，于 2019 年 9 月成立遂宁高新技术产业船山园

区（规划面积约113平方公里，其中核心区约60平方公里），船山区以此作为“一号工程”推进，正按照“两年成形”和“川渝合作示范区、遂宁高新增长极”的目标加速攻坚。船山园区成立一年多来，项目建设跑出“加速度”，正逐渐成为遂宁联动成渝、拓展东南的重要开放平台。截至2021年初，船山园区储备包装项目共68个，计划总投资1075.24亿元。船山园区立足自身实际，瞄准潼南智能手机及智能终端、智能装备及智能制造、环保科技及新材料、现代服务业等重点产业集群，做好转移承接和沿链配套。全力争创自贸试验区协同改革先行区，大力提升对外开放水平，争取更多政策和资金支持。重点围绕电子信息产业，加强CCL、PCB等产业项目落地投产，有序推进智能制造、生物科技、循环经济等工业平台和产业技术研发中心建设。

在船山园区核心区，有一个特殊的园区，即船山区与四川省阿坝州理县、浙江省永康市、浙江省东阳市共建的“飞地园区”。该园区作为船山区重要的工业发展平台，通过整合浙江省东阳市和永康市的产业集群优势、阿坝州理县的政策优势、船山区的产业承接平台优势等，采用东西扶贫协作共建模式，正努力打造川渝毗邻地区先行发展示范园区。走进该园区，一栋立有“利和科技”四个大字的白色建筑格外亮眼（见图2）。据该公司生产总监介绍，该项目占地面积80亩，目前一期厂房建设已接近尾声，公司主要生产覆铜板（简单来说就是所有电子产品的线路在这个上面布线）。电子信息作为遂宁构建现代产业体系的重点之一，目前全市电子信息产业链进一步完善，已形成以集成电路、电路板、核心电子元器件、高效照明和智慧应用五大产业类别集聚发展的良好局面，初步建成西部电子元器件制造、新光源制造和电路板制造三大中心，成为四川省重要的电子信息产业基地之一。于2020年5月开工建设的利和科技覆铜板项目，作为遂宁已有电子信息产业链条的上游产业，将为这一优势产业持续做大做强增添新的动力。

图 2　遂宁高新区船山园区利和科技公司

（图片来源：船山区融媒体中心）

2. 优势互补，共创农业产业新辉煌

老池镇是船山与潼南地理位置上的唯一交会地，具有天然的地理区位优势、充裕的空间资源优势、便利的交通枢纽优势。老池镇地处船山区南部，与潼南区隔江相望，遂渝铁路、遂潼快捷通道（通港大道）、遂宁市农环线穿境而过，全域被纳入遂潼涪江新区和遂宁高新技术产业船山园区范围，素有“川中果乡”“坝上菜园”“涪江重镇”的美誉。老池镇正着力打造渝遂绵优质蔬菜生产带船山基地（见图 3）。

图 3　渝遂绵优质蔬菜生产带船山基地

（图片来源：船山区融媒体中心）

渝遂绵优质蔬菜生产带船山基地位于老池镇书院村和金盆村，是涪江沿岸难得的冲积平原，具有土质肥沃、地势平坦的特点，非常适合种植蔬菜（见图4）。该基地按照“土地集约化、耕种标准化、经营市场化”要求打造，规划种植面积达到2万亩。现已建成1万亩以上的蔬菜基地，主要种植萝卜、白菜、花菜、青菜、儿菜、豇豆、黄瓜、苦瓜、茄子等蔬菜，总供应量达5万吨以上。其中，“老池萝卜”还被命名为“国家地理标志保护产品”，年产量达3万吨以上；老池辣椒、白菜等蔬菜获得“绿色无公害农产品”称号。镇内优质农产品竞争力明显，远销东北三省和广东、福建等十多个省，甚至还出口俄罗斯。

图4　船山区老池镇万亩蔬菜基地

（图片来源：遂宁市融媒体中心）

老池镇积极响应区委推进遂潼一体化发展战略，牵头组建了潼南—老池蔬菜协会，建设“遂潼农业蔬菜基地”，共同为蔬菜产业发展壮大做好规划、基础设施提升、生产销售服务等工作。目前，已引进潼南区种植业主3家，种植蔬菜千余亩。

2021年1月26日，天气晴朗，在老池镇铜锣村沿江蔬菜种植基地里，工人正在加紧清洗萝卜、装袋、上车。几位大妈正忙着给蔬菜大棚布网，这是为了在天气转暖时，方便大棚里种植的丝瓜、苦瓜、黄瓜等藤蔓蔬菜攀爬。莴笋大棚旁，对承包土地进行规模种植的外来业主，正忙着挑拣白菜、过秤、上车，他们要赶在中午之前把新鲜的蔬菜送到遂宁的批发市场。不远处，十几名就近务工的村民正在翻地，为接下来的春种蔬菜做好准备……

村民们自豪地说："在我们老池，涪江边基本上都种菜，一年四季都可种出不同种类的蔬菜，销往全国各地！"

3. 携手合作，共同打造"桥头堡"

2020年4月20日，船山区老池镇与潼南区米心镇签订《推动米心老池一体化发展合作协议》，双方将充分凭借和发挥各自资源优势及产业优势，深化在基础设施、产业发展、协同创新、公共服务、体制机制等领域的一体化合作，以构建涪江生态走廊为先导，打造遂潼"心池神往"之地。

目前，双方正依托遂潼涪江新区建设，凭借和发挥各自资源优势和产业优势，积极探索毗邻地区基层党组织结对共建，拓展党群服务、基础设施、环境保护、社会治理、产业发展等领域的合作交流。通过建立党建引领重点工作联席会议制度、毗邻村村干部交流任职（挂职）机制；建立河道生态环境联合治理、两地水域安全协作机制；开展共办一件实事、共上一次党课、共谋一次活动的"结对共建、互融共促"系列活动；加快产业融合、推动文旅融合、加大生态保护融合、加速基建融合。共建高新农业园区，推广新技术、新品种，拓展老池、米心两镇农产品销售市场，助力两镇现代农业大发展，催生"三农"工作日新月异。

"目前，老池镇重点做好涪江复航、遂潼快捷通道的建设以及服务保障工作。在打造遂潼旅游环线上，我们携手米心镇，整合双方旅游资源、让优势更优、精品更精。"老池镇党委书记说。

合作期间，两镇党委、政府相关负责人及民间团体时常相互考察交流，看变化、谈经验，就共同关注的话题展开广泛讨论，取长补短。两镇还联合开展了《“心池”神往，共话涪江》征文摄影大赛，面向社会各界征集视角独特、有思想、有温度的文学和摄影作品，展现米心、老池两镇特有的人文风貌和发展成果。

米心镇党政代表团先后来到夏曾巴蜀红提产业园和肖家渡码头，详细了解老池镇农业产业发展、遂潼快捷通道和遂宁港港口工作推进情况。在考察结束后的交流座谈会上，相关负责人介绍了遂潼一体化建设工作开展情况，并就推动遂潼一体化发展战略和米心镇、老池镇合作落地落实进行了深入交流。

老池镇党委负责人说：“米心、老池两镇的发展各具特色、各有优势，以常态化开展系列活动为载体，可以充分展示两镇的比较优势；同时，在思想的相互交流碰撞中，可以共同梳理提炼出一些颇具地域特色的文旅品牌。长此以往，两镇不仅在‘比学赶帮超’中实现高质量发展，而且可以拉近两镇群众之间的心理距离。”

米心镇党委书记表示，船山区、老池镇在推动遂潼一体化发展工作中，思路清晰，积极创新工作，有利于两地未来合作发展。将明确专人，加强双方对接沟通，确保具体合作事项落地见效，共同打造遂潼“心池”神往之地。

米心、老池两镇之间的互访交流是遂潼一体化发展落地的一个环节。同饮一江水、增进一家亲、下活一盘棋，共同打造遂潼一体化发展的桥头堡是两地未来共同的发展愿景。

（三）瞄准科技创新一体化，共促发展高质量

1. 成立专班，推进科技协同创新

为更好地推动县域集成改革，船山区成立了科技创新协同专项工作组，主要负责研究科技创新协调机制建设，协调推动科技资源合作共用、

科创平台联建共享等重点工作，牵头制定并完善了《探索科技创新协同机制》方案。召开了2021年科技创新协同专项工作推进会，明确船山科技创新协同工作主要从创新主体培育、创新孵化载体搭建、双创活动品牌打造、区域创新交流等10余项工作着手，不断拓展科技创新协同新局面。

船山区科技创新协同专项工作组多次到省、市科技部门相关处室进行工作对接，争取省级部门对船山区县域集成改革试点科技创新协同工作的政策支持，以及科技创新资源整合运用、区域协同创新发展等方面的倾斜和指导。到潼南区开展科技创新工作联系沟通，考察了潼南区节能环保产业园、现代农业科技园及高新技术企业、科技型企业。双方就科技协同创新开展了广泛交流，达成了加强区域科技创新人才、仪器、科技成果共享和共同推进科技平台建设等共识，建立了长效联系机制，持续推进科技协同创新工作有序推进。

船山区积极培育区内国家高新技术企业、科技型中小企业，同时加强科技型企业的招引力度。遂芯微电子、睿杰鑫电子、利和科技等科技型企业已签约入驻高新技术产业船山园区；川能投、南氏锂电等一批科技创新能力较强的企业正加快对接；万福食品、银林九峰等农业科技型企业正积极开展技术创新、新品种示范。

以高新技术产业船山园区建设为支撑，船山协同建设遂潼涪江创新产业园、“三方四地”飞地园区、船山区科创中心等创新平台。就创新平台和科技创新资源进一步加强与潼南区的合作，并就相互开放和共建共享达成一致意见。支持遂宁经开区创建遂宁国家基础电子元器件高新技术产业化基地，加快创新平台落地并服务企业，国科遂宁科技成果转化中心、猪八戒网共享产业技术遂宁服务中心、遂宁启迪万博科技孵化器等专业科技服务已全面投入运营，并为遂潼两地企业提供优质服务。积极争创国家级生猪种养循环现代农业园区，建立农业科技示范小院、农业科技示范基地。助力龙凤电站、兰博园、生猪种养循环积极申报2021年度省级科普基地。推广“天府科技云服务”县域科技成果转移转化网络服务平台，全区注册科技工作者5605人，发布科技成果、承接科研项目835个，达成交易2301.3万元；全区企事业单位发布科技需求191个，达成交易2174.4万元；发布科普活动、科普公告、科普动态、科普资源1600余条。

2. 招引人才，提供科研智力支撑

船山区组织实施人才新政计划，通过借力“头雁计划”和“高校·企业创新人才团队支持计划”“人才招聘会”“院士专家行”系列活动，积极筛选菌绿科技、银林九峰等企业的创新人才、团队参与活动。柔性引进重庆大学、西南大学等高校人才，既缓减了船山人才资源紧缺问题，又破解了企业发展的技术瓶颈难题。专家团队竭诚为企业提供技术咨询、技术攻关、技术培训、项目申报、成果转化、人才引进等相关服务，为企业发展精准“把脉”。

华全建材公司与四川大学化学工程学院开展合作，菌绿生态农业公司与四川农业大学携手，加快建设珍稀食用菌光学生物技术研究中心。新组建船山区“一县一团”省级科技特派员团队，服务船山区黄精、白芷、柑橘等特色产业。积极为船山区科技特派员团队与遂潼两地科技人才交流搭建服务平台。

船山区组织英创力、广义微、普瑞森等相关企业，到潼南区巨科环保电渡工业园考察调研，建立遂潼高新领域产业对接合作机制。组织潼南区和船山区近10家企业参加“成渝地区双城经济圈涪江流域科技成果发布会暨遂宁市第五届军民科技成果项目发布会”。与潼南区合办“2020遂潼杯创新创业大赛暨遂宁市第六届创客大赛”，邀请潼南区“七色光绘梦”“高功效、高附加值柠檬产品深加工”项目参赛。

3. 激活载体，促进科创资源共享

船山区大力推进科创平台建设。进一步加强和潼南区的联系沟通，联合遂宁经开区、遂宁高新区、河东新区的创新研发平台、孵化服务平台资源开展合作建设。运用“互联网+”思维，创新探索有利于科技成果向现实生产力转化的科技创新服务平台建设，开展推广“科技云服务”——公益科技交易交流平台，打造集科技成果展示、技术评估、成果交易、科技金融、创业服务、资源共享等功能于一体的科技创新网上市场服务体系，努力提升区域科技创新能力。继续抓好科学仪器共享平台的推进工作，扩宽平台的共享性。通过召开“科技成果发布会”“院校企成果对接会”等会议，搭建科技成果转化桥梁。全区已摸排统计出共享科技仪器1160台（套），其中30万元以上的仪器设备达282台（套），为企业供需对接提供了有效服务。

建立区域科普基地联盟。船山区现有绿色电子电路产业联盟，以电子科大遂宁产业研究院为技术支撑，服务船山区和潼南区电子信息产业。英创力、蓝彩等企业与潼南区电镀产业园已开展业务往来。此外，船山区还探索联合推进现代科技馆体系建设，力争创建农村中学校园科技馆科普基地和绿色生猪养殖科普基地。利用“遂宁市城市生活垃圾环保发电科普基地”“四川·世界荷花科技博览示范基地”等省级科普基地和遂宁科技馆、菌绿海鲜菇等特色场馆和特色产业，开展科普基地联创联建，持续探索区域科普资源共享模式，促进成渝地区科普交流合作。

（四）瞄准环保一体化，蓝天碧水齐展现

1. 集“洪荒之力”开展砂石改革，还涪江靓丽本色

这是一个传统砂石行业快速转型升级的时代，这是一个各界逐鹿“砂场”的时代，这是一个传统砂石行业“大洗牌”的时代。船山区结合实际，以壮士断腕的勇气、时不待我的压力、舍我其谁的担当，蹄疾步稳，向着砂石改革深水区劈波斩浪，朝着砂石改革高地奋勇前行。

船山区涪江沿岸51家散乱污砂石厂，露天厂房灰尘重、噪声大。多

年来，私采盗挖、越界开采、违规开采、侵占河道等行为频发，严重破坏基础设施和水域环境。2017 年 8 月中旬，有群众向中央环保督导组举报，该河道内有 8 家企业非法侵占河道，严重危害辖区堤防、道路、桥梁等工程安全和河道行洪安全，危及群众生命财产安全。广大人民群众对砂石行业的乱象深恶痛绝，要求整治的呼声一浪高过一浪。

接到区委、区政府决定开展砂石资源管理体制改革的消息，老百姓笑了，砂石厂业主却懵了。“这么多年都做得好好的，怎么说改就改呀?”砂石厂业主唐某怎么也想不通，自己经营了多年的砂石厂怎么突然就不让做了呢？利益的触动让砂石厂业主从内心抵触改革。

船山区先后组织业主、镇村干部、群众等召开专题会、协调会、例会、约谈会 30 余次，向每个业主发放了《资源经营管理体制改革工作致砂石业主的一封信》，阐述了砂石改革的意义、目标、主要任务以及阻挠砂改承担的后果，打消砂石业主不切实际的幻想，引导他们积极配合砂改工作。“想要驰骋‘砂场’，站稳脚跟，成为砂石业界的成功者，我们就必须抛弃旧思想，不断开拓创新，进行改革，才能实现新的发展。”通过 2 个月反复做思想工作，进行宣传引导，砂石厂业主的态度从抵触到拥护，并加入了联合体，成立了全市第一家标准化砂石加工点（见图 5）。

图 5　老池镇新建标准化厂房

（图片来源：船山区融媒体中心）

自2018年2月起，船山区全面启动砂石资源经营管理体制改革，将辖区涪江河道内51家砂石企业进行整合，交由天泰鸿涪区级国有公司负责经营管理，引导砂石资源由散乱的市场主体转变为规范化的国有资本平台公司主体。按照"远离居民聚集区及饮用水源地，土地利用合规"要求，坚持自愿、公平、合理原则，将全区51家砂石企业按照"五个一"改革办法（一个联合体、一个上料码头、一个标准化场地、一个固定区域、一批开采船只），科学整合为8家砂石加工联合体，由国有平台公司统一布局、集中管理。探索建立跨区域联合执法机制，会同遂宁市经开区组建联合执法力量。建立涪江河道砂石采运监管制度，加大河道巡查力度，从速从重处罚违法行为，坚决取缔非法开采、生产砂石企业。整合海事、应急、水利、国资等部门成立砂石管理联合执法大队，昼夜开展河道巡查，严厉打击黑恶势力，进一步规范河道采砂秩序。建立河湖生态补偿专项机制，明确每年拿出全区砂石收益的30%用于河道生态修复，成功平整场地180亩，复耕复绿283亩，修复河道岸线40余公里。邀请专业环评单位按规则对各联合体进行环境影响评价，按照环保达标标准，要求联合体自行购买环保设备。通过在重点河段、船只安装监控设备，超载监控系统与市运管联网等措施，实现砂石资源从开采加工到装载运输全过程智能化监控管理，逐步建立河道管理新秩序。

经过2年多的努力，治理了开采乱象，整治了黑恶势力，规范了经营市场，违法采砂、违规制砂等现象得到有效遏制，还老百姓碧水蓝天。涪江河"一江黄"现象明显消退，一幅"岸青景美，水清河畅"的生态画卷在涪江两岸河段徐徐展开（见图6）。

伴随着阵阵春风，一片碧波绿水尽收眼底，周边青翠的山丘连绵起伏，犹如一幅美丽的山水画卷，让人心旷神怡。"这样的长江支流才是大家所期盼的。"船山区水利局工作人员再次来到老池镇大沙坝，看着附近水域环境的变化感叹道。"通过对砂石行业的强力整治，我们终于告别了

图 6　老池镇涪江沿岸

（图片来源：船山区融媒体中心）

灰尘漫天飞、噪声不间断的生活。”过军渡张飞梁社区居民吴高国对此感受颇深。

2. 共治共保，携手交出亮丽“生态成绩单”

整治大气污染、关停污染企业、开展污染治理、净化农村环境，遂潼两地以“共谋合作、互利共赢、一体发展”为原则，坚决打好打赢污染防治攻坚战，共同保护和改善区域生态环境质量，在促进遂宁市、潼南区生态环境保护与经济社会全面、协调、可持续、高质量发展的同时，交出了一份份亮丽的“成绩单”，展现了船山区的责任担当。

3. 监管联合，机制运转进入常态化

遂潼毗邻而居，山同脉、水同源，是长江上游生态环境保护的重要城市。2020 年以来，遂潼两地牢固树立“绿水青山就是金山银山”的发展理念，始终把生态环境保护摆在突出位置，努力建设山清水秀美丽之地。

2020 年 12 月 18 日—21 日，遂宁市生态环境局组织船山区、安居区和蓬溪县生态环境局工作人员会同潼南区生态环境局，开展了2020年度川渝毗邻地区突发环境事件隐患联合排查整治工作。

“我们会同潼南对涪江、琼江和西眉河遂潼毗邻地区30家涉水企业开展了联合排查，其中涉及我市城镇生活污水处理、化工、电镀、造纸、食品、砂石开采、垃圾填埋等行业22家企业，涉及潼南区砂石开采、污水处理、化工、加油加气等行业8家企业。”市生态环境局相关负责人说。他们还会同市交运、水利、公安等部门对涪江过军渡电站至三星水电站段水域中的采砂船只进行了全面排查，发现隐患30个，目前已完成整改10个。

生态环境保护只有起点，没有终点。2020年3月24日，遂潼两地党委主要领导联合巡查涪江和琼江，推动琼江流域出川大安断面水质改善到Ⅲ类；2020年9月8日，遂潼两地生态环境监测站对遂潼交界处水域开展跨境断面水质监测工作，并现场调研潼南区温氏养殖场采样现场，查看了大安国控水质自动站建设情况；2020年9月10日，遂潼两地生态环境部门联合对涪江、琼江流域区域环境问题开展集中排查，对涪江干流、琼江流域沿线的5家企业进行现场检查……这期间，船山区积极主动参与遂潼生态环境联防联控联治工作，配合市环境监测中心站与潼南区开展联合水样监测、站点比对工作，实施重点污染源监督性监测、环境监测数据的共享等工作；加强上游污染源监管，开展联合巡河、交流学习、执法联动、联合监测等工作。船山区从中学到了潼南区生态环境部门服务重大项目环境影响评价、农村生活污水治理、生态环境项目编报、大气污染和涪江流域联防联控等工作经验。

如今，围绕涪江、琼江两大过境河流的环境治理，遂宁市与潼南区并肩作战，交叉巡河、联合执法等机制已进入常态运转，实现了光辉（大安）、玉溪水质自动监测站数据实时共享，形成了流域联合监管工作合力（见图7）。

图 7　遂宁城景

（图片来源：遂宁市融媒体中心）

4. 水气联治，联防联控态势基本形成

2020 年 3 月 10 日，遂宁市生态环境局、潼南区生态环境局共同签署了《关于推动遂潼生态环境保护一体化发展协议》，明确要求在强化水污染和大气污染方面推进环境污染联防联治。

近年来，通过遂潼两地联防联治，在空气质量上，遂宁连续 7 年持续改善，潼南区首次实现 6 项指标全面达标；在水环境方面，遂宁市县级以上饮用水源及 4 个国、省考核断面水质全面达标，涪江潼南段水质稳定保持在Ⅱ类，琼江潼南段水质达到Ⅲ类。

同时，遂潼两地还建立了污染防治工作定期会商机制，提出共同组建臭氧研究中心设想，协同开展生活污染、工业污染等 10 大类污染综合治理，并建立了涪江、琼江上下游污染联防联治机制，两地联防联控态势已基本形成。

（五）瞄准公共服务一体化，合作共赢尽欢颜

1. “川渝通办”方便群众企业

走进船山区政务服务大厅，办证的各项流程公示一目了然，尤其是一

次性告知服务，不仅提高了办事效率，也节约了企业和群众的办事时间。

下面是船山区“川渝通办”服务项目表。船山区行政审批局“川渝通办”第一批服务事项包括内资企业及分支机构设立登记、内资企业及分支机构变更登记、个人独资企业设立登记、合伙企业设立登记、农民专业合作社设立登记等10项内容（见表2）。

表2　船山区“川渝通办”服务项目

序号	服务事项（第一批）	办理方式
1	内资企业及分支机构设立登记	全程网办
2	内资企业及分支机构变更登记	全程网办
3	个人独资企业设立登记	全程网办
4	个人独资企业变更登记	全程网办
5	个人独资企业分支机构设立登记	全程网办
6	合伙企业设立登记（内资合伙企业设立登记）	全程网办
7	合伙企业分支机构设立登记（内资合伙企业分支机构设立登记）	全程网办
8	合伙企业变更登记	全程网办
9	农民专业合作社设立登记	全程网办
10	农民专业合作社变更登记	全程网办

资料来源：船山区行政审批局。

2021年4月1日，胡女士在船山区行政审批局政务大厅“川渝通办”服务窗口，拿到了重庆飞弘二手车经纪有限公司的营业执照后，激动地说：“我连路费都省了！在遂宁领取重庆的营业执照，避免办事两头跑，这对我们外地企业而言简直太方便了！”这是“川渝通办”商事登记业务启动后，船山区发出的首张“川渝通办”营业执照。

过去很长时间，船山区在行政审批方面存在审批多、审批杂、职责不明、权力不够等问题，县域集成改革试点启动以来，船山区行政审批局积极推进成渝地区双城经济圈建设和县域集成改革试点工作，深化行政审批制度改革，推进毗邻地区政务服务一体化建设，通过数据共享、信息交换，以及推行多证合一、多审合一、多图联审的“多合一”改革，创新综合服务窗口，告知承诺制，分段式审批，容缺审批和主动导办服务等举措，实行一件事一次办、全程代办、企业开办8小时办结，让老百姓尽量只“跑一次”，工程建设项目全流程审批总时限从过去200多个工作日缩短到46—90个工作日。

为了落实政务服务“川渝通”，变“群众跑”为“数据跑”，船山区行政审批局按照推动成渝地区双城经济圈建设总体要求，以实际行动提升营商环境，在政务大厅开设了“川渝通办”服务窗口，安排专人为异地登记企业提供全程服务，指导群众登录“四川政务服务网—川渝通办企业登记注册专区”，按指引完成认证注册、信息填报以及电子签名，系统匹配生成标准规范的申请材料，提交营业执照异地申请，实行“一套材料、两地申请、同时办结”的服务模式。待属地登记机关审核通过后，就可以寄送营业执照，实现“外地办理、船山领证”，切实提升了群众的满意度和企业的获得感。

2. 教育融合促进良性互动

针对船山区教学资源不均衡、教育教学质量与群众期盼还有一段距离、职业教育发展水平不高、师资队伍建设有待加强等突出问题，船山区积极加强与成渝地区名校交流合作，推进毗邻地区教育一体化建设，在教育人才引进、交流、合作体系上发力，建立教育改革发展协调机制，着力提升教育整体实力。

为进一步提升遂宁、潼南两地中小学校心理健康教育教师专业化水平，由遂宁市教育和体育局、潼南区教育委员会联合举办的“‘遂·潼’2021年中小学校危机干预专题培训”在遂宁举行（见图8）。

会议特邀四川司法学院教授宗焱作了“化解危险，在机会中成长”学校心理危机干预专题培训。培训开始前，宗焱教授倾听了现场参培教师对培训内容的诉求，并围绕学校心理危机，心理危机干预组织建设和管理、

图 8　“遂·潼”2021 年中小学校危机干预专题培训启动仪式

（图片来源：遂宁市教体局）

心理危机干预技能实践等内容开展深入培训。她通过自己接触过的真实案例，对一些常见的错误观念进行辨析，从专业角度就如何识别、科学有效地进行干预等问题进行了具体的分析，整个培训活动内容丰富，事例鲜活，参培教师受益匪浅。

此次培训共有来自遂宁市和潼南区的 300 名教师参加了现场培训，约有 1.4 万名心理健康教育教师参加了网上同步学习培训。船山区组织线下 30 余名心理健康教师、线上近万名师生，同步参加遂潼两地线上线下心理危机干预专题培训。在此之前，遂潼两地教育系统已经共同开展了 3 期线上线下心理危机干预专题培训，取得了良好的效果。

在川渝一体化进程中，船山区迈出了坚实的步伐。以“校园长大讲堂”为平台，联手成渝两地专家“把脉问诊”船山教育，输送 7 名研究生充实到船山区教师人才库。开展了区域教育合作交流 5 场次，共计 600 多人次参加，其中 410 名遂潼师生参与“丹青扬正气，翰墨传家风”百米长卷书法创作活动。2020 年 8 月 6 日，遂宁市船山职业技术学校与重庆市育才职业教育中心缔结“友好学校”（见图9），建立两校联席会议制度，构建优质教育资源共享平台，探索两地职业教育协同发展新机制，推动两地职业教育高质量发展。

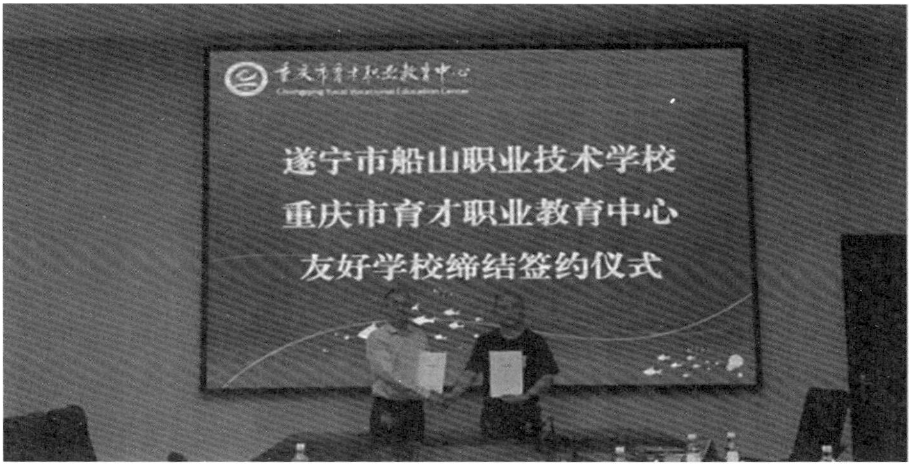

图9　友好学校缔结签约仪式

（图片来源：重庆市育才职业教育中心）

3. 医疗融合促进优势互补

船山区医院与毗邻地区医院各有优势与短板，在疫情防控方面均存在资源和处置能力不足的问题，为了整合资源，提升医疗整体水平和疫情防控能力，船山区卫生健康系统积极探索改革路径，着力加强与毗邻地区医疗机构的合作交流，探索建立重大疫情和突发公共卫生事件联防联控机制、区域医疗救援协作机制。

2020年4月8日，遂宁市第三人民医院（原船山区人民医院）与潼南区人民医院举行了“肛肠外科专科联盟签约仪式”。双方将充分发挥各自学科优势，共建共享临床病种数据库和生物样本资源，为两地患者提供网上咨询、健康咨询、健康管理服务等服务内容，并在科研合作、诊疗技术、医师培养、协同诊疗、双向转接诊等方面达成共识，促进船潼“健康服务一体化”发展。潼南区人民医院相关负责人表示，希望依托遂宁市第三人民医院省级重点专科肛肠科的优势，不断拓展诊疗范围，促进肛肠专业快速发展。双方不断加强交流学习，支持医务人员多点执业，搭建专科专业人员培训交流平台，形成遂潼专科医疗联盟，建立网上预约和远程会诊信息化系统，形成遂潼“互联网+健康管理服务”信息化平台。

2020年4月26日，遂宁市第三人民医院肛肠科负责人与潼南区人民医院普外科负责人共同完成了协议签订后的第一台手术。手术对象为一位双目失明、反复便血伴便时肛门肿物脱出20年的患者，该患者入院诊断为“Ⅲ期内痔、环形外痔”。

手术前，双方科室负责人对患者的病情进行了相关检查和综合评估，决定通过手术治疗解决患者的症状。在排除手术禁忌症、做好充分准备后，由遂宁市第三人民医院肛肠科负责人主刀，采用内痔硬化剂注射治疗+结扎术、放射状小切口切除外的方式切除痔，为患者解除了后“股”之忧。

手术中，遂宁市第三人民医院肛肠科负责人给潼南区人民医院普外科负责人讲解了环形外痔放射状小切口的选择要点、术中保护肛门括约肌功能的重要性等内容。

手术后，患者安全返回病房，遂宁市第三人民医院护理人员在病房为患者及家属详细交代了术后注意事项及术后饮食起居、伤口自我护理的方法，并与潼南区人民医院普外科护理人员交流了肛肠术后的护理注意事项和观察重点，确保患者住院期间的护理安全。这是船山区与潼南区首次医疗合作的成功范例。

随后，船山区疾控中心与潼南区疾控中心签订了《船山区、潼南区疾控中心共建共享合作协议》，整合资源增强疫情防控能力。9月29日上午，潼南区卫生健康委与区疾控中心疾病预防科一行到船山区观摩了由船山区卫生健康委承办的秋冬季疫情防控桌面推演，主要针对1起聚集性疫情案例，从患者诊断到密切接触者的排查、流调、管控等相关处置进行桌面推演。通过观摩进一步增强了川渝合作友谊，加强了两地公共卫生事件处置能力，进一步落实了联防联控机制。

此外，船山区中医院与潼南区中医院达成战略合作协议，坚持中西医并重，坚持和促进中医药传承和创新发展，大力发展医养康养产业，着力建设遂潼一体化发展卫生健康融合发展高地，推动医疗卫生事业高质量发展。

4. 文旅联动促进整合资源

船山区与潼南区同处巴蜀腹心，同为长江上游生态屏障，文旅深度合作占天时、得地利、俱人和，大有可为、大有作为。2020年12月29日，"遂潼川渝毗邻地区一体化发展先行区"获批，标志着遂潼文旅融合迎来高质量发展的春天。

而在这之前，船山区便与潼南区共同推出了三大精品线路：圣莲岛世界荷花博览园—灵泉寺—广德寺—陈抟故里·崇龛花海景区—大佛寺景区"涪江风情游"线路；仁里古镇—龙凤古镇—双江古镇—杨闇公故里景区"休闲度假游"线路；十里荷画—老池茶博园—潼南东升茶山农业观光园"乡村观光体验游"线路。探索实施景区直通车，开通两地旅游专车，引导广大游客打卡船山—潼南景区景点，拉动文旅消费。2020年9月30日，"迎中秋·庆国庆"、"携手新征程　共建经济圈"船山潼南联谊会暨"安逸走四川·休闲到船山"文艺演出在中央商务区举行。10月13日，"联动成渝　走进潼南"船山区全网流量争夺赛暨船山文旅推介会走进潼南区，向市民、游客集中推广船山、潼南两地美景、美食、精品旅游路线，展现船山魅力、展示潼南文化，让潼南人民更好地认识船山、品味船山，让船山人民更好地了解潼南、欣赏潼南。10月31日至11月1日，船山区城市级全网流量争夺赛百强选手走进船山广德寺、龙凤古镇、圣莲岛、董家巷夜晚经济区、潼南大佛寺、杨尚昆故居等景点。各位参与者将以“联动成渝·走进遂潼”为主题，不限内容和形式，根据“美景遂潼”“美食遂潼”“故事遂潼”“娱乐遂潼”“人文遂潼”这五大篇章分别进行了创作和报道。

船山区和潼南区共享公共文化服务。推动泛涪江流域城市文化馆、图书馆资源共建共享，实现两地居民公共文化服务同城待遇。整合船潼两地文艺创作力量，联合打造一批凸显巴蜀文化的文艺精品。建立船潼跨界文艺协会，搭建两地文艺合作交流平台，定期开展相关研讨活动，推动两地文艺“百花齐放”竞芬芳。船潼全方位、多层次、宽领域的交流合作，给两地文化旅游发展带来了更大机遇。

按照“全域+旅游”思路，船山区巧借深厚的文化底蕴、优美的自然生态环境、得天独厚的区位禀赋，加快优化以中心城区国际旅游度假区为核心，串联圣莲岛、圣平岛、龙凤古镇、老池镇等片区的涪江水上观光游览带，以及涵盖龙凤镇、老池镇片区的古镇休闲文创区，以永河园为中心的现代农旅示范区，涵盖唐家乡、桂花镇片区的健康养生体验区的“一核一带三区”的景城一体式空间布局。同时，精心打造精品旅游线路，初步将船山区建成国内知名旅游康养首选地、休闲度假目的地，打响“泛涪江流域文化旅游”品牌。

2020 年 4 月 20 日，《封面新闻》推出“成渝双城志”大型访谈报道，聚焦成渝山水相依、文化同源、经济共生，通过与 30 位历史、文化、经济名人对话，全方位、多角度呈现了这一重大发展战略的历史由来、现实必要以及未来愿景。2021 年 4 月 21 日，《封面新闻》《华西都市报》策划发起巴蜀文化旅游走廊“百城行”大型采访活动，通过更深度的聚焦、更广阔的跋涉，打造“成渝双城志”的 2.0 版本，该活动于 5 月 20 日走进船山区（见图 10）。

作为全省首批成渝地区双城经济圈建设县域集成改革试点县，近年

图 10　巴蜀文化旅游走廊“百城行”采访活动走进圣莲岛

（图片来源：遂宁市融媒体中心）

来，船山区立足区位优势和资源禀赋，抢抓成渝双城经济圈建设的机遇，主动融入巴蜀文化旅游走廊，深入挖掘水、荷花、宋瓷等核心资源，加快建设重大文旅项目，稳步推进品牌创建，大力推进跨区域合作营销，奋力申创天府旅游名县和全域旅游示范区。目前，船山区开发建设了九莲洲湿地公园、龙凤文创园、保利花卉博览园等特色景区景点 12 个，成功创建各类省级乡村旅游品牌 37 个，打造特色街区 7 条，建成 4 星级以上酒店 4 家、特色酒店及民宿 148 家。此外，依托绿色、生态资源，船山区成功培育了十里荷画乡村民宿游、世界荷花博览园研学知识游、龙凤文创园工业遗产游、城市购物游 4 类旅游新业态。龙凤古镇、世界荷花博览园成功创建国家 AAAA 级旅游景区，观音湖成功创建国家级水利风景区。

四、实施效果

县域集成改革实施以来，船山区抢抓战略机遇，积极主动作为，以成渝地区双城经济圈建设县域集成改革试点为抓手，加快推进川渝毗邻地区一体化发展先行示范区建设。

（一）共谋一体规划

率先谋划并提出城市南向发展思路，协助编制完成了遂潼一体化发展规划、国土空间规划，包装储备遂潼一体化发展项目50个。积极推动遂宁高新区船山园区成为遂潼一体化发展先行区核心区，规划面积113平方公里，核心区50平方公里，明确了建设“毗邻合作示范区、绿色发展新高地”的发展定位。毗邻乡镇老池镇与米心镇共同签订了《推动米心老池一体化发展合作协议》，在基础设施产业发展、公共服务、体制机制等领域率先开展合作。

（二）共促互联互通

坚持交通先行，共同谋划涪江复航、遂潼大道、遂潼快捷通道等交通基础设施建设，着力打通两地交通“主动脉”。2020年底，涪江复航大沙坝作业区已完成初设审查，三星船闸正在编制可研报告书；遂潼大道一期（城市西延线）正在进行路基施工，遂潼快捷通道（通港大道）BC段主体工程已完工，达到通行能力，A段正在进行路面施工，计划2021年8月实现通车；连接金桥新区、船山园区和安居主城区的金安大道一期已完成路基施工。

（三）共兴优势产业

成功承办“2021年川渝项目推介暨潼南船山首届项目推介会”，船山区5个项目获1500万元贷款授信。以无缝对接乡村振兴为突破，积极谋划并深度打造渝遂绵优质蔬菜生产带，涉及船山区域规划建设面积2万亩，已建成萝卜、白菜等绿色蔬菜基地1万亩。整合船潼两地文化旅游资源，规划形成了涪江风情游、休闲度假游、乡村观光体验游三大旅游精品路线，成功举办“联动成渝、走进潼南”船山区全网流量争夺赛暨船山文旅推介会，推动文化旅游市场融合发展。

（四）共治生态环境

共同签署《涪江流域河长制领域跨界合作协议》，协作开展出川断面水质监测，实现涪江流域生态环保联合执法、防汛减灾联防联控，涪江流域水质常年维持在Ⅲ类水质以上。积极开展对涉水企业联合排查，关闭沿岸造纸企业，规范清理、优化调整沿岸砂石企业。2020 年 12 月，船山区与潼南区共同处理了蓬溪船只泄油污染涪江突发环境事件，确保了涪江流域出川断面水质安全。

（五）共享公共服务

一是行政审批互联互通。成功发出首张“川渝通办”营业执照。二是创新创业开放合作。建立船潼创业导师库和专家服务团队，组织两地专家服务团开展走基层智力服务，共同举办“2021‘青创+’项目推介会”暨潼南、船山首届双创项目推介会，构建遂潼创业资源共享全新平台。三是医疗防疫优势互补。开展两地医院和疾控中心合作，就肛肠专科联盟、公共卫生临床医疗中心等方面开展深度合作，两地社保卡异地联网通用正在积极推进中。四是教学基地共建共享。船山区委党校与潼南区委党校建立了干部教育互动协作机制，充分利用潼南的杨闇公烈士陵园、杨尚昆故居等红色资源，塘坝镇天印村、潼南国家级现代农业园区、汇达柠檬等乡村振兴现场教学点，遂宁烈士陵园、工农红军四川第一路军筹备处旧址、王子度革命活动场所等红色资源，唐家乡万福村、桂花镇响堂村、永河现代农业园区等乡村振兴现场教学点开展干部培训互动教学。

五、经验启示

四川省委将船山区纳入成渝地区双城经济圈建设县域集成改革首批试点，赋予了船山区探索可复制、可推广改革经验的光荣使命，也为船山区探索新路子、增创新优势提供了重要机遇。船山区努力探索改革新路，着力建立完善全方位高层次的一体化合作机制，初步形成了具有借鉴意义的“船山经验”，并从中得到启示。

（一）船山经验

1. 一体化规划布局

建立重要规划编制、重大项目布局联席会议制度，加强总体规划和专项规划对接，共同编制遂潼一体化发展规划、空间规划，协同推进重大基础设施布局、建设。建立重大基础设施项目联合申报机制，积极开展联合包装储备和向上申报，推动涪江流域遂潼段防洪体系、G93 遂渝高速扩容、遂潼大道（G246）、铜潼遂轨道交通等项目被纳入国家和四川省、重庆市“十四五”规划以及成渝地区双城经济圈建设规划。

2. 一体化开发合作

探索行政区与经济区适度分离机制及跨省新区协同创建机制，建立跨区域产业转移、重大基础设施建设、园区合作的成本分担、利益共享和税收分成等机制体系，在遂潼相邻区域规划建设产城融合发展新平台。建立协同招商新模式，协同制定项目准入条件、招商扶持政策，推进项目招商信息平台一体化建设，加强投资信息资源共享，打捆推介招引一批重点产业项目。

3. 一体化要素配置

建立投融资合作机制，设立一体化发展投资引导基金，创新制定中小微企业融资增信支持政策，推进创新券、“科创贷”等科技金融产品创新共享，不断拓宽中小微企业融资渠道。建立土地指标跨区域交易机制，探索指标跨县（区）、跨市域调剂使用，完善统一管理、公开交易的动态调整体系。搭建人才创新创业交流合作平台，建立健全跨区域用工调剂机制，打造跨区域发布求职信息和岗位需求信息平台、线上招聘平台，定期交换求职信息和岗位需求信息。

（二）启示

1. 集成改革必须坚持党的领导

党的十九大指出，“党政军民学、东西南北中，党是领导一切的”。中国特色社会主义最本质的特征是中国共产党领导，中国特色社会主义制度的最大优势是中国共产党领导。党的十九届五中全会强调，必须坚持党的全面领导，确保党中央决策部署有效落实。集成改革必须充分发挥地方党委总揽一切、协调各方的作用。在这次集成改革过程中，从一开始就得到了各级党委、政府的高度重视，省委、省政府不仅在试点政策上给予全力支持，还派出领导、专家给予指导，遂宁市委高度重视船山区集成改革试点工作，市委书记5次就此项工作作出批示，要求全力推动试点工作。遂宁市委七届十次全会提出支持船山区建设川渝毗邻地区一体化发展先行示范区，加快完成成渝地区双城经济圈建设县域集成改革试点工作。船山区委专门召开区委四届十次全会研究此项工作，积极争取省级层面政策支持，制定了《成渝地区双城经济圈建设遂宁市船山区集成改革试点省级支持事项清单》共29项。成立了由党委、政府主要负责人任“双组长”的集成改革工作领导小组，组建了由区委常委牵头的7个专项工作组，形成“1+1+7”试点工作组织体系。研究出台县域集成改革试点工作规则，确保各个环节责任到人、措施落地，确保集成改革有力推进。各级基层党组织充分发挥战斗堡垒作用，攻坚克难，完成了一个又一个改革任务。

2. 集成改革必须强化顶层设计

在改革过程中，涉及土地、资金等诸多要素的政策支持。船山区由于区划不断调整，区域面积越来越小，无论是船山园区建设工程的推进，还是大沙坝作业区、遂宁港的建设等，都涉及土地规划调整和土地指标的问题。受土地指标、基本农田等因素制约，船山园区控规虽然已通过市国土空间规委会审查，但尚未正式审批备案，许多重点项目无法出具正式规划条件，指标缺口较大，导致项目推进缓慢。船山区财力薄弱，在推动园区建设过程中，虽然资源对园区有一定倾斜，但较繁重的建设任务导致资金缺口仍然较大，目前因为园区建设服务的平台公司信用评级不高，资产规模小，融资难度大，难以提供有力的资金要素保障。三方四地“飞地园区”享受阿坝理县的优惠电价等政策也迟迟落实不到位，省级支持项目也还停留在纸面上，如何打破行政区域壁垒进行利益分配也没有明晰的政策。这一系列的问题严重制约了集成改革的深度推进。这些工作涉及省、市相关部门和潼南区等毗邻地区，在政策争取、利益分配、对接沟通等方面仍然存在难点、堵点。改革的“集成”不仅是政策的集成，需要还是改革全链条的集成，需要七大领域改革相互支撑，改革方案和推进机制相互衔接。为避免改革落实节奏的不协同、不平衡，需要强化顶层设计和落实机制的系统集成，建立机制完善、执行有力的协调机制，才能有助于两地形成资源联动、机制互通的发展新格局，打造跨区域合作新典范。

3. 集成改革必须坚持系统思维

党的十八届三中全会明确提出要以全局观念和系统思维抓改革，《中共中央关于全面深化改革若干重大问题的决定》强调：“必须更加注重改革的系统性、整体性、协调性。”开展集成改革，有利于在更高起点、更高层次、更高标准上推进改革，开辟全面深化改革新局面；有利于建立更加完备、更加稳定、更加管用的制度体系，形成总体性的制度成果；有利于统筹经济、政治、文化、社会、生态体制改革和党的建设体制改革，形成现代化治理的体制机制。因此，党中央一再强调，推进改革要树立系统思想，推动有条件的地方和领域实现改革举措系统集成。县一级在国家治理中处于承上启下的枢纽地位，每个县都治理好了，国家治理现代化就有了坚实的基础。在试点过程中，船山区紧紧扭住系统集成这一核心不松手，就如何破解基层改革中的“碎片化”问题进行了反复深入的研究，以川渝毗邻地区一体化发展体制机制改革为重点，从基础设施互联互通、开放合作、要素市场化配置、科技创新协同、城乡融合发展、生态环境联防联控、公共服务共建共享七大重点领域寻找突破口，从目前改革推进的进程看，仅仅在公共服务领域有了突破，到底如何从整体性、系统性上破题，还需要深层次的思考。

4. 集成改革必须加强人才培养

新时代呼唤新担当，新担当需要新作为。当前，全党吹响了激励广大干部新时代新担当新作为的冲锋号。对领导干部而言，不仅要敢于担当，更要善于担当、善于作为，要把改革创新放到十分重要而突出的位置。一是争当改革的支持者。大力支持、鼓励和保护改革实践。在改革创新出现失误时，主动拉一把，鼓励改革，宽容失败，允许试错。二是争当改革的执行者。按照中央的部署，扎实推进各项改革。吃透改革精神，把握改革方向，正确、准确、有序、协调推进改革。落实改革部署，把中央和上级的要求转化为改革的措施、改革的办法，变为改革的行动。三是争当改革的探路者。对于方向明确，属于地方和部门可以授权操作的改革，要大胆试、大胆闯。坚持转变转化转型，增创体制机制新优势。不断转变思想观念，转化运用先进经验，推动经济高质量发展，创新社会治理方式，建立充满活力的新体制新机制。船山区县域集成改革的顺利推行，得益于省委的科学谋划和强力推动，也得益于遂宁市委的大力支持，更得益于船山区委领导和广大干部特别是“一把手”强烈的改革意愿和改革担当。当前和今后一个时期，要把县域集成改革引向深入，在全面完成试点任务的高峰期和集中攻坚期，必须特别重视并抓紧选拔一批懂改革、会改革、能改革的优秀干部，及时放到各级“施工队长”岗位上，这是确保改革顺利推进的生力军。但从目前推进情况看，很多基层干部对什么是集成改革、怎样推进集成改革还很迷茫，找不到着力点，必须要培养很多适应改革的专业人才，才能更好地推动集成改革。

5. 集成改革必须加强开放合作

船山区委四届十一次全会特别指出，船山区“十四五”时期要实现改革开放迈出新步伐，成渝地区双城经济圈建设县域集成改革试点全面完成，重点领域和关键环节改革取得重大进展，营商环境更加优越，开放合作层次和水平持续提升，区域协作更加紧密，建成川渝毗邻地区一体化发展先行示范区、东西部产业协作示范区的目标。从目前试点改革推进情况来看，无论是与潼南区实现基础设施互联互通，共建遂潼涪江创新产业园、涪江现代农业园区，还是文旅合作，都还停留在浅层次的合作上，船山区与潼南区在沟通协调中还有很多实质性的问题无法解决，必须打破行政壁垒，建立利益联结机制，让参与者都享受到改革的红利，才会有深层次的合作。“十四五”时期，依托地处成渝重要中心节点的区位优势，船山区面临“一带一路”发展、新时代西部大开发、成渝地区双城经济圈建设、陆海新通道建设、长江经济带发展等国家重大战略交汇叠加。特别是成渝地区双城经济圈建设，是习近平总书记亲自谋划、亲自部署、亲自推动的国家重大战略，是构建以国内大循环为主体、国内国际双循环相互促进的新发展格局的一项重大举措，是船山区实现经济社会高质量发展的重要战略引领。船山区以主动服务国家重大发展战略全局为导向，抢抓成渝地区双城经济圈建设重大战略机遇，充分利用东部经济向西部转移的契机、成渝地区优势资源的“溢出效应”和遂宁高新区船山园区三方四地“飞地园区”的特色优势，提高对外的知名度和吸引力，大力加强招商引资，招引高附加值、高端科技产品的绿色高新企业入驻船山区，逐步实现

“无中生有”，做大做强船山园区。

6. 集成改革必须坚持“人民至上”

中国共产党自成立之日起，始终牢记初心使命，坚持立党为公、执政为民，自觉践行全心全意为人民服务的根本宗旨，把党的群众路线贯彻到治国理政全部活动之中，把人民对美好生活的向往作为奋斗目标，依靠人民创造历史伟业。船山区集成改革的初心和着眼点，就是紧紧围绕人民群众的利益需求，行政审批制度改革让老百姓少跑路、少费心，创新创业搭台让老百姓有了更多的创业项目和就业机会，教育医疗服务改革让老百姓享受更多的实惠。这一切，无不是为了民生服务，这是任何改革都必须把握的方向和原则。

参考文献

[1] 习近平．习近平谈治国理政 第三卷［M］. 北京：外文出版社，2020.

[2] 仲剑．集成改革：让县域改革落地生根：江阴集成改革试点的实践探索及启示［J］. 群众，2019（3）.

课题指导：中共四川省委党校（四川行政学院） 易 飞

编写单位：中共遂宁市委党校（遂宁行政学院、遂宁市社会主义学院、遂宁市绿色发展学院）

研究团队：陆京会 吕纯章 赵杭羽 刘 莉 袁剑平 谭晓凌 敬双全 罗 松

南充临江新区破解“钱从哪里来”的创新实践

一、导语

2020年7月24日，四川省人民政府正式批复设立南充临江新区，这是四川省设立的第三个省级新区，它的获批入选“2020四川十大经济影响力事件”。南充临江新区是南充建设成渝地区北部中心城市、促进成渝地区双城经济圈北翼振兴，建成全省和成渝地区经济副中心、全面建设社会主义现代化南充的动力源。随着市、县（区）两级党工委（管委会）相继成立，新区建设发展正式拉开序幕。南充临江新区建设是南充大事、百年大计、发展大业，是一项长期复杂的系统工程，无论是基础设施建设、产业发展，还是功能配套等方面，都需要庞大的资金支持。但受市、县（区）两级财力所限，政府的财力难以满足有效需求，新区建设发展存在巨大的资金缺口，成为制约新区建设发展的影响因素。建设发展资金虽受限制，但这并没有拦住南充临江新区加快建设的脚步。如今，新区获批成立已经一年有余，“再造一个新南充”的美好图景正在南充临江新区逐步展现，一个个大项目，支撑起临江新区发展骨架；一个个大企业，筑牢临江新区的发展根基；一位位客商接踵而来，共享新区发展机遇，共绘新区美好图景。钱从哪里来？钱从“规划”“观念”“发展”中来。总结南充临江新区如何破解“钱从哪里来”的新实践，一方面，能够为南充临江新区未来更好地融入成渝地区双城经济圈建设，更好地破解融资难题指明方向；另一方面，也希望能够形成可供其他地区参考的有益经验。

二、案例背景

（一）南充临江新区基本情况

南充临江新区规划面积 398 平方公里，包括顺庆区、高坪区、西充县共 16 个乡镇（街道），现有常住人口 33.6 万人，2020 年地区生产总值 161 亿元。新区交通体系主要包括：境内兰渝、沪蓉铁路“十”字交汇，成南达万、汉巴南“双高铁”并建，拥有高速公路 6 条，高坪国家开放口岸机场年旅客吞吐量突破 100 万余人次。新区产业基础主要有：南充高新区、高坪航空港经开区、西充经开区 3 个省级园区，南充现代物流园、中法农业科技园等重点园区，中国（四川）自由贸易试验区南充协同改革先行区和南充保税物流中心（B 型）两大开放平台，正依托中科九微、潮州三环、九天真空等龙头企业打造电子信息、高端装备制造等先进制造业产业集群。新区战略定位：省委、省政府定位的“三区一高地”，即成渝北翼现代产业发展集聚区、国家产城融合发展创新示范区、嘉陵江流域绿色发展引领区、四川东向北向开放合作新高地。新区空间布局：新区按照巴蜀气派、山水气质的现代新区要求，坚持“一城三区一带”空间布局（拥江高品质宜居新城，先进制造业集聚区、空港现代服务业集聚区、都市型高效农业示范区，嘉陵江生态休闲带），高起点开展国土空间规划，统筹生产、生活、生态三大空间，规划建设用地约 120 平方公里。新区发展目标：

到2025年，新区常住人口要达到58万人，地区生产总值突破460亿元；到2030年，新区常住人口要达到80万人，地区生产总值突破900亿元；到2035年，新区常住人口要达到100万人，地区生产总值突破1300亿元，建成经济繁荣、社会和谐、生态宜居的现代化新区。

（二）南充临江新区开发建设资金供求情况

1. 资金需求方面

目前，南充临江新区开发建设资金需求量巨大，各类重点和刚性支出增长较强。2021年，南充临江新区实施重点项目167个，计划总投资2838亿元，年度计划投资539.4亿元。（顺庆片区实施重点项目65个，总投资1338.8亿元，年度计划投资209.8亿元；高坪片区实施重点项目62个，总投资815.9亿元，年度计划投资203.6亿元；西充片区实施重点项目40个，总投资683.3亿元，年度计划投资126亿元。）

2. 资金供给方面

目前，可用于新区开发建设的资金来源有限。一是财政自给能力严重不足。南充市财政收入主要依赖上级补助收入和土地收入。2020年，南充市一般公共预算收入133.9亿元，2021年1—10月，一般公共预算收入完成116.3亿元，同比仅增长0.9%。从自身财力看，基本属于“吃饭”财政，只能保稳定、保运转。经测算，2021年仅县级“三保”支出占一般公共预算支出的比重就超过70%，个别县接近90%，用于自身发展的财力严重不足。2021年，全市应偿还到期政府债券本息122.5亿元，除开发行再融资债券外，需地方财力偿还政府债券本息达35.2亿元。基于此，财政资金能用于临江新区建设的几乎可以不计。二是用地紧张，土地收益有限。土地基金收益是南充临江新区建设的主要资金来源之一，新区规划范围总用地398平方公里，但根据三调和永久基本农田划定成果，新区现有永久基本农田约144平方公里，新区内拟用于城市建设的区域约120平方公里，建设用地指标缺口较大，土地成片开发收益有限。三是融资模式少，渠道不畅通。由于基础设施建设投资回收周期长，加之新区自身造血功能尚未健全，建设资金不足且缺乏有效的融资渠道和方式，导致新区的总体开发、配套建设速度缓慢。尤其在当前严控地方政府债务背景下，新区开发建设的资金制约问题更加凸显。同时，金融组织体系不够完善，高端金融中介服务机构较少，区内企业可使用的金融工具稀缺。四是资产收益率低，盈利能力弱。从各大平台公司盈利模式看，收入结构相对单一，没有清晰的商业模式，且因平台公司持有的优质资产少，导致资产的收益率低，甚至变成了不良资产。从新区内已有存量产业发展情况看，因起初产业定位不具备前瞻性，且在招商前缺乏精准判断，引进了一些夕阳产业或成长性较差的企业，导致一段时间后，企业发展困难、盈利能力下降，财税贡献较少。此外，平台公司资产的低收益率和企业相对较差的盈利能力会对其信用产生影响，进而影响新区和企业可以从金融机构得到的贷款数量。

三、典型案例

如何破解“钱从哪里来”？南充临江新区在新区谋划设立、金融服务、项目建设、助企发展等方面，始终以融入成渝地区双城经济圈建设为目标导向，以加强自身建设为根本遵循，跳出传统“找钱思维”，变被动为主动，多措并举增强“吸金合力”，取得了积极成效。本案例摘选了南充临江新区争创成功后，平台优势显著增加招商引资砝码、银政合作为企业提供“园保贷”金融服务、政府用真情感化企业投资再加码、投融资平台公司完成交钥匙工程项目四个方面的典型事件，反映南充临江新区如何破解“钱从哪里来”，争取财政、金融、社会资金的有益实践。

（一）成渝筑高地，“临江”引钱来

1. 起航：政策嗅觉敏锐，争创迅速启动

2020 年 2 月的一天，南充市发改委主任走在前往某分管副市长办公室的路上，这段路他已走过无数次，但今天第一次感觉那么长。急促地扣响办公室的门，得到应允落座后，他气喘吁吁地说道：“领导，向您汇报个情况：2 月 18 日，省政府批复同意设立了全省首个省级新区——宜宾三江新区，听说省委主要负责同志非常认可相关工作，并有想法在全省布局几个省级新区，得到这个消息后，我马上赶过来了……”听完情况汇报后，该分管领导认为这件事情非常重要，要求发改委当天晚上就形成一个南充谋划设立省级新区的方案，第二天由他提交市委常委会。接到任务安排后，市发改委立即组织相关人员加班加点工作，在凌晨 3 时左右形成了相关方案转发该分管领导。该领导第二天一早即向市委主要负责人当面汇报，建议市委常委会临时增加南充争创省级新区的议题。市委主要负责人高度重视该项工作，同意将该议题临时增加到当天的市委常委会议题之中。在当天的会议上，与会领导达成了共识，认为争创省级新区是南充更好地融入成渝地区双城经济圈建设、争创全省经济副中心、打造成渝地区双城经济圈次级核的重要抓手，该项工作刻不容缓，当即宣布南充争创省级新区工作正式启动。

2. 奋战：过程众志成城，结果水到渠成

南充临江新区的谋划设立以融入成渝地区双城经济圈建设为主要考虑方向。为更好地开展省级新区争创工作，市政府立即组建了工作专班。与此同时，在全省布局几个省级新区的消息迅速蔓延，一时间各地市（州）申报省级新区蜂拥而上，大家在竞争中赶超进度。2020 年 5 月上旬，随着省委、省政府办公厅联合印发《关于规划建设省级新区的指导意见》，南充争创省级新区的主要竞争对象只剩达州，随着工作的进一步推进，南充最终突出重围。2020 年 7 月 24 日，四川省人民政府正式批复同意设立南充临江新区，南充用 5 个月左右的时间打赢了这场硬仗。一时间，嘉陵江畔的果城一片欢腾，“临江新区”四个字刷爆南充人的朋友圈。省级新区落户南充令 700 多万南充人民振奋，普通群众尚且如此，作为亲身经历了临江新区从谋划设立到获批全过程的参与者，时任市委办公室工作人员的陈某更是感慨万千。他提到，市委主要负责人得知这个好消息后高兴地笑了半个小时，他自己也激动得当晚失眠了。回想起当时共同奋战的场景，他依然激动万分，“感觉大家忙碌的身影依稀就在昨天一样，还记得有天晚上，市委主要负责同志挨个给省委、省政府相关领导以及 20 个省厅部门相关负责同志汇报，听取有关南充谋划设立省级新区的指导意见；还记得牵头负责的专班班长古某多次往省里跑，每周一调度统筹抓好南充谋划设立省级新区工作的忙碌身影；还记得具体负责的专班副班长伍某一天一调度抓争创，往返成都二十多趟，挨个拜访省厅部门相关负责同志听取指导意见；也还记得在争创初期，大家废寝忘食通宵达旦赶方案，后续按照省委、省政府相关指导意见调整方案，累到喊‘天啊’的难熬时刻，记得有两个多月期间专人蹲守省厅相关部门随时上传下达工作指令……南充临江新区获批，这是省委省政府对南充的关爱，更是全市自上而下各级部门联动，攻坚克难、水到渠成的结果”。

3. 引领：平台优势显著，项目纷至沓来

“企业两个项目落地南充，不仅为公司发展带来新机遇，也为南充发展、临江新区发展、高坪发展助了一臂之力。南充市政通人和、人杰地灵，投资环境优越、发展潜力巨大，对企业来说商机遍地、大有可为。特别是南充临江新区获批设立以来，省级新区的平台优势显著，也促使公司在临江新区高坪片区追加投资。”香港恒辉电子有限公司某董事说道。2021 年 4 月 6 日，南充临江新区合作项目集中签约仪式举行（见图 1），香港恒辉电子（高坪）片式电阻生产项目为现场签约正式落地南充临江新区的项目之一。此外，华西建筑产业园、南大仪器制造基地等一批重大项目也落地南充临江新区。“正所谓花香蝶自来，省市两级都将为南充临江新区量身定制优惠政策，这一省级平台为南充招商引资、招才引智等工作增加了砝码。早在争创阶段，就已经出现了有些之前一直想招引的企业招不进来，但听说南充在争创省级新区的利好消息之后，反而主动向我们伸出了橄榄枝。”南充临江新区管委会某同志自豪地说道。如今，临江新区项目建设如火如荼、产业发展方兴未艾、对外开放近悦远来，处处涌动着追赶发展、跨越发展的生机与活力。未来，南充临江新区的建设发展将始终以融入成渝地区双城经济圈建设为基本遵循，道路艰且长，广大干部群众将继续“撸起袖子加油干”。

图 1　南充临江新区合作项目集中签约仪式

（图片来源：南充航空港经济开发区管理委员会）

（二）政府做“媒人”，企业钱贷到

1. 成效：雪中送炭，企业发展向好

2021 年 7 月 6 日，调研组一行人走进干净有序的生产车间，耳边不时传来稍显嘈杂的机器轰鸣声，各个生产线都有工人忙碌的身影，好一派热闹的生产场景。“我们是专业从事 TFT 的 A-SI、OLED、LTPS、IGZO 等设备及部件表面处理、加工、维修等光电产业配套的服务企业，公司积极响应政府融入成渝地区双城经济圈建设的号召，抓住发展契机，与成渝两地的重庆惠科、绵阳惠科、成都熊猫等企业都有合作，也算是为南充争创全省经济副中心、打造成渝地区双城经济圈次极核贡献了一臂之力吧。”四川爱尔华光电科技有限公司负责人介绍说。

时间回到 2020 年。“怎么办？前期建设已花完了预算资金，现在哪儿还有钱买设备？如果再找不到钱，生产只能停摆，哎……”公司主要负责人在办公室焦虑地来回踱步。一筹莫展之际，他突然一拍脑袋颇为激动地说：“对了，‘园保贷’！之前经开区管委会（2019 年 2 月原西充工业园区管理委员会更名为西充经开区管理委员会）企业服务部的同志曾多次介绍，为什么没想起呢！”片刻的兴奋之后，他又陷入了深深的担忧，“像我们这样没有抵押物的小企业能不能贷款？能贷多少？审批时间多长？来不来得及？”这一系列问题令他坐立难安。怀着忐忑的心情，他拨通了管委会企业服务部主要负责人的电话，虽然已是深夜时分，管委会的同志依然耐心地一一释疑，让他当夜不再难眠。

“我们于 2020 年 7 月向园区管委会打报告申请‘园保贷’，由于申请资料准备比较充分，所以在申请的当天就通过管委会审核并出具了推荐函，管委会把我们推荐给具体负责实施‘园保贷’项目的四川工创企业管理服务有限公司，差不多 20 天左右就接到通过工创审核可以申请贷款的通知，在工创公司的推荐下，又与四川省农村信用社西充农商银行东风支行

直接对接贷款业务，银行也是派专人上门服务。9 月 16 日，申请的贷款资金 980 万元就到账了。”“没想到会这么快，贷款额度也高出其他好几家银行评估的一倍，比市场利息低，确实解了燃眉之急，多亏这笔贷款，公司才有了今天的发展。”回忆起当时的情形，公司主要负责人依然颇为感慨地说道。

2. 搭台：抢抓机遇，争取试点“园保贷”

“西充工业园区作为四川省第一批试点园区，2019 年和 2020 年还被四川省经济和信息化厅评为‘园保贷’示范园区”。管委会企业服务部的负责人自豪地说，“想当初申报时可是费了九牛二虎之力”。

2015 年 10 月，由省经济和信息化厅、省财政厅联合各产业园区启动了一个政策性信贷产品“园保贷”。该项目明确由省级财政和产业园区（当地财政）按 1∶1 的比例出资建立风险补偿资金池，合作银行按照不超过风险补偿金 10 倍的授信规模向企业发放贷款。发生贷款风险后，由合作银行、省级财政和园区（当地财政）按 50%∶25%∶25% 的比例分担。每笔贷款期限都在 1 年内，金额不超过 500 万元，特殊情况最高可达 1000 万元。按照规划，试点园区内符合产业政策、信用记录良好、有融资需求但抵质押不能满足银行传统放款条件的企业，是其重点支持对象。

“这个政策简直就是中小微企业的福音，必须要下苦功夫争取到底，为企业搭建干事创业的平台。”管委会主要负责人说。管委会充分发扬“咬定青山不放松”的精神，严格按照省经济和信息化厅标准，立即着手准备申报材料，经当地财政局、经济和信息化局审核后报县政府，再层层上报至省经济和信息化厅评选。“功夫不负有心人。”2016 年 9 月，省经济和信息化厅下达试点园区文件，紧接着县委、县政府出台《西充县人民政府办公室关于实施园保贷促进园区企业融资增信试点工作的通知》，成立“园保贷”试点工作领导小组，明确资金来源及管理，规范资金使用运行流程，紧抓贯彻落实确保政策见实见效。

3. 增资：扩大额度，普惠更多企业

“为什么他们都能申请到，到我们这儿就没有了呢?”“你们这个还是不公平哦!”“对啊，像我们这些小企业都需要钱，不能顾此失彼吧!”园区企业陈吉旺福和另一家没有申请到贷款的企业负责人你一言我一语地抱怨道。

事情发生在2020年，这也是园区实施“园保贷”项目以来第一次出现资金供不应求的现象。“说实话我们也非常理解他们当时的心情，本着为企业服务的态度，耐心安抚当事人情绪并向他们细致地做了政策解释，并表示会想办法、尽全力解决企业的资金难题。”管委会负责人说道。最终，由园区出面为两家企业找到了愿意借款的金融机构。虽然这个小插曲得到了圆满的解决，却为主动谋划、用心服务的管委会负责人敲响了“警钟”。如何避免类似事件再次发生，如何让更多的企业都能争取到资金，如何让园区企业更好地发展？这是摆在管委会面前的现实问题。

办法只有一个，就是扩大风险补偿资金池，以撬动更多银行贷款。意识到这一问题后，管委会立即向县政府报告申请扩大资金额度，县政府领导高度重视，立即安排专人起草报告，由县政府办报市经济和信息化局，市经济和信息化局再上报省经济和信息化厅。2020年6月，省经济和信息化厅在原有250万元资金的基础上，追加110万元资金。乘着南充临江新区设立的东风，2020年12月，在管委会的努力下省经济和信息化厅在原有基础上再次追加90万元资金。经过前后两次资金追加，省经济和信息化厅共出资450万元，加上1∶1的地方配额，临江新区西充片区资金池已增加到900万元，可以撬动9000万元的银行贷款，能够惠及更多的企业。

（三）真情感企业，投资再加码

1. 争抢：抢抓先机，促成项目落户

7月的南充骄阳似火，沸腾的空气似内心翻滚的浪潮，让人焦灼难安。

"三环集团欲在深圳等一线城市布局片式电容生产项目，其他城市也在争取这个项目，如果南充不抢抓先机，那对我们来说将是很大的损失。"高坪区航空港管委会负责人着急地向区委、区政府主要领导汇报。在得到市委、市政府主要领导"快马加鞭，不遗余力"的指示后，高坪区政府主要负责人立即组建了一支区级招商团队。2020 年 7 月 3 日，招商团队赴潮州与三环集团洽谈片式电容器项目。

"片式电容器项目前期投入巨大，我们肯定也希望地方政府能最大限度给予财力上的支持，之前我们也与多个一线城市有所接触，其中有个一线城市承诺给予我们固定资产投资 50% 的补贴，另一个城市承诺给予固定资产投资 30% 的补贴，这还只是其中的一个方面，不知南充可以提供哪些优惠政策呢？"三环集团董事长问道。这一问题无疑给兴致勃勃的招商团队当头泼了一盆冷水，大家心里顿时凉了半截。论财力南充岂敢与一线城市抗衡，论软环境或硬环境建设同样差距甚大。"我们是带着市委、市政府领导的嘱托来的，一定要争取到项目。既然政策支持上没有优势，那我们就谈感情。"区政府主要负责人心里暗暗想。他如数家珍般同三环集团董事长回忆起三环在南充这片土地上从无到有、从小到大、从弱到强的蜕变，谈起了潮州南充跨越山海建立的深情厚谊，展望了三环继续在南充开枝散叶的美好前景，这也勾起了三环集团董事长的情感共鸣。"还记得为了让首批到南充工作的潮州人尽快适应南充、融入南充，园区管委会领导不分双休轮流陪，陪大家吃饭，带大家理发。2008 年汶川地震发生后，管委会同志连家都没顾得上回，第一时间跑到公司关心大家有没有受伤、公司有没有受损、需不需要帮助，真的很贴心、很暖心、很窝心。"回想这十多年南充对三环发展的支持，对员工的关怀，三环集团董事长深情地说，"十多年来，三环和南充已经建立了深厚的感情，我们和政府各部门各领导合作也非常愉快，就冲着这一点，我们也要争取把项目留在南充。"

2020 年 7 月 24 日下午，省政府批复成立南充临江新区的当天，三环片式电容器生产项目正式落户南充高坪区航空港工业集中区，从洽谈到落地仅用时21天。25%的固定资产投资补贴，这是南充对三环的政策，以较低的优惠政策，凭借多年深厚的感情，成功将项目“抢”到南充，打赢了一场“三线城市”对阵“一线城市”的翻身仗。

2. 舍利：全程助力，推进项目建设

“最初划拨三环的工业用地有壕沟，建厂需要填平土地，会浪费大量的时间。”高坪区委、区政府接到相关反应后迅速跟进了解情况，为了加快项目建设，不惜将原本600多亩商住用地调整为工业用地，保障了三环十期（片式电容）项目建设用地。

为支持项目建设发展，政府不仅主动舍弃高额土地出让金收入，同时还全力以赴主动为三环争取各种优惠政策。“有了一系列政策的保驾护航，项目从2020年7月落地，到2021年5月投入量产，再一次彰显了三环速度、南充速度。潮州员工从十几年前不愿来南充，变成了现在主动要求来南充，现在好多潮州高管都在南充安家了。”航空港管委会企业招商部的同志说。

3. 加码：继续投资，实现长久合作

2020年10月12日下午，习近平总书记前往潮州三环集团视察。当他得知片式电容器在南充生产时，充分肯定三环和南充的合作是“相得益彰”。南充和三环再一次受到各界的高度关注，领导们对三环的生产与发展高度重视。为了传达贯彻习近平总书记视察潮州三环股份有限公司的重要指示精神，市委主要负责人于2020年10月18日主持召开重大投资项目推进会，三环集团董事长在会上表示将继续投资南充、做大做强三环，为南充争创成渝地区双城经济圈次级核做出新的更大贡献。三环集团乘势而上，增加新的投资，又在南充落户了第十一期、第十二期和第十三期项目，继续书写南充与三环发展的新篇章。

（四）平台来融资，市场办学校

1. 筹划：建设南高新校区，平台公司来接手

“南充高中要在顺庆北部新城建设新校区啦！”这一振奋人心的消息在南充市顺庆区群众中传播开来，新校区的建成不仅能够解决片区子女就近入学问题，还将填补顺庆北部新城优质高中教育的空白。可是，怎样才能建设好南充高中北部新城校区呢？这个问题摆在了政府有关部门领导面前。

起初，大家想要按照政府直接出钱的传统方式建设新校区。2013 年，市政府召开会议，决定由市财政出资，将土地直接划拨给南充高中进行建设。新校区项目占地 318 亩，除了土地成本，还需要 10 亿元左右的建设资金，政府从哪里去找这么多钱呢？有没有更好的方式，既能够节约财政开支，又能保证新校区建设呢？经过反复讨论，市委、市政府在 2018 年决定，将该块土地面向社会公开挂牌出让，由企业投资建设。最终，由顺庆区教育科技和体育局牵头，南充市顺投发展集团有限公司（以下简称“顺投集团”）承接了该项目工程。顺投集团自筹资金有限，计划以项目贷款的方式寻求资金支持。

2. 解难：项目融资遇阻碍，银政合作帮大忙

又是一个无功而返的下午，已过下班点，顺投集团项目融资团队疲惫地回到了办公室，比疲惫更让人难受的是这次合作又没有谈成。团队负责人对近来的工作进行了总结：“我们已经找了十几家商业银行申请项目贷款，皆以失败告终，有的银行认为该项目不能够保证 15 年内覆盖本息，有的银行表示由于自身贷款额度受限，无法满足 10 亿元的贷款额度要求，有的银行因为贷款期限过长而没法做这笔业务……后面我们还要继续努力，辛苦大家了。”他站起来鼓舞大家道：“大家不要灰心，虽然资金难以找到，但是我们要对自己的项目有信心，毕竟这个项目是南

充市的‘100件大事’之一，市委、市政府对此高度重视，后面我会向领导汇报情况，寻求支持，请大家要继续保持工作热情和战斗精神，我们一定能够办成。”

正当团队一筹莫展的时候，团队某成员从市金融办了解到，中国农业发展银行四川省分行与南充市政府开展了银政合作，将在国家战略安排、产业和信贷政策框架下，加大信贷支持力度，为南充深度融入成渝地区双城经济圈建设提供优质高效的金融服务。团队负责人立即意识到对于新校区项目而言，这是一个好消息，随即带领团队拜访中国农业发展银行南充市分行。团队向对方详细介绍了项目基本情况，该项目符合该分行的贷款要求，首次接触双方即达成了初步合作意向。

3. 落成：一波三折虽艰难，临江校区终启航

“这块土地是教育用地性质，市场价格大概在90万元/亩，而商业用地价格为200万元/亩左右，两种性质土地评估价值差距较大，我们希望政府能把这片土地的性质变更为商业用地，不然项目贷不到10亿元。”银行在项目资产评估时向顺投集团相关负责人提出了以上要求，顺投集团多次向政府有关部门申请未果，向农业发展银行的贷款申请一度陷入僵局。“硬指标没法改变，那我们就从该项目的美好前景着手打动对方。”顺投集团某负责人说。说干就干，几经沟通，融资团队让农业发展银行看到了合作的可行性，重新经过细致的项目测算，最终决定该项目以年利率5.1%发放贷款10亿元，贷款期限15年。

从2019年7月2日开工建设到2020年9月1日建成投用，经过388天的奋战，顺投集团顺利完成了“交钥匙”工程，更名后的南充高中临江新区投入使用。一所现代化、园林式、开放型的学校完美呈现，干出了攻坚的高效率，跑出了奋进的加速度，向全市人民交出了一份满意答卷，为临江新区建设开了个好头、博得了头彩（见图2）。

图 2　建成投用的南充高中临江校区

（图片来源：南充市顺投发展集团有限公司）

四、实施效果

南充临江新区以融入成渝地区双城经济圈建设为目标导向，通过加强自身建设，多措并举增强对财政、金融、社会资本的“吸金合力”取得积极成效。目前，在争取上级财政资金支持、未来财政创收方面实现重大利好，在银政合作、招商引资、壮大投融资平台等方面也取得了积极成效。

（一）省委、省政府已出台资金支持政策

按照省委、省政府“一区一策”决定，针对临江新区建设发展的支持政策已经出台。未来，无论是在税收政策、新增债券发行额度，还是省预算内专项资金支持上，都会对临江新区重大项目建设发展有所倾斜。目前，南充市对于临江新区的专项支持政策也在酝酿之中。

（二）招引产业未来发展创收可期

2021年4月6日，南充临江新区投资推介暨合作项目集中签约仪式举行，这也是今年临江新区首次集中签约活动，华西建筑产业园、香港恒辉电子（高坪）片式电阻生产、南大仪器制造基地等一批重大项目正式落地。在签约仪式上，现场签约项目共9个，总投资341亿元，涉及航天科技、电子信息、现代农业等多个领域。落户南充临江新区顺庆片区的华西建筑产业园（南充）项目计划总投资100亿元，占地约1000亩，重点引进新型功能材料、新型建筑材料、先进结构材料、高性能复合材料、3D打印等产业，推动以四川华西集团有限公司为龙头的新型建筑材料产业集群化发展。该项目建成后将成为年产值百亿元以上的绿色建筑科技产业园，并引领带动川东北建筑业发展，预计实现年产值约120亿元，年创税约5亿元，解决约5000人就业，为临江新区顺庆片区建设先进制造业集聚区增添了砝码与动能。

（三）“园保贷”惠及更多企业发展

“园保贷”是银政合作纾解企业融资难题的有效手段。四川爱尔华光电科技有限公司通过“园保贷”申请到的980万元贷款，顺利完成了二期厂房的建设、设备的购买及三期建设，生产步入正轨。2020年公司扭亏为赢，净利润率由2019年的－165%增加到2020年的9%。2号厂房自2020年11月投产至今，预估年收益在2000万元左右。公司与京东方科技集团有限公司、绵阳惠科光电科技有限公司等众多国内大型液晶面板生产厂取得合作，总订单量中90%的比例来自成渝地区企业，其中承接订单占绵阳惠科光电科技有限公司总业务量的60%，为南充融入成渝地区双城经济圈建设贡献着力量。此外，“园保贷”项目实施以来，共惠及西充经开区企业40余家，累计发放贷款近2亿元，有效解决了中小微企业融资难、融资贵的问题。借鉴西充的有益经验，南部县、仪陇县园区也通过积极申报，先后于2020年和2021年被纳入“园保贷”试点园区，“园保贷”将会惠及更多南充企业发展。

（四）项目落地投产实现“三个刷新”

南充三环十期片式电容器项目在南充临江新区高坪片区落地，实现了临江新区招大引强的“开门红”，开启了全区乃至全市电子信息产业冲击千亿产业集群的新征程。目前项目已正式投产，该项目占地67亩，企业总投资7.5亿元，产能1200亿只。它的落地投产，做到了“三个刷新”：一是技术再次刷新，攻克了材料、设备、技术等关键性难题，解决了“卡脖子”问题。二是影响再次刷新，直接将我国产能从目前的全球5%增长至15%，南充将成为国内最大的片式电容器生产基地。三是速度再次刷新，从项目洽谈到落地，仅仅用时21天；从签约到投产，用时不到半年，再次彰显了三环速度、高坪速度、南充速度。

（五）投融资平台公司不断发展壮大

南充高中临江校区的建成，进一步提高了南充高中优质教学辐射范围，也有效带动了临江新区的人气聚集，有力地拉动了周边土地的增值和配套设施的建设，改善了周围人居环境。与此同时，南充高中临江校区的建设成为顺投集团的代表性工程，展示了顺投集团的综合实力，为该集团发展奠定了良好基础。南充临江新区成立后，国内很多大型企业看好这一省级新区的显著优势，纷纷计划到新区落户发展。顺投集团作为临江新区的一支重要建设力量，目前中铁十局、昆仑集团、中国有色等大型企业已主动与顺投集团对接，并作为战略合作伙伴达成合作协议。此外，中国有色金属工业第十五冶金建设公司计划与顺投集团合作成立子公司，该公司将是具有特级资质的建筑企业，有利于承接更多项目的开发建设。四川川港燃气有限责任公司已和顺投集团成立子公司，顺投集团占股51%，川港燃气占股49%，主要经营顺庆板块、南部板块民用天然气及其管道建设等。这些合作项目将进一步拓展顺投集团的业务范围，增强顺投集团的综合实力，顺投集团也将为南充临江新区建设发展提供更多的资金支持。

五、经验启示

省级南充临江新区以融入成渝地区双城经济圈建设为目标导向，围绕“破解钱从哪里来”进行了一系列探索和实践，形成了系列经验和启示。

（一）经验

1. 对接国省战略，抢先谋划争创

南充临江新区从谋划设立之初就积极对接成渝地区双城经济圈建设等国、省战略，明确了“三区一高地”战略定位和“一城三区一带”的空间布局，科学的战略定位和发展空间布局让南充临江新区在竞争中脱颖而出，并为后续发展奠定坚实基础。在争创省级新区时，各级领导干部以超强的政策敏锐性，及时把省级新区争创当成头等大事来抓，并迅速启动争创工作。各级领导干部以超强的执行力立说立行，从上自下，各级部门联动，专班人员抱团，拧成一股绳，共同促使争创工作取得成功。西充经开区管理委员会在了解到“园保贷”相关政策时，同样是第一时间立即行动起来，主动谋划，认真进行申报工作，最终成为四川省第一批试点园区，南充市第一个试点园区，让园区企业尽早享受到“园保贷”的甜头。

2. 真情服务企业，助力企业发展

已深耕南充14年的潮州三环（集团）股份有限公司，在临江新区获批之初就追加投资建设电子元器件项目，致力于打造南充三环电子信息产业园。表面看，这是大家常见的企业追加投资的普通举动，但背后却是地方政府用真情感化、倾情付出，力破劲敌换来的不易成果。近年来，市委、市政府坚持把做大做强“南充三环”作为重大产业“一号工程”，把最优的资源、最优的政策、最优的保障提供给三环，在人才引进、要素保障、配套服务等方面给予全力支持。除了市委、市政府主要负责人亲自上阵为企业解决问题，营造“不叫不到、随叫随到、服务周到、说到做到”的良好营商环境，促进三环在南充把根留住之外，还有高坪区为全力保障项目用地需求，将600多亩商住地调整为工业用地的魄力。南充市委、市政府对三环的扶持主要体现在两个方面。

第一，做到了最优服务供给。一是建立了一套服务机制。建立了“一名牵头领导、一个责任单位、一名项目秘书、一套专门方案”的“四个一”专班跟踪服务机制，实现政府与企业“零距离”“零成本”沟通，把道路建设、土地规划、要素供给、环境影响评价等项目建设工作逐件落到实处，用机制激发活力。二是落实了一班人马服务。坚持挂帅出征、挂图作战、挂责问效，党委和政府主要领导多次带队到潮州三环对接洽谈，商议深入合作事宜；分管领导落实定期专题研究机制，多次深入企业实地调研，协调解决具体问题；相关要素保障部门干部主动作为，与施工人员干在一起成为常态。三是开辟了一条绿道服务。秉持“不叫不到、随叫随到、服务周到”的服务理念，严格落实“最多跑一次”，促进行政审批再升级、再提速；拓宽“绿色通道”服务范围，完善“一站式、保姆式”服务，吸引企业再投资、再发展。

第二，做到了最强政策支持。一是落实稳岗措施固根基。每年举办各类专项招聘会，依托市、区、乡镇（街道）、村（社区）四级就业促进平台，“点对点”为企业输送本地劳动力，有效解决企业用工需求。落实社保费缓缴、降费率等稳岗措施，帮助企业渡过难关，缓解疫情对企业用工的影响。二是出台扶持办法助产能。针对受疫情冲击企业出现的原材料供应、产品生产、资金保障、物流运输等难题，全力帮助企业解决防疫物资缺、材料供给慢、物流运输难等突出问题。三是争取优惠政策降成本。协调省级相关部门，累计为企业匹配各类奖补资金6亿余元，并多措并举降低企业水电气成本。

3. 加强政府引导，撬动市场资本

南充临江新区在建设发展过程中，始终坚持市场化原则，通过加强政府引导，有效调动市场主体参与新区建设的积极性、主动性。一是以财政资金撬动市场资源。“园保贷”正是西充县政府通过银政合作，以450万元的出资作为担保，撬动商业银行为企业提供9000万元贷款额度的典范，让商业企业敢贷款、愿贷款，有效缓解了小微企业融资难、融资贵问题，此类银政项目值得积极争取和推广。二是通过改革促进投融资平台公司壮大自身实力。加强公共基础设施建设虽是新区发展的重要保障，但是地方财力难以提供有效的支撑。南充高中临江校区项目由顺投集团承接“交钥匙”工程项目。在2017年4月以后，地方投融资平台公司与政府完全脱离关系，公司自主经营、自负盈亏，南充高中临江新区项目纯属市场行为，有效缓解了政府财政压力。未来，南充计划将整合现有优质市属国有企业，加快组建临江产业集团、临江建设集团，多渠道注入资本金，提高授信能力，更好地助推临江新区建设发展。

（二）启示

1. 坚持钱从“规划”中来

一是强化规划引领作用，为争取国、省项目资金指明方向。新区要想摆脱资金的瓶颈制约，必须依托国、省层面的区域经济发展规划，高起点做好自身各类规划，以此引领新区科学发展。二是优化空间布局，为提高土地出让收入夯实价值。良好的空间布局将极大促进城市品质提升和环境改善，直接带动项目沿线土地、楼盘物业“双增值”，实现社会效益、经济效益“双促双赢”，为新区建设提供资金支撑。三是摒弃粗放招商，为提升招商引资实效增强保障。摒弃“捡到篮子里都是菜”的粗放型招商观念，在明确产业目标的基础上，深入分析研判新一轮西部大开发、成渝地区双城经济圈建设等重大机遇，紧盯京津冀、长三角、粤港澳大湾区和成渝等重点区域，瞄准“三类500强”、央企国企、上市公司和“专精特新”企业，对接行业龙头企业和上下游配套企业，大力开展定向招商、沿链招商、集聚招商。

2. 坚持钱从“观念”中来

一是树立“首位”观念，强化财政资金争取统筹。一方面，要抢抓中央提升转移支付增幅的机遇，积极对接跟进，争取更多财力支持。同时，围绕科技创新、产业发展等领域，准确策划和包装专项债项目，做深做细项目前期工作，提高项目成熟度，努力争取专项债券额度。另一方面，全面梳理已有政策措施，通过存量盘活等方式有效统筹财政资金。二是树立“市场”观念，拓宽社会资金融资渠道。一方面，加快整合资源，组建壮大园区投融资平台。结合企业改革重组，争取经营性资产注入，夯实资产基础，壮大规模实力，打造综合性的投融资平台，提高经营效益。加大投融资平台公司与央企、国企战略合作力度，通过强强联合实现互利共赢。另一方面，通过试点推行片区综合开发，辅导支持优质企业上市等，拓宽社会资金融资渠道。三是树立“创新”观念，提升经济发展新动能。新区的发展虽可以有许多新的探索，但其中最关键、最重要的还是要充分发挥创新引领作用，通过加快科技创新与产业创新深度融合、强化区域创新合作、优化科技创新生态环境等，走出一条新路子，培育一大批新兴产业、发展一大批创新企业、培养一大批创新人才，从而从根本上转变经济发展方式，增强新区持续发展动力，促进新区高质量发展。

3. 坚持钱从“发展”中来

一是提升产业能级，有效增加政府税收。产业发展是新区经济社会发展的核心所在，新区产业布局和招商项目策划等必须提前谋划。应从以前单纯发展工业为主向高端制造业、高新技术产业、战略性新兴产业、现代服务业以及都市现代农业协调发展转变，要更加注重新区产业结构的调整和优化升级，通过产业发展对政府税收收入形成有力支撑。二是促进服务提升，助力企业扩大再投资。企业是市场的主体，是产业的基本单元，企业的发展形势决定着产业发展高度。优质的服务不仅是招引企业的重要影响因素，也是保障存量企业更好发展的重要方面。优质的服务换来的不仅是企业的认可，也将换来企业留得住、发展得好，贡献更多的财税，追加更多的投资。三是提升开放水平，广泛吸引社会投资。一方面，打造内陆开放新高地，联动成渝双核开展协同招商，借力各类平台载体推介招引优质项目。另一方面，依托各类开放平台和渠道，强化国际合作，特别是丝路沿线国家及城市间在文化、旅游、经贸、科技等方面的合作，着力提高对外开放合作水平。

参考文献

[1] 严圣阳．新常态下新城新区投融资模式分析［J］．全国流通经济，2018（31）．

[2] 肖莹光．对成都东部新区规划建设的几点认识和建议［J］．先锋，2020（7）．

[3] 李后强．“新区效应”与成都东部新区建设［J］．当代县域经济，2020（7）．

[4] 朱卫东，陈劲松，张先锋．转型条件下新升级国家级开发区发展研究：背景、障碍与策略［J］．经济问题探索，2013（5）．

[5] 邹霞．地方政府融资平台在西部地区承接产业转移中的积极作用和运行模式：以成都市高新区为例［J］．政策研究，2012（9）．

课题指导：中共四川省委党校（四川行政学院） 易 飞

编写单位：中共南充市委党校（南充行政学院、南充市社会主义学院）

研究团队：张明伟 邱亚明 梁 宇 赵传敏 罗雯妤

县域集成改革助力万达开川渝统筹发展示范区建设

——达州开江县域集成改革的实践探索

一、导语

中国县域人口占全国总人口的70%以上，经济比重约占全国国民经济总量的50%。县域治理的重要性不言而喻，县域集成改革试点更是成渝地区双城经济圈建设改革破题的重要载体。

如果“内畅、外联”打通了开江县域土壤的“奇经八脉”，畅通土壤营养传输渠道，那么法治保障则是切断“污染源”，保护县域集成改革种子不受熏染。从打造好“开心办・满意归”政务服务品牌、不断提升政务服务水平，到3—5年内全面建成配套设施优、智能化程度高、研发能力强、产业链完善的“中国西部阀门之都”，再到与毗邻区县共造明月山践行“两山论”样板地、推动“示范带”。不断提升的政务服务水平和各项目的推进，更是为县域集成改革这粒种子茁壮成长提供了阳光雨露。县域集成改革厚植开江肥沃土壤，在党的领导下全县人民持续发扬同心、聚力、实干、争先的新时代开江精神，全方位、全过程给予这粒“种子”养分、阳光和雨露，开江县域新机焕发，成渝地区双城经济圈建设再添新绿。

开江县入选成渝地区双城经济圈建设首批县域集成改革试点名单，有得天独厚的地理位置，地处万达开川渝统筹发展示范区建设几何中心；有丰富多彩的文旅资源，南有甘棠火龙闹元宵、北有金山寺文笔塔林立；有优良的生态环境，森林高覆盖率的同时又有纯天然的温泉；更在创新区域协调发展体制机制、乡镇行政区划和村级建制调整改革、统筹城乡发展和新型城镇化建设等方面有较好的改革基础。开江县区位优势、文旅资源、良好的生态环境和改革基础，为集成改革这粒种子生根发芽提供了肥沃的土壤。

面对集成改革这粒种子，开江集全县之力细心呵护、耐心浇灌，力求其茁壮成长。开江县委、县政府带领全县人民大力弘扬“同心聚力，实干争先”新时代开江精神，为积极融入“双城圈”、建成“核心区”，高质量推进县域集成改革而努力奋斗。建设“四好农村路”，畅通县城“十横十纵”，疏通城市“毛细血管”；推进承东启西、沟通南北、通江达海的综合交通联结点建设，2 小时通达成都、重庆的综合立体交通运输网络，畅通交通“大动脉”。开江县深化“放管服”改革、优化司法所职能、加强基层治理、强化法治保障，多措并举推动县域集成改革试点工作落地落实。

二、案例背景

（一）“万达开川渝统筹发展示范区”高质量发展的必然要求

2020 年 1 月，中央财经委第六次会议决定推动成渝地区双城经济圈建设，明确提出要发挥比较优势，推进成渝地区统筹发展，促进产业、人口及各类生产要素合理流动和高效集聚，在西部形成高质量发展的重要增长极，强调成渝地区双城经济圈建设是一项系统工程，要加强顶层设计和统筹协调，突出中心城市带动作用，强化要素市场化配置，牢固树立一体化发展理念，做到统一谋划、一体部署、相互协作、共同实施，唱好“双城记”。四川省委十一届七次全会明确提出建设万达开统筹发展示范区，协同加快万达开川渝统筹发展示范区建设，加强规划引领、政策支持、项目布局，加快通道建设，发展枢纽经济，深化资源开发，促进川东北和渝东北一体化发展，打造省际交界区域高质量发展引领区。

一直以来，受地形限制，达州主城区空间狭窄，发展腹地受限，与重庆周边地区难以形成有效的空间衔接，难以形成优势互补，组成联系紧密的城市群，这也成为制约万达开一体化发展的短板。因此，为进一步推动示范区高质量发展，达州市积极思考破解达州发展困境和示范区内涵建设之路。在市委四届九次会议上，决定把开江撤县设区，打造万达开区域示范合作桥头堡，规划以现在开江县的行政区域为达州市开江区的行政区域，使开江作为达州腹地深度融入川渝统筹发展示范区，打通四川东向出川、联结长江中下游地区的“东通道”，拉开达州对外开放的“东大门”。

（二）川东北渝东北地区一体化发展的现实需求

成渝地区双城经济圈这一国家战略的提出，给川东北和渝东北带来了重大发展机遇。加快建设万达开川渝统筹发展示范区是深化这一战略的具体部署。长期以来，受工业基础差、资源不足影响，达州开江成为一个以农业为主的欠发达的区域。深化区域协作，积极推进万达开一体化发展，是开江县在经济逆境发展中找到的“突破口”和“着力点”，也是开江对川渝毗邻地区县域经济发展的一项新探索。

对此，开江积极寻求外向发展的开放路径，加快配合成南达万高铁建设，努力加快融入一体化发展的都市圈，致力于建设成为达州的桥头堡和毗邻地区的主阵地。加紧启动建设达万直达快速公路物流通道，启动开建达州到开江的一级公路，积极构建半小时通勤圈，规划建设商贸物流港，与万州港形成陆水协同效应的重要支点。在承接产业转移方面，开江县充分利用川渝合作机遇，积极争取川渝产业项目转移的承接落地。

（三）川渝毗邻地区高效协同发展的人民诉求

川渝毗邻地区协同发展是落实党中央重大决策部署，推动成渝地区高质量发展的内在要求，饱含了川渝毗邻地区人民共同发展的美好夙愿。万达开地区一衣带水，人文相亲，彼此来往密切，在医疗、科教、社保、交通等多个领域长期有着密切联系。长期以来，受行政区划影响，缺乏川渝合作平台与跨区域合作机制，这些困难成为两大区域群众最关切的问题所在，也成为川渝两地毗邻地区高效协同发展亟待解决的最大民生问题。

达州开江处在四川与重庆的毗邻地带，与周边重庆各区县相比较，缺乏政策、区位、市场等比较优势，发展不平衡不充分的矛盾较为突出。如何实现区域统筹，推动川渝毗邻地区高效协同发展，对于开江县来说具有基础性、前沿性和探索性的意义。成渝相向发展使开江县进入双城经济圈发展的新阶段，给50万开江县人民带来了新的发展机遇。通过万达开统筹发展示范区建设，缩小川渝毗邻地区间差异，既能满足开江人民对改革发展的基本诉求，也是双城经济圈边缘地带践行以人民为中心发展实践的一个生动案例。

三、典型案例

（一）牵住“牛鼻子”：探索权力下放要素集成

1. 矛盾：权限不足制约示范区发展

自成渝双城经济圈和万达开统筹发展示范区目标确立后，开江县就积极探索融入双城圈和共建示范区的路径。然而，在探索融合发展过程中，开江被多种要素制约。与周边地区比较，在经济基础和政策资源方面，开江县是一个欠发达地区，处在政策发展的边缘地带，严重制约了开江同川渝毗邻地区的协同发展。2020年，四川省委深改委审议通过了《成渝地区双城经济圈建设县域集成改革试点方案》，使开江县成为首批9个试点县之一，给开江县的发展带来了重大历史机遇，正式开启了探索集成改革的步伐。对此，开江县委、县政府多次会商，就如何解决和突破症结问题，实现后发优势，消除区域发展壁垒及权限制约召开专题会议，最终形成了依托集成改革探索权力下放的总体思路。

2. 突破：权力下放破解传统发展模式制约

在不到一年的时间里，开江县为解决制约县域发展的各类事项，积极争取省、市下放权限，努力争取与重庆毗邻区县行政审批、公共服务等协调同步的先行先试权限，推动了多项权力下放。县改革办多次就赋权思路和赋权范围向省、市主管单位汇报，形成了《开江县集成改革试点省市赋权清单》，取得了向上争取行政权力事项51项，市级赋权21项的硕果。目前，市级赋权21项已获得上级有关部门同意。“下放的权限越多，老百姓办事就越方便，政府直接为民服务解难题办实事的能力就越强。”开江县改革研究院负责人描述了集成改革权力下放的重要性。

为进一步优化行政管理体制，开江县积极推动“县乡同权”改革，优化乡镇（街道）行政管理体制改革，明确各乡镇人民政府为行政权力实施主体，根据省、市下放行政权力指导目录，制定了《开江县下放乡镇行政权力事项清单》，共计281项事项在乡镇（街道）便民服务中心集中办理、231项事项在分中心办理、94项事项在村（社区）代办，减少了基层群众负担，打通了便民服务“最后一公里”。

在推进权力下放的同时，开江县紧紧抓住基层治理这一“牛鼻子”，稳步推进综合执法改革。在城区执法方面，深化市场监管、文化市场、交通运输、农业农村四大领域改革，在已组建各领域综合行政执法大队的基础上，进一步明确各领域综合执法大队职能职责，有序整合执法队伍，规范执法行为，将“四大领域”外执法频率高、多头执法、扰民问题突出、专业技术执法事项纳入综合行政执法局集中行使。在乡镇执法方面，目前选取回龙镇、任市镇开展乡镇综合行政执法改革试点，将规划建设、环境保护、自然资源、安全监管、农业生产等部门行使的行政处罚权，以及与行政处罚相关的行政强制和行政检查权共计317项下放给回龙镇、任市镇。

在经济开发区建设上，开江县主动争取经开区扩区调位，积极争取开江县经开区提质升格，改变传统的政区分离格局。依托国家级稻渔综合种养示范区和全省五星级现代农业园区建设，探索实行“政区合一”（政府和园区）的管理模式，提出将任市镇调整为副县级单位的发展思路，匹配下放部分经济社会管理权限和审批服务执法权限；充分把握“在省级权限范围内的改革试点或改革举措，试点县均可开展”的重大机遇，梳理制约经开区发展的若干因素，力争把更多务实管用的行政权力事项下放。

3. 结果：打开了制约发展的瓶颈

目前，集成改革的春风吹遍了开江的各行各业，全县上下都在梳理制约行业发展的制度事项，前期下放权限已经直接落到了实处，群众得到了真正的实惠，更多的上级便民服务权限和审批权限正在积极沟通和努力争取当中。一位任市镇政府工作人员说：“自集成改革以来，虽然我们乡镇有了更多职责，但是我们也有了更多的权力保障，再也不用担心面对环境违法、违规生产等现象不能执法的问题了。”权力下放后，人民满意度提高了，政府的执法成效提升了，以往制约地方发展的难题改善了，想管不能管、想做不能做的事情基本解决了。群众办事少跑路，政府办事有依据，基层治理效能大大提升。

（二）双“全”出击：全力提升全方位一体化公共服务集成

1. 矛盾：成渝双城经济圈内部公共服务存在着重大差异

随着成渝双向融合发展的深度推进，川渝两地老百姓就业、社保、劳动权益等公共服务之间的鸿沟和间隙成为制约双城圈和示范区建设的主要矛盾。开江县作为川渝毗邻地区的接合部，远离都市发展的中心，如果不能缩小省市公共服务之间的差异，那么极有可能不仅享受不到改革带来的政策红利，还极有可能被外围大的改革环境所湮没。在改革“双刃剑”的驱使下，开江县敢于正视问题、直面矛盾，主动对接了解双城圈内的政策差异，主动对接关系民生的各个领域，坚持问题导向，以公共服务集成改革逐一破解系列难题。

2. 突破：全力提升全方位一体化公共服务集成

自成渝地区双城经济圈建设工作开展以来，开江县积极组织专人研学中央、省级“双城圈”关于公共服务共建共享规划部署的具体举措；主动与省内其他县域集成改革试点区县加强交流学习，对接了解重庆方面社会民生事业发展经验，把群众满意度作为集成改革和构建一体化协同治理模式的风向标。相关业务部门多次前往江苏省江阴市，重庆市万州区、开州区、梁平区等地开展专题调研，先后签订教育、卫生、人社事业等方面战略合作协议，形成多个不同领域事关群众和民生事业的专题研究报告和专项改革实施方案，全力提升全方位一体化公共服务集成。

在教育方面，开江县重点突出深化成渝地区教育交流合作发展思路，聚焦区域教育合作，紧扣教育重难点工作，探索建立毗邻地区开放合作办学、县域内集团化办学工作，建立教师编制配备和岗位管理“四项”机制；主动融入“双城圈”，推动建立“川渝名校＋”教育联合体，参与万达开教育联合体。而且通过探索学区制改革，充分赋能放权学区改革，学区内教师集中管理、统筹使用，学校共生共促、一体发展；适当扩大、规范自主引才，向上争取实施“万达开”公费师范等急需紧缺人才定向培养计划，推进“三名”队伍“十百千”计划，成立学前教育研究中心，培养学前教育专业人才；积极与重庆梁平、垫江等地对接加入“明月山双城教育发展共同体”，签订《开江·大渡口教育战略合作协议》，筹备建设名校长工作室1个，与8所重点中小学开展结对交流30余场次；共建“万达开”职业教育联盟，先后多次组织“川渝职教行”考察学习活动，与重庆开州、云阳、梁平等中职院校建立了校校合作关系；先后与成都七中、绵中等名校开展“互联网+”活动，实现了优质资源共享。

在医疗方面，推进区域医疗资源共享。围绕医共（联）体建设，推进打造县域医共体、探索区域医疗合作模式、深化医疗人事制度改革“三大”行动。积极对接成渝名院、毗邻区县三甲医院，共建医联体、组建专科联盟、开展远程会诊等，探索以县级医疗机构为龙头，县、乡、村一体化打造基本医疗、公共卫生、中医康养、妇幼保健“一核四翼”的县域内医共体新模式；研究制订《开江县医疗卫生服务能力建设两年攻坚计划》，对外深入成都、达州、梁平等地就打造区域医联体等相关事项进行合作交流，先后与四川省人民医院签订《远程会诊合作协议》、与重庆医科大学签署《神经外科专科联盟合作协议》、与达州市中心医院签订《合作办医框架协议》，主动与梁平、开州等地积极对接，就推动毗邻乡镇实现疫情联防、信息互通进行多次经验交流，初步形成跨区域联防联控工作机制。

在推动文体旅事业上，积极融合发展，推动巴蜀文化繁荣，满足万达开区域内群众对于文体旅事业的发展需要。通过文体网点布局、资源共享、活动联动、文化供给“四种”服务探索融合路径，创新构建“田园大舞台、乡镇文化综合体、村级文化服务中心、院坝文化驿家”公共文化服务网点四级体系；加快建设开江县文化艺术中心（包括博物馆、图书馆、文化馆和融媒体中心），推动展陈设施共享，争取民俗博物馆互设展区，联合创办大型文化活动和体育赛事品牌，组建“红色文化联盟”，做大区域协同品牌；与万州、开州、梁平等毗邻区县签订了《协同创建明月山绿色发展示范带》战略合作框架协议，协商协同打造巴蜀文化旅游走廊，搭建“万达开”文化交流平台；举办荷花文化节、小龙虾美食节等主题文旅活动，“鱼米之乡”高峰论坛、川渝荷花主题文化节、全荷宴、小龙虾美食周等系列活动，积极组织节目参加第三届长江三峡（梁平）晒秋节开江专场演出，组织舞蹈节目《薅秧妞妞》参加开州区农民丰收节，开江瓦雕等传统艺术参加“达州市农民丰收节”；豆笋、橄榄油等特色产品在川渝大展会上大放异彩，文旅交融进一步加深。

3. 结果：区域公共服务一体化正在形成

全力一体推进公共服务，让更多的开江人民与重庆毗邻地区实现了更多的资源共享，也让更多的开江人享受到“双城圈”带来的发展红利。在县委、县政府的支持下，全方位的区域公共服务一体化正在形成。开江县多次会同达川区、大竹县、邻水县、垫江县、梁平区召开联席会议，共同签署《六区县共商共建共享人社事业区域协同发展协议》，搭建了“万达开”三地人力资源交流合作平台，初步建立了区域工伤认定协作、社保待遇协助认证、区域内养老保险转移接续协商机制、社保基金风险防控等机制，初步实现两地住房公积金“一地办”、区域户口“一站式”迁移，上线川渝社保卡业务“就近办”，开通川渝社保卡通办服务网点等便民服务，群众满意度大幅提升，一体化全方位推进万达开的公共服务集成正在形成，川渝大地“一家亲”的生活正逐步成为现实。

（三）产业助力：深化传统优势产业效应叠加集成

1. 矛盾：“小”农业与“大”变革的对立

“梁平的坝子，开江的田，成熟一季管三年。”开江县虽拥有良好的农业发展条件，但传统种植收益甚微，利润每亩不到 200 元。农业增产不增效、农民增产不增收，不仅导致种粮积极性下降，过度使用化肥、农药也加剧了农业面源污染风险。集成改革之前，开江县是传统种植农业县，在成渝地区双城经济圈和万达开统筹发展示范区内并不具有比较优势，但开江县境内气候温和、热量丰富、雨量充沛、地势平坦、土地肥沃、盛产多种农作物，形成了水稻、玉米、小麦等传统种植业优势，这也成为开江集成改革的重要产业基础。然而，生产规模较小，分户经营，品类单一，效益不佳，处于初加工、低附加值阶段，使得开江县没有形成规模化的集约发展模式。

2. 突破：集成改革助力传统产业升级

集成改革的春风吹入了开江县城，开江县委、县政府举全县之力希望可以破解传统小农业对开江县发展的制约。对此，开江县提出了继续沿着发展现代农业的既定道路，做大做强优势产业，通过确定重点产业项目，引导农户依法有序进行土地流转，以转包、租赁、转让等模式流转农村土地近 8.89 万亩，流转农户 3.8 万户，构建起了政府主导、企业主体、全民参与，先示范、后推广的改革实施路径。

第一，土地适度规模经营。农民以土地入股组建合作社，由村委会牵头，采取土地流转和土地入股两种模式引导农民以土地经营权入股，组建土地流转合作社。合作社以土地入股龙头公司，政府整合项目资金完成基础设施建设，公司投入生产性设施建设，形成若干适度规模经营的产业效益单元。

第二，培育新型经营主体。为破解传统稻田经济发展的瓶颈，开江县委、县政府决定整合资源进行探索和实践，龙头公司则成为研发和运营的主体。围绕产业效益单元，政府整合涉农培训经费，选择有创业意识的返乡农民工进行培训，合格后引导其带领农民和贫困户参与产业效益单元管理。公司在种养循环模式试验成熟的基础上，将整个示范基地划分为 50—100 亩大小的产业效益单元，引导返乡农民工、大学生、小业主等参与效益单元的承包经营管理。公司为其提供种苗、技术、供应链及金融服务，并高价回收有机生态农产品。

第三，发展立体种养。按照“以种定养、以养定种、有机循环”原则，创新探索“挖泥成沟、堆泥成基、沟中鱼虾、基上果菜”的“稻田 +”生态立体循环生产模式，大力发展“稻田 + 大闸蟹、小龙虾”、“稻田 + 禽”、“稻田 + 鱼、蛙”、“稻田 + 鳝、鳅、蛙”等稻田综合种养，采用

"以渔养稻、以水养鱼、稻鱼共生"、"种草、投螺、稀放、配养、足饵"等生态养殖技术，在"稻田+"产业单元形成独立的生态循环系统，实现全程绿色、有机、循环、无公害生产。

第四，打造田园景观。以"稻田+"为主题，加大文创力度，统一品牌及标识系统，打造"稻田+"乡村嘉年华、二十四节气、田园迪士尼、"天下第一锄"、"天下第一担"等"稻田+"景观，配套建设创客空间、体验餐厅、生态培训中心和民宿大院2个、民俗客栈12家，举办抓鱼钓虾节、大闸蟹小龙虾啤酒美食节10余场次。

3. 结果：农业增产增收，人民幸福感和满意度大幅提升

开江县依托传统农业优势，通过集成改革助力开江县现代大农业的发展模式，不仅巩固了农业供给侧结构性改革的成效，而且进一步将政府、市场和产业有机结合起来，解决了市场投入问题，促进了开发主体市场化，解决了产业的效益问题，促进了生产方式绿色化。通过市场改革培育了市场主体，促进了农业发展产业化，实现了农业增产农民增收的发展预期。生态农业的进一步发展不仅促进了开江人民生活方式的转变，而且使得田园观光旅游产业成为开江人民的主要旅游和休闲方式，人民的幸福感和满意度大幅提升。

（四）高质量发展：打造为民政务服务集成

"原先我以为办理房产证要花费很长时间，没想到我们政务服务的工作人员这样专业热心，所有流程业务都在一层办理，不到30分钟就办完了，现在我终于感受到了什么叫贴心周到的服务！"每年春节前夕都是开江县外出务工人员返乡置业的高峰期，常年在深圳打工的林某在办理二手房过户手续时，感受到了"特殊礼遇"。"窗口服务热心周到，快捷省心！看我对政务中心不太熟悉的样子，当我还在问服务人员窗口在哪里时，就已经有人微笑着帮我取了便民服务号，让我到指定窗口等候……感觉开江

县和一线城市的服务没有太大差别，而且更加人性化。”前来办理业务的人说。

1. 矛盾：原有政务服务模式给群众带来了诸多不便

“开心办·满意归”是开江县重点打造的基于“群众利益无小事”的理念进行的一项系统集成改革。在开江县尚未形成系统的公共服务集成之前，原有政务服务方式以单一窗口和群众上门办理为主，群众办事非常不便。机关单位“门难进、脸难看、事难办”的现象时有发生。党的十八大以后，在全面从严治党的推动下，政务服务虽然有所改善“门好进，脸好看”，但是依旧还存在不少“事难办”的问题。双城圈和示范区概念提出以后，开江县积极实施集成改革，以“系统思维、融合思维、联动思维、创新思维”为引领，努力打造开江县政务新局面，把涉及群众办事的业务内容进行了系统集成，具体涵盖“提升 1230 服务质效、开展政府买单、推动万达开一体化政务服务协同发展及便民服务体系建设”等内容，按照“事项划转到位、人员编制到位、资料移交到位、审批监管到位”的思路，率先于 2020 年 12 月完成了行政审批制度改革，20 个部门 211 项行政许可事项被集中划转。

2. 突破：打造“开心办·满意归”政务服务开江模式

“开心办·满意归”成为开江县集成改革的一个窗口。自推行改革以来，经过 4 个月运行，通过业务整合、流程再造、部门联动减少了审批环节，提高了审批效率，初步实现了“一站式”办理。在“一门受理”“一章审批”“一体服务”基础上，大力推行“1230”审批服务改革，努力实现“企业 1 个工作日内注册开业、2 个工作日内获得不动产权证、30 个工作日内取得工业生产建设项目施工许可证，确保开办企业用时最短、不动产登记效率最高、项目审批速度最快”。

为解决企业的畏难情绪和后顾之忧，开江政务中心创新开设“项目管家”涉企服务，坚持“有呼必应、无需不扰”的原则，在开江经开区设立

“企业之家”，抽调涉及审批服务职能部门、金融系统、企业发展服务中心业务骨干入驻，精准提供“项目管家”保姆式服务。一对一、一对多的服务模式彻底解决了企业的后顾之忧，变传统的行政审批为上门服务。

在窗口服务项目上，推行综合窗口服务模式，打破窗口服务业务界限，严格落实首问首接首办责任制，提高群众办理速度和满意度。围绕群众减负亲民服务，优化审批事项，开展行政许可“一件事”集成改革，梳理一般事项承诺办 18 项、关联事项并联办 31 项、关联证照合并办 19 项，力争审批服务事项承诺时限较法定时限压减 80% 以上。建立重大项目“一企一策”帮办代办服务机制，为项目落地量身制定服务清单，让企业“一看就会、一看就懂”。推进镇村便民服务体系标准化、规范化、便利化建设，全力打造便民服务亲民化，推行免单免费服务。

在政务服务上，助力行政改革事项，推进县乡同权办理服务。对照省级赋权清单梳理下放与群众密切相关且高频发生的 8 项行政许可事项到乡镇（街道），共计进驻 281 项事项在乡镇（街道）便民服务中心集中办理、94 项事项在村（社区）代办，减少基层群众负担，打通便民服务“最后一公里”。

针对融入“双城圈”、建成示范区重点事项，建立万达开协同发展服务体系。梳理跨省通办清单 67 项，设立了跨省通办窗口，开展线下代收代办，2021 年以来累计代收代办 39 件。与重庆云阳、万州、梁平、开州签订了政务服务合作协议，在服务联办、数据联享、人员联训、机制联动、监管联合等多方面开展合作，形成五区县政务服务协同发展的新格局。推出复印、刻章、邮寄、照相等四项免费服务，已为 255 家新办企业提供首枚印章免费刻制服务，免费打印复印 9 万余份，寄出免费邮件 1200 余件，为 4 万余名群众提供免费电子照相服务，真正让群众开心而来、满意而归。

3. 结果：群众对集成改革的满意度大幅提高

“开心办 · 满意归”政务品牌打造以来，以往“事难办”的情况得到了根本扭转，不论是企业还是个人，对行政效率和民生事项都有了非常满意的认可，“一站式”政务服务测评率满意度达到了90%以上，对政务服务推动集成改革，为助力高质量县域治理提供了开江经验。其中，对企业“保姆式”的服务成为开江县优化营商环境的重要体现，跨省通办、川渝联动协办为当地民生事业注入了不竭动力。在推动行政体制改革中，政务服务积极跟进，推动了各项权力的下放，为基层扩权赋能贡献了政务服务力量，群众对改革的满意度持续增长。

（五）改革保障：全力推进人才要素集成

1. 矛盾：人才流失和人才难引成为制约改革的重要原因

川渝人才需求具有一定的互补性，通过人才有序流动可以有效解决人才在一定程度上的数量不足和时空矛盾问题。但受成渝极核的影响，在成渝双城外围城市出现了大量的人才流失和人才难引的问题，开江县正在遭遇这样的情况。长期以来，受单一的强中心战略影响，地处成渝外围的开江县城一直是人才不足的县域之一。如何破解引人难、留人难的问题，成为开江人才工作的重中之重。

2. 突破：“栽下梧桐树，引得金凤凰”

自双城经济圈提出以来，川渝两地在人才选育机制上进行了大量探索。川渝两地会商推动了《成渝地区双城经济圈教育高层次人才协同发展实施方案》落地。重庆市与四川省从合作共建一流学科、人才交流互派、创新平台共建、合理打造专家团队等方面着手，协作推动两地人才发展体制机制改革，推动两地教育高层次人才协同发展。这一政策机遇对地处四川省东部地区的开江县而言，特别是对当前开江经济颓势而言，带来了发展转机。

对此，开江县委以深化改革为突破口，聚焦人才从哪里来、怎么激发活力、如何人尽其才，完善人才培养引进、评价激励、使用流动机制，加快构筑吸附人才的“强大磁场”，实现人才集成。县委要求各部门把人才工作摆在突出位置，真正重视人才、关心人才、用好人才，让各类人才创业有机会、干事有舞台、发展有空间，大力推进千名硕博进达州的“开江行动”，创新实施干部人才培育“三百工程”，扎实开展干部人才“家庭团聚行动”，足额保障人才经费补贴，专项投资1400万元，用于建设人才活动中心和人才公寓，竭力为各类人才干事创业、施展才华、实现价值创造优质条件、搭建广阔舞台，实现感情留人、事业留人、服务留人。

开江依托“达州英才引才计划”和自主引才行动等方式，积极引进急需紧缺型专业人才。通过加强校地、校企合作，柔性引进多名专家教授等高层次人才，助力全县产业发展；通过创新建立人才编制周转池，将各乡镇（街道）、相关部门领导预留编制、动态编制、激励编制中的空缺编制以及在事业单位整合时收回的编制集中到“编制周转池”，在不改变各单位编制“所有权”前提下，将编制“所有权”与“使用权”分离，实行统一管理和统筹调配使用，并用于各单位急需紧缺专业技术人才，高学历、高技能人才和推进重点攻坚工作。目前，已经制订了《开江县建立编制周转池的实施方案》，并经县委编委会通过，正在开启机构编制新一轮集成改革。

针对高层次人才引进难、使用难、留住难的问题，开江打造高质量人才活动中心，大力推进人才公寓建设，下拨专项经费，全力营造尊重人才良好氛围。“组织上帮我把家属从异地调动过来，解决了我们‘周末夫妻’问题，让我们实现了家庭团圆，不仅如此，而且帮助我们住进了人才公寓，彻底消除了我们的后顾之忧。”被引进的某高层人才说。“家庭团聚了，所有的精力都在工作上了。”开江县委组织部人才办的负责人介绍说。为切实做好人才公寓管理工作，使入住人才有“家”的感觉，在人才公寓规划建设了活动中心，配置了相关的学习、健身、休闲设施，为优秀人才搭建起集学习、研讨、休闲于一体的沟通交流平台。同时，开江县不断优化引才聚才环境，整合现有资源，通过建设人才公寓、发放岗位激励奖，协调解决子女入学、家属就业等问题，为各类优秀人才解决了工作及生活困难，营造了良好的居住、发展和成长环境。

为破解双城经济圈示范区中对人才吸引的难题，开江县积极统筹全县编制改革，支持建立集成改革试点区域机构设置激励机制。在现有机构限额的基础上，增加2—3个科级机构，用于开江县在万达开川渝统筹发展示范区建设中设立特色机构，为县域高质量发展提供人才机构编制保障。与此同时，专门设立50个“储备事业编制”，用于暂无空缺编制的农林畜牧、教科文卫等事业单位引进高层次和急需紧缺专业人才，助推万达开川渝统筹发展示范区人才高地建设。

尽管面临经济下行压力和财政困难，开江县始终坚持人才是集成改革的重要推动力，用这一理念努力克服一切困难，全力推进89套房源建成人才公寓，确保每套公寓房屋建筑面积在60平方米左右，秉持“引进一个人才，留住一个家庭”的理念，房屋设计均为两室一厅一厨一卫，而且对每套公寓都进行了精装修，让人才住得舒心，工作顺心。目前，所有人才公寓已全部入住，人才公寓第二期建设工程正在紧锣密鼓地推进，为推动万达开统筹发展示范区人才振兴打下了良好基础。

3. 结果：人才成为开江集成改革的重要保障

良好的人才政策成为开江县逆势发展的重要推手。近年来，通过千名硕博进达州和英才计划，越来越多的高层次人才愿意来开江县工作并在此扎根。引进的高层次人才不仅得到了县委、县政府的重视，而且成为开江县发展的后备干部，特别是从域外引进的高层次的涉农人才，不仅成为开江县发展的致富人，也成为乡村振兴的重要参与人。他们一起在良好的人才制度保障下，成为开江县集成改革的参与者、见证者和实践者，一起为开创新开江注入了强大的人才支撑和智力保障。

四、实施效果

（一）行政效率效能提高，提升了开江在双城经济圈中的影响力

作为首批9个集成改革试点县之一，开江县坚持问题导向，积极探索推进乡镇综合行政执法改革，通过坚持“三个聚焦”，逐步建立起“权责统一、权威高效、全域覆盖”的行政执法体系，有效解决了乡镇无专门执法机构、执法主体缺失、违法行为“看得见却管不着”等问题，改革试点取得阶段性成效。

开江县坚持科学下放权限，全面梳理执法事项，对全县执法内容、执法方式相近相同的权限进行了整合，实行权力下放，提高了基层政府在办事执法中的能力和效率。通过扁平化管理，集中办公、统一管理、综合执法，在辖区形成违法必追究的强大震慑力，形成了统一指挥、部门协同、快速反应、整体联动的协调管理新机制，实现综合执法的规范化、精细化和常态化，执法成效明显提升。

基层乡镇执法改革客观上助推了权力集成，提高了乡镇为民办事服务的能力，提升了开江县域治理能力，解决了基层执法难作为、不作为、乱作为的问题，为乡村振兴提供了坚实的基础，提高了开江县在万达开周边毗邻县域治理的影响力。

（二）群众改革满意度提升，为推进万达开统筹发展示范区建设注入了持久动力

为解决群众后顾之忧，减少改革阻力，达州市委四届九次全会提出开江撤县设区，承诺因行政区划变更导致人民群众证、照更换等费用由政府承担，不增加群众负担；承诺加强民生保障，提升交通、教育、医疗、卫生、养老、文化等公共服务水平；加强历史文化传承保护，让群众在改革

中感受到撤县设区带来的改革红利。

针对全县医疗机构超标准收费、超限制用药、无指征用药、多计费用等问题，开江县采取务实工作举措，切实守护好人民群众的“救命钱”，收到了良好成效，群众在医疗卫生方面满意度大幅提高，行政投诉大幅减少，形成了新的监管服务体系。群众就医满意度得到了提升，医患关系压力逐步降低。

“开心办·满意归”政务服务推出的多项服务内容，使全县广大市场主体和人民群众感受到了服务全覆盖、服务零距离、服务有真情的暖心政务服务，推动了县域营商环境优化，提升了群众满意度和获得感，为万达开统筹发展示范区提供了有力的品质政务服务。

（三）区域合作总体改革思路成型，必将持续推进川渝毗邻地区的合作进一步深化

在集成中有重点，在重点中有协同，开江县努力形成具有特色的集成改革路径。以专项改革方案为框架，全面纵深推进县域集成改革，促成了高效协同发展的历史使命。搭建起了成渝双城经济圈万达开川渝统筹发展示范区建设合作平台，主动与毗邻区县开展交流合作，签订《共建明月山绿色发展示范带合作协议》，共同编制《明月山绿色发展示范带总体方案》和《共建明月山绿色发展示范带重大项目库》，并成功承办了共建明月山绿色发展示范区党政联席会第二次会议。

强化了社会服务能力，完善了体系和平台建设。以区域合作为导向，建立健全多层次社会保障、养老服务体系，探索共建“新闻＋政务＋服务”融媒体平台。紧盯公共服务协同发展，建立健全社会保险协作机制，实现区域户口“一站式”迁移，上线川渝社保卡业务“就近办”，不断完善居家社区机构相协调、医养康养相结合的养老服务体系，共同推进“新闻＋政务＋服务”融媒体平台，推动了区域公共服务一体化，构建起了万

达开区域的基础数据合作平台。

积累了毗邻地区同步规划同步建设的发展经验。任市临港物流园区与秦巴物流园区同步规划建设，实现了同步规划同步建设。开江县多次与万州深水港进行协调对接，依托万州、达州“双空港”、万州开州“双水港”和即将规划建设的达万直线货运铁路，积极探索“前港后园”发展模式，延伸港口、机场和物流园区功能，推进大宗货物“公转铁”“公转水”“公铁水”联运，打造集仓储物流、物资集散于一体的临港物流园区。

推进了一体化执法指挥平台和食品药品监管平台建设。目前，市监局“互联网+智慧监管”一体化执法指挥平台和食品药品监管平台建设已启动，主要硬件设施已到位正在调试安装，正在开发平台软件，计划与毗邻地区达成数据共享，实现信息共享、案件移送、标准互通等在线合作模式。在提高监管效能的同时，着力解决与毗邻地区信息不畅、沟通不力、合作不顺的问题。

（四）形成了新的县域经济发展模式，为成渝地区双城经济圈县域高质量发展提供了经验

在集成改革的带动下，开江县全力发展好平台“硬”基础。目前，开江经济开发区已建成1200平方米的企业发展服务中心，具备产品展示、政务接待等一系列完备功能，硬件设施建设趋于完善，成为招商引资对外展示的主要窗口；经开区充分发挥开江县位于万达开区域核心位置作用，结合自身优势、产业特点，与重庆开州浦里新区强强联手申报成渝双城经济圈产业合作示范区，共同发展装备制造、电子信息、家居建材、生物医药等产业。开江经济开发区在首批双城经济圈产业合作示范园区挂牌，成为首批20个成渝地区双城经济圈产业合作示范园区之一。

全力打造好服务企业的“新”软件。开江经开区积极对接行政审批、税务、经信等部门，厘清了各项证照、手续办理流程，以相关法律、法规

为依据，梳理细化了企业发展服务中心服务指南，详细地对新办企业需办理证件和常见问题进行整合阐述，从企业登记、税务申报、环评等事项，较完整地为新办企业提供参考和辅导，为企业办理相关事项提供了便利。专职代办人员专业化水平大幅提高，通过派驻人员小组式学习，驻点部门强化对接交流，使代办更加专业，新引进的廷江现代产业园项目从签订协议到开工不到1个月，体现了开江政务服务的新速度。

在招商引资方面，开江县运用多形式招商，采取以商招商、蹲点招商、小分队招商、委托招商等方式，开创了领导牵头、部门负责的全域招商大格局，多方努力共同引进三类500强企业，各部门相互配合、勠力同心，把抓项目落地作为第一要务，实现了开江工业发展新速度，创造了招商签约最快、投资额度最大、科技含量最高的重大工业项目的“奇迹”。与此同时，开江县委、县政府正全力推动开江经开区扩区调位，利用县域集成改革试点，在开江经开区（含辅助工业园区）探索经济区和行政区适度分离机制，通过“总部＋基地”“研发设计＋转化生产”“飞地园区”等合作模式，着力破解在建设成渝地区双城经济圈产业合作示范园区中面临的资金投入方式、经营管理形式、利益分配比例等合作难题，加快共建万达开智能制造示范园、明月山绿色工业消费品示范园等一批成渝双城经济圈产业合作示范园区。

五、经验启示

（一）改革经验

1. 坚持系统改革要素集成

坚持改革思路集成。两年来，开江县在县委领导下进行了大量的集成探索，取得了一系列成果，形成了基本的集成改革思路。通过梳理当前制约开江县融入双城经济圈的因素，提出了一系列的系统性、全面性、整体性的改革方案。充分利用省、市权力下放的政策红利，形成了核心权力下放清单。在坚持原则指导下，开江县坚持了政策的灵活性，突破了传统政策对各种要素的制约，形成了一系列专项集成改革的实施意见。

坚持机制和要素集成。开江县坚持同步规划，一体推进万达开川渝统筹发展示范区建设，不仅注重自身发展，更重要的是坚持与成渝双圈范围内周边地区的协同发展，推动项目落地的同时促成上下游要素集成，重点打造西部阀门之都，建设了四川省五金工模具特色产业基地、四川省小微企业创业基地、四川省健康家电特色产业基地、达州市特色产业孵化基地（智能制造）、园保贷试点园区，一系列的集成探索为把开江县建设成为成渝地区双城经济圈中的发展强县打下了良好产业基础。

坚持改革效应集成。开江县集成改革内容涉及重点、难点、痛点和堵点，直面群众最不满意的民生大事，注重系统的改革效应集成，形成了牵一发动全身的叠加效应，实现了“哪里问题最多，改革的重点就在哪里”的良好效应。在撤县设区、现代农业、乡村基层治理、整治医药系统、减轻群众办事负担等方面，处处体现着开江县在坚持经济现代化发展的同时，努力提高治理体系和治理能力现代化，实现了综合的政治效应、经济效益、社会效应的叠加，不仅让人民群众有了对物质满足的幸福感，而且让广大群众在集成改革中找到了获得感。

2. 坚持改革中的法治保障

严格合法性审查，强化集成改革法治保障。开江县严格履行法治审核的职能，当好依法决策的参谋员，及时防范法律风险。2021 年，审查涉及改革的相关决策、文件和合同 10 余件，对一些敏感重大事项的法律边界问题提供了有力的政策咨询，为集成改革顺利开展提供了强有力的法治保障。

深化“放管服”改革，推动行政权力下放。为适应集成改革需要，强化县级司法行政机关对法律服务行业的监督和管理，县司法部门认真梳理权力事项，本着优化办理流程、压缩办理时限的原则，将“对人民调委会、人民调解员，法律援助站点、法律援助人员，基层法律服务所、基层法律服务人员行政奖励”等权力下放至乡镇、街道办，积极鼓励基层在依法治理的原则上开展村社居民自治，创新治理形式和治理效果。

健全公共法律服务体系，延伸法律服务触角。强力推进县、乡镇、村三级实体法律服务平台建设，打造“管理一站式、办事一条龙”的综合性法律服务平台。通过完善公共法律服务基础制度和平台建设，确保群众在咨询、协调、化解等服务过程中利益不受损害。而且针对川渝两地公共法律事务服务的异同，设置了专门的法律咨询和法律顾问协调解决分歧和矛盾，对涉及行政、执法等领域的仲裁问题，本着协商原则共同努力解决。

推进司法职能优化，夯实法治建设根基。进一步顺应新形势和集成改革的需求，积极推进法制审核向乡镇延伸，司法所新增“对乡镇重大决策、规范性文件、重大合同的审查，对乡镇有关站所行政执法的指导和协调，对村（社区）依法治理的督促和指导”等职能，为规范辖区依法决策行为、行政执法行为、基层管理行为发挥了积极作用。

深化基层治理，促进社会和谐稳定。开江县夯实川渝边界人民调解基层工作基础，健全完善矛盾纠纷联防联调工作机制，与重庆市垫江县和梁平区签订了《边界矛盾纠纷联防联调协作协议》，加强调解领域合作，强化调解队伍共建。这些措施为成渝地区双城经济圈内的协同治理和一体化合作联防联控机制奠定了良好基础。

3. 坚持人才在改革中的支撑作用

强化高层次人才支撑。在高层次人才方面，创新人才“引”“用”“育”“留”工作机制，以千名硕博进达州（开江行动）为抓手，构建常态引进高层次人才的机制，把高层次人才充实到关系国计民生的科教文卫、农林牧渔等各个领域。县委坚持“不求所有，但为所用”的原则，与重庆、成都等地高校签署人才备忘合作制度；以校企合作为纽带，深化人才培养和交流制度；建成人才公寓，为更多的人才免去后顾之忧。

探索人才跨所有制交流。在人才使用上，适度推行岗编分离，充分利用编制改革，推行县管乡用，把优秀的人才通过交流锻炼的方式派驻基层进行专业技术指导和公共服务，打通党政、专业技术、企业管理等人才流动渠道，让全县的人才可以自由流动，让更多的青年人才在乡村振兴的实践中得到检验。

重视本土人才回引培养。开江县坚持营造各类人才人尽其用的环境，不仅注重高素质人才的引进，更重视本土籍各类专业人才的回引。回引的人才具有强烈的家乡情怀，更能适应本土环境发挥作用。近年来，在开江永兴镇回引了100余名优秀农民工，其中50%成为村级组织领导干部，另有80多人选择了发展产业，并成为当地的产业带头人。

积极引进行业专门人才。自乡村振兴战略实施以来，开江县积极引进招录急需紧缺专业人才和高校毕业生，吸引各类人才到乡村服务。积极兑现引进人才安家补助、岗位激励奖、人才公寓等相关待遇。围绕村集体经济和“稻田+”“果林+”等现代农业，加大农村实用人才实训基地建设力度，抓好对高素质农民、家庭农场经营者、农民合作社带头人、农村创新创业带头人、农村电商人才的培养。

注重创新创业技能人才的培训。截至2021年初，开江县通过整合行业部门专家、优秀企业家、外聘教授、创业专家等人才50余名，通过线上线下开展企业管理知识培训、提供就业指导，创办创业沙龙、创新创业选拔赛等活动，全力保障创新创业。据统计，累计开展各类技能培训35期，培训对象3000余人次。

4. 坚持新发展理念的指导原则

2020年，开江县充分利用集成改革政策红利，将原有的3.5万亩农业供给侧结构性改革试验示范区升级，不仅摘掉了“穷帽子”，而且高位统筹推进全面小康。开江县委、县政府积极对接国家战略，坚持以招商引资为抓手，以提升政务服务为保障，解决了2.3万余名贫困劳动力实现就业，

51 个贫困村全部退出，5.9 万建档立卡贫困人口全部脱贫，区域性贫困问题得到历史性解决，高质量通过全省脱贫攻坚工作成效考核，为万达开区域全面推进脱贫攻坚与乡村振兴有效衔接提供了县域实践和探索方案。

坚持科学发展模式。党的十九大做出乡村振兴的部署，明确提出实施乡村振兴战略，要坚持农业农村优先发展，按照产业兴旺、生态宜居、乡风文明、治理有效、生活富裕的总要求发展乡村。开江县作为传统的农业县，坚持科学发展、绿色发展，始终坚持优势产业不动摇，以农业产业优势助力乡村治理和农业现代化，突出区域协同发展主导，贯穿特色产业培育主线，激发内生发展动能，全面纵深推进改革，形成了全域抓改革、改革管全域的良好改革模式。

践行绿色发展理念。“绿水青山就是金山银山。”开江县通过发展生态农业，不仅提高了人民群众的收入，而且改善了人居和投资环境，带动了乡村旅游产业发展，提升了基层治理能力，这也成为开江县集成改革的一大亮点。开江县科学编制了乡村振兴示范区建设和争创乡村振兴先进县实施方案，建成面积为 2 万亩的乡村振兴示范区，14 个乡镇污水处理厂及配套管网建设也基本完工。长江经济带生态环境问题得以整改深入推进，河湖水污染治理成效明显，全县大气环境质量达标率为 95%，城乡集中式饮用水水源地水质达标率为 100%。

注重基层治理能力的提升。在多项改革推动下，开江县政治、经济、社会、生态都发生了重大变化，全县上下以积极心态拥抱改革，一致希冀通过努力改变落后的县域面貌，而且以集成改革推动其他领域的高质量发展，使基层治理能力持续提升，“智慧公共法律服务平台”全面推广，建立村级公共法律服务工作室 162 个，行政村“雪光工程”覆监率达 80%。长岭镇中山坪村获评第八批全国民主法治示范村，回龙镇锁口庙村获评第六届全国文明村镇，任市镇竹溪村获评四川省首批乡村治理示范村，这些实践无不体现着治理效果。

探索以农带工、以农促旅的开江模式。为进一步解决集成改革质量不优、集成效率不高的问题，开江县举全县之力实施有效的农业集成改革，把农业供给侧结构性改革成果与农业集成改革相融合，充分利用招商引资项目，依托先进企业打造出了优质的田园景观。“稻田 +”提供了农业文化创意的主题，打造出了“稻田 +”乡村嘉年华、二十四节气、田园迪士尼、“天下第一锄”“天下第一担”等“稻田 +”景观，配套建设创客空间、体验餐厅、生态培训中心、民宿大院、民俗客栈，并以此为基础举办了多届抓鱼钓虾节、大闸蟹小龙虾啤酒美食节，使得“稻田 +”品牌进一步扩大到万达开地区，文农旅融合得到极大丰富发展，第三产业收入逐年提升，形成了产业发展的比较优势。

（二）重要启示

1. 必须深化对“集成”改革系统论的认识

党的十八大以来，以习近平同志为核心的党中央带领中国进入了新时代，开启了社会主义现代化新征程。习近平总书记多次强调，要以全局观念和系统思维谋划改革，增强改革的系统性、整体性、协同性。县域作为相对独立的一个单元，在整个国家行政系统中具有重要的基础作用，自2020 年四川省确定首批集成改革试点县以来，开江县在推进改革过程中，也历过从对集成这一概念的不了解到熟练运用的过程。在县委、县政府高度重视下，在县改革办的大力推动之下，集成改革成为行政事务中首要具备的思维方式，一些改革动力不足、因循守旧、缩手缩脚的部门和干部受到了批评，大胆干事、积极做事、创新突破的干部受到表扬，在一年多的努力下，集成改革思维已经基本具备，对集成改革的认知也深入了基层一线，村社干部都明白集成改革是一种新的系统的改革方法论。

2. 必须坚持法治是先试先行的保障定位

开江县入选县域集成改革试点以来，法治部门认真贯彻落实全面深化改革的决策部署，强化法治保障、深化“放管服”改革、健全法律服务体系、优化司法所职能、加强基层治理，多措并举推动县域集成改革试点工作落地落实，确保集成改革探索中有法可依、有法必依，让法治成为集成改革的有力保障。通过完善示范区与毗邻地区的法治体系建设，积极探索法治实践，初步形成了基本的联防联控机制，与周边川渝地区的法治合作打下了基础，为探索一体化推进双城经济圈基层治理模式提供了经验参考。

3. 必须发挥好人才在集成改革中的重要支撑作用

经济发展的主要动力在人，因此选用好人才是改革发展的头等大事，不拘一格是开江县选贤任能的重要经验。重能力不重身份的思路，不仅让开江县在人事制度的改革创新上取得了成效，而且随着人才的流入，产业发展和居民素质都有了很大的改善。产业的发展有了人才保障，经济的发展动能不断增强，人才与经济发展相互促进的良性循环正在形成。针对引人难、留人难的问题，开江县积极实施人才回乡政策，通过感情留人、家庭留人和事业留人，以改革的政策优势化不利为有利，解决了本土人才不足对改革的制约，使得人才成为改革重要的支撑力量。

4. 必须秉持以高质量发展为前提的价值判断

改革进入新时代，人民群众对高质量发展的需求成为第一需要。实践证明，改革虽没有统一标准，但任何时候都要坚持以发展为前提的改革判断标准。开江县在探索县域集成改革的过程中，始终坚持把高质量发展作为第一要务，不以牺牲长远利益换取短暂的经济发展，始终秉持创新发展、协调发展、绿色发展、开放发展和共享发展理念，始终坚持把解决民生问题作为突破口，积极践行习近平新时代中国特色社会主义思想。在新发展理念的指引下，开江县顶住了近年来的经济下行态势，区域治理和招商引资走在了全市的前列，改革探索走在了区域前列，人民对城市发展的满意度和政府治理的满意度得到了根本提升，为早日建成成渝地区双城经济圈和万达开统筹发展示范区提供了县域高质量发展的范例。

参考文献

[1] 习近平：习近平谈治国理政 第三卷［M］. 北京：外文出版社，2020.

[2] 习近平 . 发挥改革在构建新发展格局中关键作用［N］. 人民日报海外版，2021-02-20.

[3] 开江县推动县域集成改革落地落实［N］. 达州日报，2020-10-15.

[4] 保持锐意创新勇气蓬勃向上朝气　加强深化改革开放措施系统集成［J］. 紫光阁，2016（4）.

[5] 李鑫丹 . 集成改革生根发芽，开江县域焕发新机［EB/OL］.［2020-11-23］.http：//www.kjwww.cn/jrkj/2020/1123/25937.html.

[6] 董李锋 . 县域集成改革与治理现代化研究：以江苏省江阴市集成改革为例［J］. 成都行政学院学报，2019（5）.

[7] 仲剑 . 集成改革：让县域改革落地生根：江阴集成改革试点的实践探索及启示［J］. 群众，2019（3）.

课题指导： 中共四川省委党校（四川行政学院）　曹　静

编写单位： 中共达州市委党校（达州行政学院、达州市社会主义学院、巴山红军学院）

研究团队： 罗金泉　奥亚锋　薛宗保　林君旎　杨海英　王栎曦　蒋明远　蒲小勇

打造成渝地区高品质康养宜居地的雅安实践

一、导语

中央财经委员会第六次会议提出，要推动成渝地区双城经济圈建设，使成渝地区成为具有全国影响力的重要经济中心、科技创新中心、改革开放高地、高品质生活宜居地。四川省委十一届七次全会明确提出，要支持雅安建设成渝地区大数据产业基地和成都都市圈重要功能协作基地。雅安市围绕成渝地区双城经济圈“两中心两地”支撑性定位和省委赋予的重要使命，认真谋划投入成渝地区双城经济圈建设的具体路径，提出建设成渝地区高品质康养宜居地。

习近平总书记对雅安作出“雅安是长江上游重要的生态屏障”“生态优势是雅安最突出的优势”等重要指示，雅安市全面贯彻习近平总书记指示精神和“绿水青山就是金山银山”的发展理念，提出“建设全国绿色发展示范市”的奋斗目标。市委四届九次全会要求充分发挥雅安优势，建设成渝地区绿美生态高地、成渝地区大数据产业基地、成都都市圈重要功能协作基地、成渝地区高品质康养宜居地、川藏物资贸易集散地、成渝地区西向门户枢纽“五地一枢纽”。雅安利用得天独厚的生态气候条件和地理区位优势，通过推进健康“医养”、生态“游养”、运动“体养”、静心“禅养”、食疗“药养”等“五养”工程，推动大兴康养新城、海子山、桌山、十里梅香·茶源小镇等十大园区建设，奋力打造成渝地区高品质康养宜居地。

二、案例背景

雅安，生态宜人、气候温润，被称为“一座最滋润的城市”，有着“熊猫故乡”“天府之肺”的美誉。唱响“双城记”，建好“经济圈”，雅安的发力点是发挥资源优势，建设高品质康养宜居地。

（一）生态资源得天独厚

作为长江上游重要的生态屏障，雅安森林覆盖率达69%，居全省第一位。出境断面水质为国家Ⅱ类，空气质量常年位居全国、全省前列。年降雨量1800毫米，气候宜人、空气清新，生态优势明显。雅安是世界上第一只大熊猫的科学发现地、命名地和模式标本产地，也是世界茶文化发源地，以“红绿黑白”（红色文化、绿色生态、大熊猫）为代表的生态文化旅游资源为其主要特色。此外，雅安也是全国生态气候城市、全国森林旅游示范市、中国十大魅力城市、中国优秀旅游城市、国家生态文化旅游融合发展试验区、全国生态文明建设示范市。2020年发布的《康养蓝皮书：中国康养产业发展报告（2020）》中，雅安在全国康养20强市排名中位列第二。

在雅安，环境“滋润”。雅安年均气温在14℃—18℃，北部地区降水丰沛、南部地区光照充足，空气和水环境质量长期保持全国前列，被习近平总书记誉为“天府之肺”“动植物基因库”，适合常年养生居住。

在雅安，文化“滋润”。雅安是传说中女娲补天的地方，是成都平原通往藏区和彝区的民族走廊，素有“川西咽喉”“藏区门户”之称。雅雨、雅鱼、雅女的“三雅”文化浪漫独特，熊猫文化、茶文化、红色文化、西康文化交相辉映。

在雅安，生活“滋润”。雅安有绵延茶海绿道上的观光游客，有大渡河畔遍野的金果飘香，还有夹金山下藏歌的动人传唱。在这里，远离城市的喧嚣，回归田野的静谧，摆脱时间的束缚，寻觅生命的真谛。这里的一山一水，滋润着远方的客人。

（二）面临三大发展机遇

建设成渝地区高品质康养宜居地，雅安面临三大发展机遇。

一是战略机遇。新时代西部大开发、“一带一路”建设、长江经济带建设、成渝地区双城经济圈建设等多重国家战略在雅安交汇叠加，推动形成“四向拓展，全域开放”的发展格局。为积极投入成渝地区双城经济圈建设，雅安结合实际提出建设“五地一枢纽”目标任务，其中建设成渝地区高品质康养宜居地，与国家和四川对雅安的定位遥相呼应。

二是空间机遇。雅安是成渝地区双城经济圈中唯一与甘孜、阿坝、凉山三州接壤的城市，素有“藏区门户”“民族走廊”之称，是“东联成渝、西进康藏、南下攀西”的战略支点。川藏铁路成雅段的运营，结束了川西不通动车的历史，使雅安融入成都“一小时交通圈”，给雅安注入了新活力。川藏铁路雅安至林芝段动工建设，雅眉乐自城际铁路和成昆客专雅安至西昌段规划建设，进一步放大了雅安作为成都都市圈重要协作基地的功能，面对成渝地区双城经济圈 1 亿人口的广大市场，雅安正在全力将康养产业的规模和能级做大做强。

三是政策机遇。近年来，雅安以绿色发展示范市建设为统领，努力推动绿美生态建设、绿色产业发展、绿美城乡建设、绿色生活方式推广、绿色发展制度创新，经济社会发展取得重大成就。目前，雅安获得了成渝地区双城经济圈建设、川藏铁路雅安至林芝段开工建设和雅安经济开发区获批国家级经济技术开发区等政策红利；中共四川省委十一届七次全会明确提出要支持雅安建设成渝地区大数据产业基地和成都都市圈重要功能协作基地；中共雅安市委四届九次全会也提出到2035年要全面建成全国绿色发展示范市的远景目标。唱好“双城记”，融入“双城圈”，雅安应突出特色优势，主动服务国家战略，不断加快制度创新，推进宜居城市建设和经济社会高质量发展。

（三）塑造康养雅安品牌

雅安地处成渝短途旅行最佳通行半径之内，常年吸引着大批成渝地区游客避暑纳凉、度假休闲。据统计，在雅安接待的市外游客中，成渝地区游客占比约80%。当前，雅安正以建设国际生态康养城、国际熊猫城为引领，大力发展康养医养产业，强化品牌塑造，推动形成“五养”新格局，吸引更多人群到雅安养老、养生、养心。

为打好康养牌，雅安市科学编制了《雅安市康养产业发展规划（2020—2025年）》，结合各县区地域特色和产业基础，采用点、线、面相结合的形式，打造“一核两翼四廊多点”的康养产业空间布局；编制《雅安康养新城规划》，以大兴康养产业园、雅安市人民医院医养中心项目为重点，打造康体养老、休闲养生的健康之城。

融入双城经济圈，建设康养宜居地，雅安力争到2025年，居民健康水平达25%，居民心理健康素养水平达23%，2家以上医疗机构通过智慧医院二星测评，省级“互联网+医疗健康”示范市创建成功。国际生态康养城基本建成，健康服务业产值力争达到370亿元，让“成渝工作、雅安康养”成为新时尚。

三、典型案例

融入双城经济圈，雅安积极对接成渝，形成融入成渝地区的密集快速交通网络，助力成渝两地传统产业向外扩散。目前，雅安市以规划建设国际生态康养城为引领，以蒙顶山生态旅游康养产业园、海子山国际森林康养旅游度假区、夹金山国家级森林康养基地、龙苍沟国际森林康养度假产业园、石棉温泉阳光康养城等重大项目为支撑，积极发展覆盖全生命周期、全方位、全人群的康养产业链。

（一）启航：转变发展方式探索新路

雅安在全面深化改革的激流中，历经水电、木头、矿产“三头”经济的快速繁荣与嬗变。夹金山林业局有一群特殊的护林员，23 年如一日用绿色反哺大山，他们平均年龄近 50 岁。他们的父辈是当年响应国家号召进驻夹金山的第一代林业工作者，他们也从父辈手中接过了伐木的斧和锯，林业人和夹金山之间一段持续 30 年的爱恨故事由此开启。

提到夹金山，相信很多朋友并不陌生，它是红军长征翻越的第一座大雪山。1869 年，法国传教士阿尔芒·戴维神父正是在夹金山下第一次发现了大熊猫，这里森林资源极其丰富，盛产冷衫、云杉。20 世纪五六十年代，这里运出的枕木支持了宝成铁路和成昆铁路的建设。在公路还不发达的年代，伐木工人挥舞着斧锯、吼着号子，将一棵棵云杉送入青衣江顺流而下。20 世纪七八十年代，夹金山林业局木材年产量超 1.6 万立方米，年收入超 500 万元。

然而，采伐到后期，木材资源临近枯竭，采伐林越来越远，采伐成本越来越高，木材品质却越来越差，水土流失严重，河水经常是浑浊的，一年发生多次泥石流，冲毁道路、桥梁时有发生，面临着严重的资源和经济危机。

1996年，时任国务院副总理的朱镕基总理在视察攀西时发现四川许多地方水土流失严重，当时就要求请“森老虎”下山。四川率先启动“天保工程”，夹金山林业局是第一批实施天然林保护工程的单位之一。就这样，伐木工人放下斧头和油锯，实现了从“砍树人”到“植树人”“看树人”的转变。

55岁的冯云回忆，“天保工程”启动后，他每天和工友上山栽树，每人背三四十公斤的树苗，爬三四个小时；树坑深40厘米、直径40厘米，前后左右隔一米；每人栽完200株才能下山，手上全是血泡。佩戴“护林员证”和“森林管护”红袖标，有时在山里一待就是一天。“天保工程”实施后的第一年，夹金山林业局染绿5万亩荒山，青山回来了。“天保工程”实施20余年，宝兴县森林面积增加97万亩，森林蓄积增加566万立方米，森林总蓄积达1580万立方米，森林覆盖率提高了3.38%。

“绿水青山就是金山银山”，生态环境变好带动生态经济发展。林荫下，宝兴县中药材已扩展到14万亩，2020年农民人均从林业上获得的收入占总收入的1/3。宝兴县利用丰富的森林资源将夹金山打造为四川省研学旅行基地，推出红色夏令营、红色研学主题游等产品，推广“重走长征路、翻越夹金山”精品红色旅游线路，将雪山人家、戴维小镇、硗碛藏寨等旅居康养小镇（村寨）协作串联，与熊猫古城等国家AAAA级旅游景区关联互动，推动石雕、有机农产品、中药材康养基地特色产业深度融合，切实将生态康养旅游串点成线、连线成片，实现了红色资源与生态、康养之间的相互叠加、共融共生，为康养旅游发展带来了新的机遇。

20世纪90年代初，沐浴着神州大地改革开放的春风，荥经县迎来了发展的高峰，立足煤炭、花岗石等矿产资源和丰富的森林储量，荥经县经济呈井喷式增长，煤炭、花岗石、木头一度成为荥经县经济的支柱，成就了当时“荥老大”的领先地位。荥河镇烈士村党支部书记卢林回忆起多年前的光景：“那时，村里有10多个大大小小的煤窑，80%的村民都在从事采煤工作，还有好多小孩不想上学而去挖煤。”

烈士村坐落在荥经县北部，地处高山地带，因在当地剿匪中牺牲7名烈士而得名，具有深厚的红色文化基因。曾经，这里拥有丰富的煤矿资源，过去因开采煤矿，村民日子过得红火，但随着资源枯竭，淘汰落后产能，烈士村发展陷入了困境。

“挖煤挖得水都没了。”“人一咳嗽，吐出来的全是灰，村里不少人患上了尘肺病……”村民回忆说。面临环境污染、无特色产业、无村集体经济收入等问题，烈士村出路何在？

“挖掘红色文化，发展绿色产业。”荥经县委、县政府为这个因煤而兴的小村庄指明了新的发展方向。

如今春夏时节再到烈士村，尽收眼底的是一片生机盎然的绿，嗅到的是满山茶香果香，茶树翠绿欲滴，拳头大小的猕猴桃挂满枝头，辣椒、茄子、黄瓜、南瓜……长势喜人，到处是一派丰收的景象。“自从我们村开始发展康养旅游业后，慕名来家庭农场体验采摘的人越来越多了。”2015年回乡创业的刘贤洪在政府的帮扶下，开办起了烈士村首家家庭农场，种植了35亩茶、15亩猕猴桃，养了730头藏香猪……不少村民见他靠务农赚钱后，纷纷向其讨教经验。

此外，当地的红色文化也得到进一步开发。2021年，荥经县投入700余万元修建革命历史纪念馆，集革命教育、学员培训、参观展示等功能于一体，将实现红色文化与康养旅游完美融合，预计每年接待游客5万余人，可以给村里提供近百个劳动岗位。

如今，烈士村踏上红色旅游、绿色康养融合的转型之路，从靠山吃山到养山护山，从地下挖煤炭到地上“挖文化”，不仅甩掉了贫困村的帽子，守住了绿水青山，而且正向乡村振兴大步迈进。

（二）扬帆：开辟产学研用协同路径

2020年9月5日，雅安职业技术学院、重庆医药高等专科学校和成都市健康服务业商会等单位共同在雅安发起成立成渝地区双城经济圈大健康职业教育产教协同育人联盟，进一步深化校企合作、产教融合，推动大健康职业教育和产业高质量发展。“加入该联盟是希望在健康人才培养方面有更多合作交流，为康养产业发展提供更多人才支持。”重庆医药高等专科学校负责人说。联盟力争经过3—5年，成立多个切实服务大健康产业发展的协同创新中心，建设数十家特色化共享型实习实训基地，大力推进产教融合型企业的认定与申报，形成以教研促生产和以生产促教改的新局面。

2020年8月25日，川西残疾儿童康复中心在雅安职业技术学院附属医院挂牌成立。该中心开放床位200余张，内设康复评估及训练室、言语治疗室、感觉统合训练室等。“医院将通过川西残疾儿童康复中心的建设，努力让每一位需要救治的残疾儿童得到及时、有效、专业的康复治疗，让越来越多的残疾儿童得到救助。”雅安职业技术学院临床医学院党总支部负责人说。

此外，占地800平方米的川西听力语言康复中心，正在努力探索集“医、教、康、养”为一体的残疾人康复新模式，力争打造服务全市辐射“三州”的雅安残疾康复品牌。“立足雅安、辐射三州”是川西听力语言康复中心的定位。“以后将有更多患者在完成耳蜗手术后，直接在川西听力语言康复中心接受康复训练。”省听力语言康复中心相关负责人说。持续争取省级优质康复资源下沉，高水平、高标准推进“四川省听力语言康复中心雅安分中心”和“川西残疾儿童康复中心”的建设，助推雅安残疾人康复产业的发展。

“搓……搓……搓……”“噜……噜……噜……”，四川省听力语言康复中心雅安分中心听力语言康复室内，张老师用汽车、飞机、火车以及各种动物的声音来训练患儿燕燕的听力和语言能力。听到张老师发出不同的声音，燕燕按照声音从桌上拿起对应的玩具。每当燕燕回答正确时，张老师便给予鼓励的掌声。

张老师是省听力语言康复中心下派的专家，从事听力语言康复工作多年，具有丰富的临床经验和管理能力。“孩子不到3岁，去年4月做了耳蜗手术。”来自石棉的患儿燕燕，出生后多次听力筛查都没有过关，最后在雅安市人民医院确诊为听力残疾。

受新冠肺炎疫情影响，燕燕的母亲一直没有带燕燕到成都接受康复训练，直到雅安分中心成立，燕燕才开始接受正规的听力语言康复训练。“在这里康复训练不久，孩子就能够喊妈妈。”听到女儿喊出第一声“妈妈”，燕燕的母亲激动得泪流满面。这里的每一节课都严格执行国家标准，进行规范的康复训练。课堂上，许多经过训练的孩子已经可以和教师进行很好的沟通交流，临别时还不忘和教师挥手说“再见”。

雅安市人民医院自主研发的5G智慧移动脑卒中平台是全国唯一基于5G网络通信技术构建的移动脑卒中救治单元，不仅在卒中患者发病后第一时间接触到患者，实现急性卒中患者的病史采集、病情评估、医学检验、CT诊断、生命体征监测、静脉溶栓的“一站式”抢救，还可实现VR远程会诊实时指导院前车内静脉溶栓等卒中关键救治技术的实施，将卒中患者急救关键环节前移。有了该救治平台，所有检查都可以在平台上完成，节约患者大量的无效等待时间。实现了“上车即入院”，真正意义上赢得了急性卒中患者抢救的“黄金时间”。

无论是市人民医院医养中心项目、川西残疾儿童康复中心项目、川西听力语言康复中心项目，还是雅安市人民医院5G智慧移动脑卒中平台，均是将雅安打造成成渝地区高品质康养宜居地的有力支撑。

（三）破浪：全域康养共享发展红利

雅安谋划全域康养，重点发展以熊猫科考、茶马古道、凤鸣诗歌、红色革命为代表的文化康养；以周公山、石棉草科为代表的温泉疗养；以蒙顶山、海子山、王岗坪为代表的生态康养；以花海果香、至美茶园为代表的田园康养。其中，位于雅安芦山县飞仙关镇凤禾村禾茂组的“川西药谷·禾茂田园”是“生态游养＋食疗药养”的发展典范。

“禾茂”因禾苗生长于斯，茂密异常而得名。这里依山傍水、气候温润、土地肥沃、生态宜居，是中药材生长的绝佳之地。从雅安市区出发，驱车30分钟抵达禾茂田园。临近禾茂组，道路两旁人声嘈杂，村民一早起来将田园里被雨露浸润过的瓜果蔬菜采摘下来，整整齐齐地摆放在路边静待游客挑选。及至禾茂田园，游客三两成群，或徒步，或骑车，畅游在一望无际的“绿海”，享受着田园的风光和清脆的鸟鸣。此外，更有远近闻名的“田园柴火鸡”让游客一饱口福，走进改造一新的农家小院，七八个农村土灶，柴火微炖，香味扑鼻。

时间回拨，禾茂过去给人的印象是闭塞和贫穷，是人们口中的“死角地”，当地有“有女不嫁禾茂坝”的说法。俯视禾茂坝，一条大河横亘村口，隔断要津，禾茂仅靠摆渡船与外界相连，通行十分不便。直到20世纪80年代才修建了第一座铁索桥，但索桥只能渡人不能驱车，村民建造房屋，一砖一瓦均靠肩挑背扛；有的村民买了小汽车，却只能停在河对岸，步行进村。闭塞的交通一度让这里成为“隐秘的村落”。之后的变化，源于国道351线的建成通车。

作为“4·20”芦山地震灾后重建的重点工程之一，国道351线穿禾茂组而过，天堑变通途，曾经的交通“死角地”摇身一变成为交通“联接点”。现在的禾茂，距离雅安市区30分钟，距离芦山县城仅10分钟，距离雅康高速仅5分钟，同时还是雅安到宝兴的必经之路。禾茂的命运因交通而彻底改变，曾经的“万人嫌”成了投资的“香饽饽”。

2019年，芦山县实施“归雁工程”，着力吸引优秀外出务工人员回乡创业，昔日的“候鸟”成为农村脱贫攻坚、乡村振兴的排头兵，其中就有优秀农民工宋志文。在外打拼多年的芦山大川镇人宋志文早有回乡创业的念头，一次返乡座谈会彻底坚定了他的信心。会上，一系列发展规划和优惠政策打动了他的心，“不管是对家乡振兴，还是个人发展，这都是个机会”。

天时、地利、人和一应俱全，怎么发展就成为摆在决策者面前的首要问题，县里有关部门多次开会讨论，讨论的结果还是打“中药材种植”这张牌。宋志文出生的芦山县大川镇一直有种植中药材的传统，他从小耳濡目染，对各种中药材十分熟悉。而且禾茂的自然环境天然适合种植中药材，二者不谋而合。2019 年 3 月，规划面积 1200 亩，总投资 7500 万元的“川西药谷 · 禾茂田园”乡村振兴示范点启动建设。

然而，好事总是多磨，项目建设之初即遭遇难题。虽然投资方十分看好项目前景，欲赶快撸起袖子大干一把，但禾茂组村民的态度却给工程泼了一盆冷水，可谓“一半是火焰，一半是海水”，项目被迫延期。症结所在，源于此前的土地流转均以失败告终，曾有外地投资人在这里承包土地发展种植业，但到最后多是土地撂荒、投资人离开，村民权益受损。因此，不少村民的积极性遭受打击，对外来投资态度变冷，不同意流转土地。基于此，芦山县政府开始思考治理转型，在乡村振兴中推出三治融合的“1 +8”基层微治理的新模式，村民由被动接受治理转为主动拥抱治理，禾茂组亦成立了自管委，大家的事大家商量着办，土地转不转、怎么转，均由村民自己决定。经多次召开村民会议，一一听取并答复村民关于土地流转、项目规划和土地整理的意见，排除了村民的担忧和顾虑。此外，项目建设兼顾了村民、集体和投资方三者利益，通过将资源变资产，将资金变股金，将农民变股东，村民的抵触情绪逐渐消逝，大家开始同意土地流转。标准化建设的 600 亩中药材种植基地，30 亩葡萄采摘园和雅安市唯一的高密度、零排放、零污染、零换水的生态农业内循环种养基地迅速建成。

然而，中药材的种植规律是生长周期长、效益慢，长期的投入至少要

4—5 年才能见收益。在此期间，为了增收，禾茂田园开始谋划第三产业，通过新建、改建民宿，打造特色农家乐，开发蝴蝶馆、百草园、三味书屋、竹林咖啡和田园小火车、登山步游道等发展生态“游养”；通过开发中医养生馆、中药展示馆和中药体验馆以及中药科普基地，建立了“药学、药研、药旅、药养”的全链条康养旅游产业。

踏足禾茂田园的现代农业园，遍种的金银花、马蓝、黄栀子、佛手柑、人参果、玫瑰等中药材让人眼花缭乱；中药科普基地里，天全、芦山、宝兴等地的中药材密密麻麻。在这里，游客不仅可以接受食疗“药养”，还可以亲自动手体验药材加工和制作。

2019 年以来，当地共计 200 余名村民在禾茂田园就业，季节性临时用工达 8000 余人次，接待市内外游客近百万人次。间接带动村民增收，人均可支配收入达 15000 余元。凤禾村先后被评为全国民主法治示范村、省级乡村振兴示范村，“川西药谷 · 禾茂田园”被评为省级中医药健康旅游示范基地。过去的交通“死角地”率先吹响了乡村振兴、全域康养的冲锋号。

（四）奋进：多态融合提升协调动力

近年来，雅安围绕健康“医养”、生态“游养”、运动“体养”、静心“禅养”、食疗“药养”等“五养”业态布局，全域构建资源有机整合、功能优势互补的辐射式多业态康养产业空间布局。

围绕健康医养，打造“医养 +”服务链。作为雅安市首家医养结合试点单位，雅安市人民医院率先实行“医养 +”服务模式。2017 年 11 月，位于大兴片区的雅安市人民医院第二院区医养中心投入运营。一天，医养中心的“小丑医生”来到雨城区雅云幼儿园，开展防疫宣传知识进校园活动。打扮奇怪、动作滑稽的“小丑医生”不仅引人注目，而且在宣传中通过将疫情防控知识与游戏相结合，起到了寓教于乐的效果。2021 年，这群不太像医生的“医生”，将搬进一个不太像医院的医院——川西医养中心。

川西医养中心分为左、右两栋塔楼，左边是内科大楼，右边是医养大楼，并由三层裙楼连为一体，独立又不分离。内科大楼共计 18 层，床位 700 张；医养大楼共计 12 层，床位 270 张。医养大楼的第四层为架空层，为在此康养的老人提供 4000 余平方米的休闲空间，空间内电影院、健身房、KTV 一应俱全。而 4 层以上，则需持门禁卡进入，以确保“家”的私密性和安全性。

围绕静心禅养，打造“禅养 +”文化链。以茶文化为代表的“禅养”是“康养”的重要组成部分。中国藏茶在雅安，走进位于雅安市雨城区大兴街道的中国藏茶博物馆，藏茶的清香扑面而来，黑茶砖块以及由黑茶制成的精美工艺品被整整齐齐地陈列于玻璃橱窗内，静静地传播着藏茶的历史文化。藏茶是茶马古道上藏茶文化和西康文化等文化元素的集中体现，“宁可三日无粮，不可一日无茶”，“一日不饮茶则滞，数日不饮茶则病”既是藏族同胞对藏茶的肯定，也是对藏茶的喜爱。

具有 474 年不间断制茶历史的雅安茶厂，是历史最悠久的藏茶生产企业，目前已形成藏茶珍品、藏茶情缘、藏茶印象、藏茶密码、藏茶知道、藏茶天成等项目。此外，中国藏茶文化综合体将以“南丝绸之路 · 茶马古道”为背景，整体打造集研发、制定、监测，涵盖以文化传承、文化旅游和藏茶体验为一体的藏茶工业文化新地标。

围绕生态游养，打造“游养 +”观光链。沿着京昆高速雅安段一路向南，穿过泥巴山隧道便能敲开一座“阳光城”的大门。被誉为“攀西阳光第一城”的汉源，日照时数 1470 小时，年均气温 18℃，白天可以拥抱阳光蓝天，夜晚可以仰望静谧星空。驱车行驶期间，不得不让人放慢车速，一览西南最大的人工湖——汉源湖，烟波浩渺，把汉源县城半拥入怀，若乘游艇而行，则湖光山色尽收眼底。再一望，漫山遍野下着“六月的雪”——被誉为“套袋黑珍珠”的汉源高山车厘子极其稀有，饱满果径可达28—32毫米，果子的甜度可达到25°。每年5月，当地果农就开始为车厘子“穿上外衣”，既能防止鸟儿啄食，更能阻挡农药残留，满眼望去仿佛是六月的雪。

近年来，汉源县依托山水、花果、阳光等独特资源优势，打响“阳光花海、康养圣地”的名片，坚持“游养+”的发展理念，高标准打造美景、美宿、美食、美购、美玩，成功推出古路村观光索道、百里花果长廊等一系列“网红”打卡地，生态康养产业蓄势待发。

围绕运动体养，打造“体养+”生态链。2020年11月11日，“骑遍四川·环茶马古道雅安（国际）公路自行车赛”在雅安市名山区正式鸣枪，该赛事是由四川主办的首个自行车多日赛，参赛队员走进名山、汉源、荥经、芦山、雨城5个区县，沿着川藏茶马古道千年文化脉络，探寻熊猫故乡的历史传奇。其中，名山赛段在“中国至美茶园绿道”进行，该绿道是将名山生态茶园、湿地湖泊等自然景观和茶庄果园、新村公园等文化节点串联起来打造的一条特色旅游线路，参赛选手不仅能一展风采，更能大饱眼福。赛事场地成为雅安市民周末自行车骑游的好去处。

无独有偶，2021雅安荥经龙苍沟森林半程马拉松赛于5月30日在荥经开跑，选手不仅在负氧离子最高的地方奔跑，更是踏上先辈的足迹领略红色历史的魅力。近年来，雅安践行运动体养的理念，打造“体养+”生态链，此类赛事活动越来越多，在众多赛事带动下，广大市民的健身意识不断增强，雅安运动体养可谓迈上了新台阶。

四、实施效果

近年来，雅安市围绕“养”字做文章，将康养新城作为典型的“开篇作”，高屋建瓴地谋划康养工作，融合发展加快推动十大康养园区建设，示范创建带动多方合作，积极发展中医药及大健康产业，创新思路探索

"互联网+大数据+医养"发展模式，不断擦亮雅安康养招牌，一座抬头能见山、低头可见水、满眼皆是绿的文旅康养圣地、宜居宜业城市正在崛起。

（一）硬件突破：园区建设道路先行

作为康养新城第一期项目的梧桐路，全长仅917米，虽看似短却意义非凡。向东与银杏路相连，向南通过梧桐西路与南外环线东段相连，形成贯穿二台地区域的主干交通网。

依托二台地山水地形打造具有一定弧度和坡度的道路，突出"慢"和"静"，正契合康养的定位。"通经活络"、崛地而起，雅安康养产业园正以康养为核心，依托优良的生态资源，构建多养合一的康养产业生态圈，并形成健康管理、运动游乐、田园社区和文化美食4个主要业态功能区，打造川西康养旅居目的地、雅安休闲度假新客厅。产业园规划用地面积1863.9亩，估算总投资39.23亿元。

（二）机制创新：新机制撬动大健康

雅安市通过终端设备整合居民健康档案、电子病历等与健康相关的数据，构建起四级医养体系，实现资源共享、即时照护、远程监管、远程探视，形成医生、护士、护理员、社会工作者和医疗机构、养老机构管理部门等多个主体联合行动全方位的智慧养老服务链，满足全市老年人综合性养老服务需求。

一是组建医养联盟，构建"医养+服务"工作链。雅安通过组建医养联盟，成立"医养结合专委会"，推进以社区为依托、以养老机构为补充、以市人民医院医养中心为纽带的"医养+服务"新机制，围绕健康教育、预防保健、疾病诊治、康复护理、运动社交、精神慰藉、长期照护、安宁疗护、临终关怀等多个环节，健全"治疗—康复—长期护理"服务链，努力为老年人提供全方位的健康服务。此外，同步拓展全科医生（团队）养老签约服务，给全市 17.77 万名 65 岁以上老年人建立健康档案，给失能、半失能等特殊老年人定制差异化慢性病防治、定点医院转诊治疗、康复训练等服务，并提供常态化巡诊服务。

二是坚持医防结合，构建“医养 + 中医药”产业链。雅安立足中医药产业基础，以四川农业大学、成都中医药大学等高校资源为支撑，成立中医药及大健康产业领导小组，全力实施中医“治未病”健康工程，市、县（区）中医医院均设置“治未病”中心，推进以“治病为中心”向以“健康为中心”转变。此外，同步打造建设“健康雅安、生态药城”。2020 年 12 月，宝兴县大园包中药材种植园成功创建四川省首批中医药健康旅游示范基地，启动天全中医骨伤康养园区建设，助推医养结合向养心、养生、康复等大健康产业多元化发展。

三是围绕提升效能，构建“医养 + 互联网”智慧链。雅安市构建“智慧康养”新机制，由雅安市人民医院牵头建立雅安健康大数据中心，投入 100 余万元着力打造全市医养智慧平台。通过数据上传，在线分析老年人身体状况，为托养老年人提供更贴心、更舒心、更放心的美好生活。

（三）格局塑造：五养格局基本形成

雅安结合得天独厚的生态气候条件和地理区位优势，正在倾力打造川西医疗高地、川西健康净地、川西康养胜地和成渝双城经济圈高品质康养宜居地，致力于康养产业强市建设。健康“医养”、生态“游养”、运动“体养”、静心“禅养”、食疗“药养”五养格局基本形成。

一是健康“医养”深度融合。围绕川西医养中心打造川西医养健康城，加快布局一批高端医养机构。

二是生态“游养”多姿多彩。依托良好的生态，建成 1 个 AAAAA 级景区、21 个 AAAA 级景区，重点发展文化旅游、生态养生旅游、田园风光游。

三是运动“体养”强势突破。强化“体育+康养”模式，与四川体育产业集团有限公司、四川金强集团有限公司合作打造四川首个体育产业创新试验园区。积极发展竞技体育，推动赛事经济发展。

四是静心“禅养”稳步推进。将禅茶文化、佛教文化与高端康养相结合，积极开发禅茶庄、道医馆等项目，发展以道、佛经典学习等为核心的静养静休业态，打造养身养眼养心目的地。

五是食疗“药养”特色显现。雅安市系全国首个绿色有机农业示范区，有400多种特色农产品，茶、果蔬、果药3条百公里百万亩产业带形成强大带动辐射效应，名山茶文化康养旅游、汉源花果康养旅游等逐渐成熟。

五、经验启示

（一）典型做法

积极投入成渝地区双城经济圈建设，推动绿色发展在全省、全国示范先行是雅安的使命，也是雅安全市上下的共同责任，要持续用力、狠抓落实，加快推进多业态融合发展，全域打造高品质的宜居、宜游、宜养城市，打造绿色发展示范市建设的新亮点、新动能。在实践中，雅安实践具有以下几个方面的典型的做法。

1. 坚持党的领导，绿色发展融入康养

一是政策引领促布局。雅安市委四届三次、四次全会吹响了大力发展康养产业的集结号，雅安在前期成立以市政府主要领导为组长的医养结合领导小组基础上，构建了政府主导、部门协同、社会参与大机制大格局，围绕“一核两翼”市域发展新格局，高位布局川西医养健康城服务体系。市委、市政府先后出台《雅安市国家级医养结合试点市建设实施意见》《雅安市加快推进医养结合发展若干规定（试行）》《“健康雅安2030”规划纲要》等一系列政策文件，明确土地支持、税费优惠减免、财政保障等系列支持政策。二是区位优势促破题。立足雅安地处环成都经济圈，投入2.2亿元在全市遴选3个县（区）、7个单位率先开展示范创建活动，充分发挥示范单位引领作用，以点带面助力“康养雅安”破题。通过媒体营销、活动营销、会议营销等多种方式推介宣传，提升“康养雅安”品牌效应。三是开放合作促发展。拓展健康领域对外交往空间、丰富载体、夯实内容，积极融入全国、全省战略布局，全方位、多层次开展交流合作，雅安市政府分别与省卫生健康委、省中医药管理局签订《推进医养产业快速发展战略合作备忘录》《关于建设健康雅安推进雅安中医药强市建设战略合作备忘录》。

2. 坚持规划优先，康养新城应运而生

雅安市坚持规划优先，以雅安康养产业园、市人民医院医养中心项目建设为重点，布局了高端康养区、医疗康养区、医药康养区、食疗康养区“四区”，围绕医、药、养、食、游等重点领域，推动医疗、养老、养生、文化、旅游等多业态深度融合发展，完善全方位、全周期康养产业链条。

按照这个思路，总投资160多亿元的30个项目正稳步推进。其中，市人民医院儿科大楼、全科医生临床培养基地、市精神病医院迁建，食疗康养区雅安茶厂工业旅游、吉祥茶厂工业旅游、茶祖广场等18个项目已经完成，雅安康养产业园、川西医养中心、华润三九（雅安）医药产业园等项目正在如火如荼地建设中。

3. 坚持贯彻落实，康养蓝图一绘到底

一是着力打造“医养+旅游”新模式。立足雅安“熊猫家园”“世界茶之源”响亮名片和全国生态气候城市、国家级生态示范区、国家生态文化旅游融合发展试验区、全国生态文明先行示范区的突出优势，着力培育温泉康疗、森林康养、阳光康养、避暑养生、健康膳食、乡村休闲度假等康旅融合发展新业态，推进周公山文化旅游康养产业园区、蒙顶山生态旅游康养产业园、汉源湖阳光康养度假区、雨城区北线旅游康养项目建设。二是着力打造“医养+森林康养”新模式。立足雅安是长江上游重要水源涵养区和重要生态屏障的组成部分，是国家退耕还林、天然林保护示范区和居全省首位森林覆盖率的资源禀赋，打造“医养+森林康养”新模式。目前，经省林业厅认定的“森林康养基地”有18个、“森林人家”56家、“四川省级森林康养人家”91家。三是着力打造“医养+体育”新模式。依托雅安优质体育场馆条件，着力构建雅安市国民体质监测与科学健身指导服务体系，推动形成“医养+体育”疾病管理与健康服务模式，为广大群众参与健身活动提供技术指导和数据支撑。同步做好健身休闲服务体系建设项目，正在创建2个省级山地户外运动基地（营地）、1个省级冰雪运动基地，打造5个市级国民休闲运动中心（基地）。

4. 坚持市场导向，增加优质产品供给

雅安背靠成渝地区上亿人口的大市场，且处于成渝短途游的最佳通行半径，常年吸引着大批成渝等地游客前来纳凉避暑、度假休闲。雅安建设高品质康养宜居地虽具有广阔的市场前景，但也要看到市场竞争的激烈态势。当前，各地纷纷打“康养”这张牌，如何让领先一步的优势继续快人一拍、相似资源实现人有我优，关键出路在于培树自己的品牌，在成渝地区乃至更大范围内打造鲜明的产业标识，形成具有核心竞争力的品牌效应。要以建设国际生态康养城、国际熊猫城为引领，大力发展康养医养产业和以大熊猫文化为核心的生态文化旅游业，增加优质产品供给，吸引更多人群到雅安养老、养生、养心；更要强化品牌塑造，积极融入成渝地区双城经济圈川西区域“康养示范市”“创新发展示范区”“健康养老示范区”等规划定位，加大宣传和推介力度，扩大雅安康养产业影响力。

5. 坚持发展为民，提升群众幸福安全感

雅安建设康养新城，是为了给市民打造一个既能娱乐休闲又能“医养”“药养”的高端空间。今后，青衣江畔会形成一整片绿化带，“康养新城”将是一个充满绿色、环境优美的场所。2019 年 11 月，习近平总书记在上海考察调研时针对城市建设指出：“无论是城市规划还是城市建设，无论是新城区建设还是老城区改造，都要坚持以人民为中心，聚焦人民群众的需求，合理安排生产、生活、生态空间，走内涵式、集约型、绿色化的高质量发展路子，努力创造宜业、宜居、宜乐、宜游的良好环境，让人民有更多获得感，为人民创造更加幸福的美好生活。”这一重要论述，深刻揭示了新时代我国城市建设的宗旨、主体、重心、目标，深刻阐明了我国城市建设的方向。

打造成渝地区高品质康养宜居地的主体是人民。人民是历史的创造者，只要有人民的支持和参与，就没有克服不了的困难，就没有越不过去的坎，就没有完成不了的任务。在打造成渝地区高品质康养宜居地的过程中，要充分发挥人民群众的主体作用，调动人民群众的积极性、主动性、创造性，发扬人民群众的首创精神，尊重人民群众对发展决策的知情权、参与权、表达权、监督权，鼓励人民群众通过各种方式参与打造成渝地区高品质康养宜居地的建设和管理，真正实现共治共管、共建共享。

6. 坚持协同发展，积极主动融入成渝

随着成渝地区双城经济圈建设重大战略的加快实施，雅安建设成渝地区康养宜居地要抓住机遇，携手成渝两地大力推进生态环保、生态治理，充分发挥 1 +1 +1 >3 的作用，走出一条经济发展与生态保护良性互动的路子。要自觉把雅安放到全国、全省战略大局中去谋划推进，更加主动推进雅安生态优势转化，探索更多绿色发展路径，为成渝地区乃至全国绿色发展提供更多可复制、可推广的经验。要聚焦“融合”多思考、多谋划，做实发展之功，走实融合之路，以大融合促进大产业，加速雅安融入成渝地区双城经济圈建设，推动两地同发展共繁荣。要发挥比较优势，把自身优势转化成发展动能，走出一条互相促进、优势互补、共同发展、特色鲜明的区域性协同发展新路子。

建设成渝地区高品质宜居地既是一项系统工程，也是一项事关成渝乃至西部地区长远发展的综合性工程。只有把握先机，加强顶层设计，注重统筹协调，牢固树立一体化发展理念，突出重点、补齐短板，采取切实可行的政策和举措，做到统一谋划、一体部署、相互协作、共同推进，就一定能为打造成渝乃至西部地区高质量发展的重要增长极贡献雅安智慧、雅安力量，推动“雅渝互动”，把国家战略转化成发展实效，一起唱好“双城记”，建好“经济圈”。

（二）有益启示

成渝地区高品质康养宜居地建设是一项系统工程，涵盖诸多业态和领域，雅安实践有以下几个方面的启示。

1. 必须坚持党的全面领导

坚持党的全面领导，是国家和民族兴旺发达的根本所在，是全国各族人民幸福安康的根本所在。只有加强党中央集中统一领导，才能有效总揽全局、协调各方，形成推动经济社会发展的强大合力。当前，经济社会发展面临极其复杂的国际形势，要破解许多难题会面临一系列风险挑战。越是这样，就越离不开中国共产党这个指引方向的指南针、凝心聚力的主心骨、社会稳定的压舱石，就越要坚持和加强党的全面领导。

2. 必须坚持以人民为中心

坚持以人民为中心，是新时代坚持和发展中国特色社会主义的根本立场。成渝地区高品质康养宜居地归根结底是人民的高品质康养宜居地，人民对美好生活的向往，就是城市建设与治理的方向。在打造成渝地区高品质康养宜居地的过程中，必须坚持以人民为中心的发展思想，明确高品质康养宜居地属于人民、发展为了人民、治理依靠人民的理念，全心全意为人民群众创造更加幸福的美好生活。

3. 必须坚持规划优先

思深方益远，谋定而后动。编制和实施中长期规划是我们党治国理政、领导经济社会发展的一种重要方式。推动建设成渝地区高品质康养宜居地，首要的是科学规划。规划先行有利于提高贯彻新发展理念、构建新发展格局能力和水平，有利于引导全社会汇聚共识、凝聚力量，推动经济社会发展不断取得新的更大成就。

4. 必须坚持市场导向

建设成渝地区高品质康养宜居地，要尊重市场规律，坚持市场导向，吸引更多企业参与建设成渝地区高品质康养宜居地。绝不能仅靠政府力量强制推行，这种方式是缺乏智慧且低效的，也容易搞成政绩工程、形象工程。政府的主要作用在于规划、引导、整合资源、开放信息、搭建平台。

5. 必须坚持协调发展

“五大发展理念”把协调发展放在我国发展全局的重要位置，坚持统筹兼顾、综合平衡，正确处理发展中的重大关系，补齐短板、缩小差距，努力推动形成各区域各领域欣欣向荣、全面发展的景象。建设成渝地区高品质康养宜居地是一个整体、一个系统，需要各方面、各环节、各因素协调联动。协调的范围是整体，协调的方式是发挥整体效能，协调的目的是增强发展的整体性。以协调发展理念引领经济社会发展，必须增强大局意识、协同意识、补短意识，把协调发展贯穿发展的各方面、全过程，让协调出动力、出合力、出生产力。

总之，结合得天独厚的生态气候条件和地理区位优势，雅安打造川西医疗高地、川西健康净地、川西康养胜地和成渝双城经济圈高品质康养宜居地已经呈现良好的态势。在党的坚强领导下，在社会群众的广泛参与中，在成渝地区双城经济圈建设的政策支持下，雅安成渝地区高品质康养宜居地的建设目标一定能够实现！

参考文献

[1] 何莽．中国康养产业发展报告（2019）[M]．北京：社会科学出版社，2020.

[2] 毛晓莉，薛群慧．国外健康旅游发展进程研究 [J]．学术探索，2012（11）.

[3] 周义龙．海南医疗养生旅游发展模式选择 [J]．开放导报，2016（2）.

[4] 任宣羽．康养旅游：内涵解析与发展路径 [J]．旅游学刊，2016，31（11）.

[5] 张杰，朱珺．攀枝花智慧城市背景下“智慧康”发展路径研究 [J]．攀枝花学院学报，2018（6）.

[6] 房红，顾福珍．“成渝地区双城经济圈”建设背景下四川省康养产业发展对策研究 [J]．商业经济，2020（12）.

[7] 阎萍．异地养老市场分析及对策建议 [J]．市场与人口分析，2006（3）.

课题指导：中共四川省委党校（四川行政学院） 曹 静

编写单位：中共雅安市委党校（雅安行政学院）

研究团队：杨满康 潘 雷 杨林凯 包 恒 周 珣

眉山天府新区以区域协同为突破，打造开放发展“新引擎”

一、导语

之所以选择本案例，是因为研究对象眉山天府新区地处眉山市边缘地带、接壤成都，在获批为国家级新区后，特别是国家部署成渝地区双城经济圈建设后，紧扣发展定位，充分利用政策、区位优势，与天府新区成都直管区、重庆两江新区等实施跨区域协同，统筹推进管理体制机制变革、投融资模式创新、一流营商环境打造、公园城市建设，极大地破解了跨区域行政壁垒，由“市域边缘”变身“开放前沿”，逐步被打造成为高水平开放、高质量发展、高品质生活的成都都市圈副中心“主引擎”，成渝双城“增长极”作用不断显现，与天府新区直管区形成融合发展之势，在行政区与经济区适度分离改革、内陆开放上具有较强代表性。

开展本案例研究目的在于探究推进跨区域协同有效路径，探究破解与行政区分离的经济区治理难点、堵点、痛点问题的有效办法，助推内陆开放经济高地建设，更好地服务和融入构建新发展格局。

二、案例背景

（一）基本情况

眉山天府新区是四川天府新区的重要组成部分，北距天府广场48公里、科学城15公里，西距成都双流国际机场32公里。2018年实体化运行之前，新区面积530平方公里，管辖12个乡镇（彭山区青龙镇、牧马镇、锦江乡、仁寿县视高镇、兴盛镇、清水镇、鳌棱乡、高家镇、观寺镇、中岗镇、向家镇和里仁镇），产业优势不明显，低端产业占工业产值的60%。

（二）面临问题

在2018年3月实体化运行以前，由于受体制、资源、要素等因素制约，新区管理、基础设施建设、行政审批服务、区域环境等方面的问题不同程度地显现出来，给新区改革开放和高质量发展带来挑战。

1. 区域协同不够

较长时期，眉山天府新区主要集中于自身产业发展，加之行政管辖权和发展水平的差异，如新区原来引进了不少低端产业项目，在规划、交通、产业、生态等方面与天府新区成都直管区和成都经济区协同深度及广度不够，与重庆两江新区和重庆经济区的区域协同起步较晚，协同机制尚不健全。

2. 管理体制不顺

天府新区原眉山片区包括青龙园区和视高工业园区，分属眉山市彭山区和仁寿县，缺乏统一的管理机构，各自为政，特别是产业发展方面，由于区位条件相近、产业定位趋同，双方恶性竞争、互相拆台，导致重复投资、资源浪费、效率不高。

3. 投融资压力凸显

眉山天府新区视高、青龙两个片区规划面积仅94平方公里，分别由原天府新区仁寿视高管委会、原彭山经济开发区负责两个片区的开发建设。2017年，眉山市规划530平方公里的环天府新区经济带，2020年5月四川省发改委发布的《关于印发成都东部新区〈总体方案〉的通知》明确提出了眉山东部新城与成都东部新区协同发展。眉山市将眉山东部新城397.2平方公里中的龙马镇、北斗镇两镇委托眉山天府新区管理，使新区管辖面积达到693平方公里。但交通、生态基础设施、教育、医疗卫生等公共服务设施的建设资金从何而来，成为制约新区发展的一大难题。

4. “放管服”改革滞后

作为与行政区分离的经济区，在尚未被赋予独立的经济社会管理权限之前，由于行政区划分割，原天府新区仁寿视高管委会、原彭山经济开发区的行政审批服务分别需要通过仁寿县、彭山区相关部门办理，加之视高镇离仁寿县城较远，企业和居民“多头跑”问题十分突出，给新区发展带来不利影响。

5. 城市污染治理难度大

柴桑河是天府新区视高片区内的重要河流。新区建立在仁寿视高经济开发区基础上，原有开发区起步条件差，引进了大量家具加工厂、化工厂、塑料厂等高耗能、高污染企业，加之柴桑河沿线部分企业和场镇居民污水直排，整条河道污染严重。2015年12月，天府新区环境监测结果显示，柴桑河水体水质为地表劣五类，污染的水体严重影响当地群众的生产生活。2016年，仁寿县和天府新区仁寿视高管委会开始着手治理柴桑河，但治理项目规划设计标准低，不系统，污染问题难以根本改观。

（三）眉山天府新区建设改革开放新高地重大战略的政策背景

1. 国家发展战略布局

早在2011年5月，国务院批复的《成渝经济区区域规划》就首次提及规划建设天府新区。2012年2月，《西部大开发“十二五”规划》进一步提出加快把天府新区建设成为西部地区重点城市新区。天府新区发展仅停留在“城市新区”层面。

2014 年 10 月，国务院同意设立四川天府新区，目标是打造一个内陆开放经济高地、宜业宜商宜居城市、现代高端产业集聚区、统筹城乡一体化发展的示范区。眉山市彭山区青龙镇、仁寿县视高镇共计 94 平方公里，进入了四川天府新区 1578 平方公里的核心区规划范围。

2018 年 2 月，习近平总书记视察天府新区，明确指出，“天府新区是‘一带一路’建设和长江经济带发展的重要节点，一定要规划好建设好，特别是要突出公园城市特点，把生态价值考虑进去，努力打造新的增长极，建设内陆开放经济高地”。指明了四川天府新区未来发展的方向，同时赋予其新的城市内涵。

2020 年 1 月 3 日，习近平总书记主持召开中央财经委第六次会议，对成渝地区双城经济圈建设作出部署。同年 10 月 16 日，中共中央政治局会议审议《成渝地区双城经济圈建设规划纲要》。同年 11 月，《成渝地区双城经济圈建设规划纲要》出台。成渝地区双城经济圈被赋予“具有全国影响力的重要经济中心、科技创新中心、改革开放新高地、高品质生活宜居地”的发展目标，肩负着“带动全国高质量发展的重要增长极和新的动力源”的国家使命。“唱好‘双城记’，共建经济圈，合力打造区域协作的高水平样板”，“促进双圈互动两翼协同”，“加快天府新区成都片区和眉山片区融合发展，打造成眉高新技术产业带”等均已成为最佳路径和现实举措。

2. 四川发展战略考量

早在 2010 年 9 月 1 日，四川省委、省政府就提出天府新区规划。2011 年 11 月 18 日，四川省政府办公厅发布《四川省人民政府关于四川省成都天府新区总体规划的批复》，批复原则同意《四川省成都天府新区总体规划（2010—2030）》。可见，当时的天府新区仅限于成都区域。

天府新区成为国家级新区后，四川省对天府新区未来发展有了新部署。2015 年 11 月，四川省政府发布的《关于四川天府新区总体规划（2010—2030）》中明确规定，“将毗邻四川天府新区的眉山、资阳 2 市共 24 个乡镇（街道）划定为规划协调管控区，总面积约 1100 平方公里，协调管控区成为四川天府新区外围生态环境服务区”。这为天府新区预留了足够空间。

对于天府新区来说，权利和责任的落实至关紧要。2017 年 11 月，四川省委办公厅、省政府办公厅下发的《关于成立四川省四川天府新区建设领导小组的通知》明确赋予成都、眉山天府新区规划建设的主体责任。

随着天府新区探索创新实践的展开，四川省委、省政府也提出了更高要求。2019 年 6 月 8 日，《中共四川省委　四川省人民政府关于加快天府新区高质量发展的意见》正式印发，明确了加快天府新区高质量发展的指导思想、总体目标，以及发展高端高新产业、数字经济、总部经济等重点任务。2020 年 7 月，四川省委发布的《关于深入贯彻习近平总书记重要讲话精神加快推动成渝地区双城经济圈建设的决定》明确提出，“高质量发展天府新区，打造高质量发展引领区、内陆开放示范地”。同年《中国西部（成都）科学城战略规划》亮相，天府新区区域协同创新又有了新平台。

2020 年 12 月，《关于制定四川省国民经济和社会发展第十四个五年规划和二〇三五年远景目标的建议》提出，“加快推动成渝地区双城经济圈建设，深入实施‘一干多支、五区协同’、‘四向拓展、全域开放’战略部署，主动融入以国内大循环为主体、国内国际双循环相互促进的新发展格局”。这让天府新区在四川发展与国家布局衔接中再次聚焦。

3. *眉山发展现实需要*

天府新区的设立对于缺少国家级“帽子”的眉山市来说，迎来了千载难逢的历史机遇。自此，眉山市把眉山天府新区作为对外开放的“桥头堡”，新区开发建设成了市委、市政府“头号工程”。2017 年，眉山市规划 530 平方公里的环天府新区经济带。2019 年 10 月，眉山市委、市政府制定《关于加快眉山天府新区高质量发展的实施意见》，明确提出把眉山天府新区打造成为全市开放创新引领区、成眉同城突破区、绿色生态样板区、美好生活示范区和高质量发展先行区。

随着国家和四川省对成渝地区双城经济圈建设相继部署，眉山市顺势而为、主动出击，将其作为跃升能级、跨越崛起的重大战略机遇，研究制定《关于坚定贯彻成渝地区双城经济圈战略部署加快建设成都都市圈副中心的决定》，眉山天府新区成为使眉山跻身双城经济圈、成都都市圈的“圈中之圈”的新引擎，建设“天府公园城、眉山创新谷、开放新高地”的新区发展定位也被响亮提出。

三、典型案例

眉山天府新区紧扣国家级新区定位，立足自身区位和后发优势，坚持以区域协同为突破，以管理体制改革为牵引，以投融资模式创新为动力，以营商环境建设为保障，以公园城市建设为支撑，奋力建设眉山北上“桥头堡”、东进“急先锋”、成都都市圈副中心（眉山）“主引擎”、成渝双城“增长极”，提升内陆开放经济高地建设成效，打造带动全国高质量发展的经济增长极和新的动力源。

一方面，通过与成都直管区、成都东部新区、重庆两江新区等在交通、产业、生态等方面加强区域协同，积极推动基础同网、产业同链、生态同治，提升交通条件、产业层次、“两个市场”对接度和城市发展水平。另一方面，加大区域资源的要素整合，通过推进管理体制和运行机制改革，建立“大部制、扁平化”的管理模式，增强管理的权威性、统一性和管理效能；通过创新投融资模式，做大国有公司平台，推动新区大开发、大建设，着力提升基础设施建设水平；通过“放管服”改革，积极推动行权集中，加强事中事后监管，提升政务服务效率，着力打造一流营商环境，增强投资的吸引力和竞争力；通过公园城市建设，加强城市污染治理，对接成都龙泉山城市森林公园规划建设公园体系，融入海绵城市建设理念和智能化技术，提升城市发展水平，着力建设人、城、景、业高度相融的大美公园城市。

（一）区域协同引领新区之变

站在成都兴隆湖畔的观景台西侧遥望，笔直、宽敞、漂亮、大气的双向八车道四川天府大道（见图1），自北向南向眉山天府新区延伸而去，这条城市中轴线，已经成为成眉同城化和四川南向开放的象征。

图1　天府大道眉山天府新区段

（图片来源：眉山天府新区供图）

眉山天府新区实体化运行以来，紧紧依托毗邻成都的区位优势，积极探索与天府新区成都直管区融合发展的有效路子，特别是国家部署成渝地区双城经济圈建设后，眉山天府新区跨区域协同步子迈得更大，取得明显成效。2020年3月14日，四川省委书记彭清华用“优势尽显，其势已成”8字批示高度肯定了眉山天府新区发展的成效。

1. 区域协同谋新篇

2018年3月，新区实体化运行之初，面对530平方公里的“大蛋糕”，其中不乏发展“空白”，如何在与天府新区成都直管区协同发展中蹚出一条路来？这一重大问题摆在了眉山天府新区面前。

“见子打子”式的单项目合作，对眉山天府新区发展已经难以奏效。为此，新区加强了与成都直管区的对接。2020年5月，《四川天府新区成都直管区—四川天府新区眉山片区交界地带融合发展实施方案》正式出台，天府新区成都片区、眉山片区同城化步伐加快，产业同链、基础同网、规划同频、能源共享、环境共治、平台同构、服务共享实现全面深化。

各领域的合作离不开协同高效的工作机制。与全国其他地方的区域协同一样，双方的协同也走了一些弯路，如双方党工委管委会战略合作下的双方办公室虽然开了个好头，但运行一段时间后，不少工作往往没有了下文。

历经几年探索，天府新区成眉片区探索建立天府新区成眉片区一体发展联席会议制度，每半年召开一次联席会议，研究进一步理顺天府新区管理体制和一体化发展的重大事项；建立管委会分管领导工作协调会议制度，每季度召开一次，协调解决本协议落地过程中的重难点问题；建立部门之间常态化工作对接推进机制，及时发现并解决存在的困难和问题；建立天府新区成眉片区一体发展办公室，统筹协调推进一体化发展日常工作。

天府新区成都直管区和眉山片区涵盖七大领域、四大机制的“7+4”区域协同模式的建立，为新区实现更大区域协同拓展了空间。2020年4

月，眉山天府新区与重庆双桥经济技术开发区签署合作协议；同年 5 月，与重庆两江新区达成改革同标、开放协同、产业联动、文旅融合、教育共享、人才交流、国企合作、合作机制八大行动共识。

2. 交通协同破痼疾

交通同网是成眉同城的重中之重。“2018 年 7 月以前，新区和成都交界地带有不少‘断头路’，有的一断就是几年，附近的老百姓也颇有微词。”新区有关部门负责人回忆说。

随着四川省“一干多支、五区协同”发展战略实施，成都平原经济区协同发展提速。2018 年 10 月 20 日，全省第一条跨市域公交线路——眉山天府新区视高至成都兴隆湖 T50 城市公交正式线，开通，成眉同城化迈出坚实一步。

成眉交通协同究竟要达到什么样的目标？眉山天府新区的领导班子对此认识十分清醒：以构建“30 分钟同城化交通圈”为目标，把交通一体化作为协同共融发展先行领域，与成都同标同序推进双方跨区域交通项目建设，加快构建“航空 + 轨道 + 干道 + 地下管网”互联互通体系，把新区建设成为成都都市圈未来人口承载地。

第一，利用对接双流、天府两大国际机场，谋划建设新区综合交通枢纽中心、城市候机楼，构建航空引领的半小时交通圈。

第二，联合推动轨道交通建设。积极推进天府新区成都直管区至眉山片区轨道交通规划方案，加快推进市域铁路 S5 线及支线项目，共同研究成都地铁 10 号线、16 号线延伸到天府新区眉山片区，加快构建快速、便捷、高效、安全、大容量、低成本的互联互通综合交通网络，打造“轨道上的都市圈”。

第三，推进公路畅连互通。陆续开通彭山北站—青龙—新津和彭山北站—牧马—黄龙溪等多条跨市公交线路，争取开通视高—三岔湖公交线路，推动眉山、成都公交“无缝对接”。协同推进公路干线互联，加快益州大道南延线、梓州大道南延线等综合交通路网互联互通，加快构建“三横五纵”高速路网、“三横八纵”快速网，畅通两地“骨干”交通。

第四，加快地下管网互通。大力实施电力、燃气、给排水、通信等基础设施扩能改造，推动地下基础同网。积极推动与成都通信互联互通，探索解决电话区号统一但资费不同等方面的问题。

与成都交通协同不难理解，但和重庆何来交通协同？“只要突破思维定势，树立大思维，眉渝交通协同就有很大的发展空间。”新区有关负责人语出惊人。

2020 年，随着国家部署成渝地区双城经济圈建设以后，眉山天府新区加强了与重庆有关方面的对接沟通，依托长江黄金水道、西部陆海新通道等大通道，实现两地交通枢纽优势互补，联动打造内陆地区铁水多式联运重要节点。同时，依托青龙川西南物流枢纽重镇优势，加快眉山保税物流中心（B 型）建设，与重庆果园港保税物流中心（B 型）探索通过信息共享、关港互动，实现一次报关、一次查验、一次放行的一体化管理；中国（四川）自贸区眉山协同改革先行区与重庆两路寸滩保税港区结成姊妹友好合作园区。

3. 产业协同解难题

较长时期以来，成都部分企业外迁落户眉山，其中不乏低端项目，特别是随着成都产业转型升级，腾挪的空间一下宽阔了许多。“在产业发展上，双方更多的是竞争，何来合作？”新区有关负责人的话也不难理解。

2019 年 6 月 8 日，四川省委、省政府发布《关于加快天府新区高质量发展的意见》，明确要求成都市委和眉山市委加强成都片区、眉山片区各板块的统筹协调，逐步实现规划、建设、经济、社会事务一体化管理。如何与天府新区成都直管区加强产业协同，避免无序竞争，成了绕不过的一道坎。

究竟该从何处着力呢？产业协同，一度让新区一筹莫展。但是通过调研发现，早在2017年，成都市就作出了规划建设产业功能区的战略决策，这让新区某部门负责人眼前一亮，“利用双方的地缘优势，共建产业生态圈，不失为一招妙棋”。

共建产业生态圈，不能没有平台。2020年7月，四川省委发布《关于深入贯彻习近平总书记重要讲话精神 加快推动成渝地区双城经济圈建设的决定》，提出要推进成德临港经济、成眉高新技术、成资临空经济产业协作带和交界地带融合发展，为成眉双方寻找产业协同平台指明了方向。

天府新区成都直管区、眉山片区经过反复调研、沟通、协商，双方共同确定了成眉产业协同的具体思路。

第一，按照互惠互利、有利发展原则，共同深化产业分工协作和产业布局统筹，发挥科技研发、产业、土地等互补优势，开展全方位的产业对接合作。

第二，以电子信息、先进材料及新能源、轨道交通产业协作和金融、商贸、科教、医疗、文化产业合作为重点，依托通威全球创新基地、阿格瑞OLED、联想创新科技园等重点项目，联动打造一批世界级产业集群，大力促进5G、人工智能、大数据、区块链等新技术、新业态的发展。

第三，共同制定优惠政策，鼓励企业通过“总部＋基地”“研发＋生产”跨区域协作发展模式，引导企业总部和研发机构落户天府中心、成都科学城，引导制造业端落户眉山片区，实现全链布局新区，共建成眉高新技术协作产业园区。立足打造成眉总部产业集群，积极同成都共建视高总部基地，构建成眉地区高低搭配、错位发展、优势互补、资源共享的总部经济协同发展格局。

建设成渝地区双城经济圈，眉渝产业合作又该如何突破？原来川渝产业重构现象突出，尤其在新能源汽车、电子信息、智能制造、数字经济、金融贸易、医疗康养等领域最为明显，而成渝地区双城经济圈建设则为打破行政壁垒、推动产业互联、促进形成产业优势互补集群带来了难得机遇。

新区立足自身优势，与重庆两江新区对接合作，打出了产业协同“组合拳”：共同承接高新技术企业转移和重大科技成果转化；围绕建设自贸试验区、建设“一带一路”进出口商品集散中心、共建产业示范园区等，打造更多跨区域承载国家战略的实施载体；共同打通两地产业链、供应链、创新链，依托两江协同创新区、礼嘉智慧公园、两江数字经济产业园、川港合作示范园、中日国际康养城等平台，大力支持长安福特、京东方、联想云电脑、阿格瑞 OLED、格力电工等两地龙头企业，积极推进两地相关领域深度合作，形成产业优势互补集群发展。

4. 生态协同城市美

2018 年 2 月，习近平总书记来四川视察时明确作出“一定要规划好建设好，特别是要突出公园城市特点，把生态价值考虑进去”的指示后，眉山天府新区也着手进行建设公园城市的初步探索。

究竟什么是公园城市呢？“2018 年以前，新区对公园城市这一概念也鲜有耳闻，包括天府新区成都直管区在内的整个成都市也是如此。因此，更谈不上什么生态协同。”新区有关部门负责人介绍说。

但是，自 2018 年开启公园城市建设元年以来，成都市鲜明提出打造践行新发展理念的公园城市，在中国特色新型城镇化新路上作了大量探索。比如，成立全国首个公园城市建设管理局；成立全国首个公园城市规划研究院——天府公园城市研究院；制定全国首个公园社区规划导则《成都市公园社区规划导则》；发布全球首个公园城市指数；等等。这些都为眉山天府新区与成都直管区生态协同提供了重要借鉴。

特别是 2020 年，眉山市赋予眉山天府新区“天府公园城、眉山创新谷、开放新高地”的全新定位，眉山天府新区与天府新区成都直管区生态协同步伐明显加快，形成了同城化建设生态保护联动机制。

第一，加强水资源保护。通过建立两地河（渠）跨境断面、大气环境监测合作机制，不仅加强区域内环境监测合作、定期协商，推进水质监测数据、大气监测数据共享等，还强化岷江流域的协同治理，也包括东风渠、柴桑河等跨境流域上下游污染联合防控。

第二，加强大气污染联防联治。联合开展大气治理、秸秆禁烧等环保工作，完善秸秆禁烧和综合利用、扬尘污染治理、移动源源头控制等大气污染联防联治工作机制，协同提高空气质量优良率。

第三，共建绿色生态网络。围绕公园城市先行区建设，成眉两地统筹规划区域生态生产生活空间，探索智慧城市、海绵城市建设和地下空间综合开发利用，打造“城在景中、景在城中、人在画中”的大美城市形态，推进成眉公园、绿道、湿地等生态工程共建共享。

通过三年多的努力，人、城、景、业高度相融的眉山天府新区与“雪山下的公园城市”遥相呼应，生态协同不断走深走实。

此外，眉山天府新区还与天府新区直管区持续推动政务服务、数据、教育医疗等服务共享；推进医保报销、公积金购房、异地退休养老、就业服务等同城化；在城市管理、城乡统筹、社会保障、户籍管理等方面开展全方位合作。

（二）体制变革释放新动能

远远望去，在蓝天白云映衬下，位于仁寿视高街道中建大道旁的天府新区眉山管委会大楼巍然耸立，现代、大气、庄重（见图2）。它的建成，标志着眉山天府新区发展翻开了新的一页。

短短三年时间，伴随眉山天府新区管理体制的变迁，新区发展全面提速，实现了由“白纸画图”到“平地立城”的华丽转身。

1. 新区使命与体制之困

2014年10月，四川天府新区上升为国家战略，被赋予“内陆开放”“统筹城乡一体化试验”等使命和任务。

图 2　眉山天府新区管委会大楼

（图片来源：眉山天府新区）

然而，三年多过去了，天府新区眉山片区还没有走出因行政区划分割带来的体制困境。

“纳入眉山天府新区核心区的青龙镇、视高镇，由于分属彭山区、仁寿县，分别由彭山经济开发区管委会、仁寿天府新区仁寿视高管委会管理，存在功能定位不充分问题，加之以前没有进行统一规划，两个园区各自为政，产业同构、恶性竞争问题突出，国家使命何以担当?”眉山天府新区负责人由衷感叹。

但是，随着四川天府新区管理体制的调整，眉山天府新区的规划也发生了重大变化。

2017 年 11 月，四川省委办公厅、省政府办公厅下发了《关于成立四川省四川天府新区建设领导小组的通知》，省委、省政府决定对四川天府新区管理体制进行调整，成立四川省四川天府新区建设领导小组，原来的四川天府新区管理委员会不再保留，同时明确赋予成都、眉山天府新区规划建设的主体责任。

同年 11 月，眉山市委作出“做强一带”战略部署，眉山环天府新区经济带建设拉开序幕。眉山天府新区从 94 平方公里的“小打小闹”，扩大为规划面积 530 平方公里的眉山环天府新区经济带。

在此基础上，2018 年 3 月，经眉山市委、市政府同意，新区正式实体化运行。自此，眉山天府新区迈上了大刀阔斧改革管理体制之路。

2. 体制改革出实招

谈起眉山天府新区体制改革情况，新区党工委负责人如数家珍，“伴随四川天府新区的发展和眉山片区管辖范围的调整，眉山市紧紧抓住党和国家机构改革机遇，对标成都天府新区，学习借鉴全国新区建设先进做法，啃下了新区管理体制改革这个‘硬骨头’，新区发展真正步入快车道”。

2018 年 3 月，在眉山天府新区实体化运行前，眉山环天府新区经济带范围内 4 个正县级机构，除核心区的彭山经济开发区管委会、天府新区仁寿视高管委会外，还有天府花海园区管委会和仁寿临空经济区管委会。

为彻底破除区划分割引发的体制弊端，市委整合 4 个正县级机构，成立眉山天府新区党工委管委会，实行两块牌子、一套班子、交叉兼职，由市委统一领导。重构指挥机构，统一政令，这是新区管理体制改革的第一步。

然而，眉山天府新区党工委管委会该如何运作？机构设置能否满足新区高质量发展的需要？这又成为摆在新区面前的一大问题。

在这一方面，新区坚持系统思维，学习借鉴雄安新区、滨海新区等先进经验，推行“大部制、扁平化”的管理模式，组建内设机构 9 个、事业单位 14 个、功能园区 5 个、派驻机构 4 个，构建了科学合理、权责明晰、运行高效的管理机制，从而避免了管理交叉混乱等问题。

但是，作为新区核心区的视高镇，最初规划水平较低，教育、医疗卫生等公共服务设施配套不足，远不符合新区高质量发展要求，无法起到带动和引领新区发展的核心区作用。2019 年 10 月，借助四川省乡镇行政区划调整改革契机，将原有12个乡镇调整为5个镇（街道），调减幅度近60%。其中，将视高、清水、里仁、兴盛合并设立视高街道办，合并后的视高街道包含20个村（社区），面积188.7平方公里，常住人口超过15万人。2020年6月，四川省委书记彭清华在省委读书班上对眉山天府新区视高镇行政区划改革给予了充分肯定。

2020年5月，四川省发改委发布的《关于印发成都东部新区〈总体方案〉的通知》中明确提出，眉山东部新城与成都东部新区协同发展。眉山市随即将眉山东部新城（包括龙马镇、北斗镇、贵平镇、高家镇）作为眉山天府新区的功能区，并把北斗、龙马两镇委托天府新区管理。

至此，眉山天府新区实行了对环天府新区经济带，东部新城5镇、2街道、5园区，共693平方公里的统一管理，搭建起“党工委管委会+镇（街道）+功能园区”的管理架构体系。

3. 重塑经济地理新版图

2019年5月24日，《眉山环天府新区经济带规划》正式获批，确立了新区“一核两翼”空间布局，即抓紧做大做强眉山天府新区核心区视高区域，理顺东翼、西翼发展格局，明确西翼为天府眉山高端产业区、东翼为天府眉山临空经济区，过去因园区产业功能定位不清导致的恶性竞争等问题不复存在。

2020年11月，为抢抓“双城”“同城”机遇，眉山天府新区党工委在《关于坚定贯彻成渝地区双城经济圈战略部署　加快打造带动眉山高质量发展主引擎的决定》中明确提出，围绕成眉同城率先突破和天府新区一体化发展，实施“一核引领、两翼齐飞、全域共进”的空间发展战略，重塑区域经济地理，优化区域功能分工，促进中部腾飞、东翼崛起、西翼跨越。这为新区建设成都都市圈副中心“主引擎”、成渝双城“增长极”擘画了新蓝图。

第一，中部腾飞，高质量建设具有天府韵味新区特色的高品质生活宜居新城。立足天府新区中部创新主轴，紧密对接成都高新区、天府科学城，重点发展电子信息、数字经济、现代高端服务和总部经济等未来产业，构建未来产业圈、交通圈、商业圈、教育圈、医卫圈、文化圈，全力打造美丽宜居、幸福宜业的中央活力区。

第二，东翼崛起，高起点建设眉山东部新城，高规格创建临空经济示范区。主动融入成渝发展主轴、建设内陆开放国际门户，依托天府国际机场，打造国际空港门户重要枢纽、成眉临空一体发展示范区。依托成渝科创走廊、成眉高新技术产业带、天府国际空港新城、成眉高新技术转化园区，重点发展先进制造、现代物流、科教文旅、新经济等临空经济产业。无缝衔接成都东部新区，一体打造国家制造业高质量发展示范区，协同建设产城融合的未来新城。联动天府国际空港和成都国际铁路港，构建空、铁、公、水多式联运物流体系，与成都共同打造面向“一带一路”的国际交通门户、消费中心和交往中心。

第三，西翼跨越，高水平发展实体经济，高标准打造高端产业聚集区。依托成眉高新技术产业带，坚持高端产业发展方向，聚焦强链条、育集群、建体系，与成都探索建立“总部 + 基地”“研发 + 孵化”“上游 + 下游”产业协作模式。大力发展电子信息、装备制造、先进材料等现代产业，招引布局高新技术、智能制造等战略型新兴产业，构建完整产业链，打造集群生态圈。

第四，全域共进，高效率推进成眉同城化发展。坚持全域统筹、城乡融合，以环天大道为纽带，贯穿“一带”，突出视高中心城区“一核”引领作用，构建“一主两副、多点支撑”组团发展、互动共融的现代城镇体系。坚持做强“一带”，发挥三区协同、一带引领的引擎效应，辐射带动东坡、彭山及仁寿北部区域率先融入成都。继续深化与天府新区成都直管区、成都东部新区、双流区、新津区、简阳市合作，推动资源共享、优势互补，加快成眉交界地带融合发展，打造区域协同发展先行区。推动与全省五大经济区特别是成都平原经济区兄弟城市之间的协同，在构建内外大循环中实现大协同、大发展。

眉山天府新区党工委管委会的成功组建与常态化运行已经表明新区体制机制改革蹄疾步稳，新区已理顺管理体制，青龙和视高再也不会因为“吃”不到均匀的“蛋糕”而“大打出手”。据相关负责人介绍，新区这些年全面发挥中央、省委赋予的先行先试优势，把握机构改革契机，只为打造管理效率最高、运行机制最畅、建设模式最优的国际化现代新区。2020 年，眉山天府新区跑出加速度，地方财政一般公共预算收入实现 16.1 亿元，增长 20%，政府性基金规模达 166 亿元，位列眉山全市第一名。

（三）平台助力解资金难题

夜幕降临，眉山天府新区中建大道道路两旁的上千盏如花瓣的路灯一齐开放，耀眼亮丽。这看似寻常的路灯，就是 2020 年刚刚安装的智慧路灯。

值得一提的是，安装智慧路灯所需的资金大部分来源于以智慧路灯发行的地方政府专项债。该路灯债的发行，只是眉山天府新区创新投融资模式，解决基础设施建设资金瓶颈的众多创举之一。

1. 发行路灯债开先河

2018 年，伴随新区空间布局的重构，高质量、高标准的基础设施建设相继展开，随之而来的问题是：钱从哪来？

传统的做法就是通过土地融资。这虽然可以暂时缓解困难，但眉山天府新区区位条件优越，土地资源有限且十分金贵。长期大量的土地融资，势必造成新区投资陷入更大的困境。

2020 年，通过反复研究，新区创新提出发行智慧路灯项目专项债券，尝试基础设施融资新路子。据相关负责人介绍，新区智慧路灯项目主要基于以下几点考虑。

第一，贯彻中央关于加快智慧城市建设和大数据产业发展的决策部署，将智慧路灯作为新型5G城市的新型基础设施，让智慧赋能城市的综合管理、民生服务和经济发展。

第二，创新城市管理新模式，将红绿灯、电子眼等设施统一安装到灯杆上，同时集合5G基站搭载、环境监测、LED信息、一键报警等城市管理功能，促进新区基础设施智能化、公共服务便捷化、社会治理精细化，以此推动新区高质量发展。

第三，将政府性基础设施由财政投资转变为企业投资，让路灯的“死资产”转变为企业经营性的“活资产”，盘活政府资源。

此外，政府可以通过采购照明服务方式向企业支付路灯建设成本及资金成本、维护费、电费等，缓解财政资金支出压力。更重要的是，通过“多杆合一”的方式节约利用并拓宽了城市公共空间，既减少城市管理设施建设的重复开挖，又避免了财政资金的重复投入。

2020年5月，总投资20.43亿元、专项债券标的11亿元的智慧路灯项目成功发行。这也成为全国首支、四川省首次以智慧路灯发行的地方政府专项债券，开创了公路领域发行智慧路灯专项债券的先河，获得了国家发改委、财政部、工信部的充分肯定和大力推广。截至目前，该项目已投入1.12亿元，其中2020年投入9200万元（专项债券资金9000万元），完成2700套智慧路灯建设。

2. 政金合力强平台

随着新区实体化运行和快速发展，日益增长的资金需求迫切需要新区国有公司平台加快组建。

2018年12月，经眉山市委、市政府批准，眉山天府新区投资集团有限公司正式成立。作为市属一级国有独资企业，注资50亿元，委托新区管委会监管。

“新区对国有公司平台态度鲜明，在学习借鉴中国雄安建设投资集团有限公司、上海市浦东新区建设（集团）有限公司、成都天府新区投资集团有限公司先进经验基础上，加大了对眉山天府新区投资集团有限公司的支持。”公司有关负责人介绍说。

第一，持续加大优质资产的注入力度，将新区供排水、燃气等重要行业特许经营权赋予公司，将暂时不具备开发条件的土地依法出让给公司，不断壮大公司资产规模，提高公司在资本市场上的议价能力、降低融资成本，确保尽快完成“AA+”主体评级。

第二，赋予项目支持。在符合相关规定的前提下，探索将新区范围内的工程建设项目、园林绿化项目，在立项批复中按规定程序指定眉山天府新区投资集团有限公司下属子公司作为业主单位，依法依规自主组织实施，增加公司经营业绩，促使专业化公司在短期内提档升级。例如，环天发展公司已启动“时代中心”等15个房地产项目开发，建筑面积564万平方米；环天实业公司规范砂石经营，全年处置利用砂石200万立方米，向财政缴纳处置费7500万元。

做大、做优、做强国有公司平台离不开强有力的金融支持。回溯成立之初的眉山天府新区，几乎是金融服务的“荒漠地带”，这给眉山天府新区投资集团有限公司的发展带来了极大阻力。“眉山天府新区属于跨行政区的经济区，发债额度受制于相应区县准予额度，这与新区的经济体量极不匹配。”公司有关负责人说，“加之新区银行业金融机构规模小，目前仅有10家金融机构的网点30个，没有银行支行，公司贷款难度大”。

为此，眉山天府新区投资集团有限公司克服市场对主体认可度不够的不利影响，紧跟宏观经济形势，把握金融政策导向，充分利用新区后发优势，不断拓展融资渠道、创新融资品种、降低融资成本，构建起“5（工商银行、农业银行、中国银行、建设银行、交通银行）+3（进出口银行、国开行、农发行）+N（中信银行、招商银行、各城市商业银行）”融资体系。

2020 年，眉山天府新区投资集团有限公司强力推进融资结构调整，重点推动债券融资项目 12 个，完成债券审批 6 个，获批金额 52. 8 亿元，发行募资 31. 3 亿元，全面打通了国家发改委、银行间协会、上交所、北交所等国内主流直融资通道。在融资“谈房色变”的情况下，借道工行“美丽乡村建设”政策，成功突破“房地产”“政府隐债嫌疑”两大政策瓶颈，在全省率先落地视高、青龙安置房项目，获批授信逾 20 亿元，为安置房建设提供了充足资金保障，助力全面完成天府新区“安置三年行动方案”。同时，克服疫情影响，采用视频会议、视频访谈、尽职调查等方式，全年完成对接 600 余次，与成都周边 90% 以上的银行建立了合作关系。

截至目前，眉山天府新区投资集团有限公司资产总额达 467. 12 亿元，净资产 290. 92 亿元，实现营业收入 12. 35 亿元，利润总额 2. 23 亿元。

3. 多元投资拓空间

随着新区发展提速，一大批优质项目陆续入驻新区，也为眉山天府新区投资集团有限公司拓展投资渠道提供了难得机会。“如果不突破建设资金筹集、基建投入的传统发展模式，公司难以承担起助力新区快速发展的重要使命。”公司有关负责人坦承道。因此，在学习借鉴中国雄安建设投资集团有限公司运营开发、上海市浦东新区建设（集团）有限公司招商引资等先进经验基础上，开启了多元投资之路。

通过公开招商方式，眉山天府新区投资集团有限公司引入社会资本组建合资公司，稳妥推进公司混改。目前，已与眉山市商砼龙头企业鑫统领公司组建了商砼公司，与上市公司知行良知实业股份有限公司组建了热拌材料公司，与川港燃气公司组建了环天川港燃气公司，与上市公司华体照明科技股份有限公司组建了智慧科技公司等。

眉山天府新区投资集团有限公司还积极打造基金小镇，设立母基金不低于 90 亿元的工业发展、创新创业和乡村振兴 3 支基金，实现了新区基金融资“零的突破”，发展吸引力持续增强。

在产业类项目投资上，眉山天府新区投资集团有限公司审时度势，按照新区第二、三产业“双轮驱动”发展思路，通过股权投资等方式，选择了一批发展前景良好的优质项目。如快速落地入股四川银行成为第六大股东；参股启迪股份有限公司建设启迪科技城；入股阿格蕾雅光电材料有限公司，占领国产新型有机发光材料高地，投入国家补短板行业；积极培育环天智慧科技有限公司，力争使其三年内实现科创板上市等。

在创新投资模式上，开工建设眉山天府新区保税物流中心（B 型），助力眉山进出口贸易和开放发展示范市建设；引入“功能区 + 投资公司”投融资模式，自主开发东部新城，并推广至洪雅县合资组建眉山天洪投资集团，启动 390 平方公里洪柳新区建设。

2020 年，眉山天府新区投资集团有限公司实际完成投资 33.2 亿元，全力推进与集团业务布局相关投资项目共计 50 个，其中产业引入类项目 32 个；资产总额、所有者权益、营业收入和利润分别占市属国企份额的 40.61%、50.35%、25.42%和 36.44%，凸显了全市国企“排头兵”地位，形成了对新区高质量快速发展的有力支撑。

（四）“放管服”激发发展新活力

进入眉山天府新区青龙片区，联合利华三期项目建设现场一派繁忙景象（见图 3）。“联合利华本打算投资安徽合肥本部的三期生产基地项目最终落户眉山天府新区，很大程度上得益于新区持续优化的营商环境。”新区行政审批部门有关负责人自豪地说。

自从 2018 年 3 月实体化运行以来，新区“放管服”改革不断深入，特别是 2019 年 8 月眉山市委、市政府办公室印发的《关于深化“放管服”改革推动眉山天府新区扩权赋能的实施方案》明确提出“新区事新区办”，打出了“放管服”改革组合拳，一次性赋予新区市级管理权限 168 项、委托使用“2 号”公章 16 枚，新区营商环境建设全面提速，一批优质项目纷

图 3　联合利华三期施工现场

（图片来源：周光普摄）

至沓来。截至目前，新区累计引进联想创新科技园、清华启迪 5G 产业园等重大产业项目 37 个，协议总投资 5000 亿元，其中 100 亿元以上项目 10 个，世界 500 强企业 18 家，台资企业 74 家。

1. 扩权赋能分步到位

2021 年 3 月 9 日下午，在眉山天府新区市民服务中心，准备开办工厂的王先生对新区最近实行的企业开办“4 小时办结”套餐服务大为惊叹：“我是上午 10 点左右提交的申请材料，窗口工作人员告诉我中午就可以过来取了，这办事效率太高了。”

为了这一天，新区行政审批部门付出了近三年的努力，成果来之不易。

2018 年 3 月，新区管委会实体化运行之初，新区首先面临的就是行政权力集中问题。“虽然大部分部门理解和支持，但也免不了讨价还价。第一次征求市级部门意见时，近一半部门担心新区接不住、管不住、用不好，给市局造成负担。”新区行政审批部门负责人直言。

为确保服务不断档，早些让企业不再“多头跑”，新区相关部门人员分别对口跑区县，拜访市级相关部门，对接行权情况，拉出清单，同时做好预判，究竟哪些事项“接得住”。经过反复协调，仅争取到的行权清单、办事指南等材料足足堆了两三米高。

伴随行权向新区集中，也出现了一些矛盾和问题。在新区行政审批局尚未取得行政许可主体资格的情况下，行权集中方式局限于新区部门与区县各对口部门签订事权移交备忘录，从2018年下半年到2019年上半年陆续签订，过于分散，备忘录模板不统一，移交权力口径也不一致。因此，有些事项虽名义上划归新区，但能办理的事项非常有限。

委托区县办理成为不得已的选择。“这样跑来跑去太麻烦，时间都耽误在路上了，加上有些情况需要特别说明，和彭山区、仁寿县沟通也耗费了大量时间。”新区一办事员颇有怨言地说。

为确保新区扩权赋能全面到位，新区一方面加快充实行政审批部门窗口工作力量；另一方面，通过跟岗学习、实践操作、业务交叉学习、市区县对口辅导等方式，加强对新区行政审批窗口及后台人员业务能力的培养。

“要学习的东西太多了，每天都加班加点地学习，我本身又不是学这个专业的，接受起来需要一定的时间，还是希望可以早点学会上手。”行政审批局新来的小蔡说道。在过渡期间，新区管委会坚持引育并重，行政审批部门人员规模由2018年初的5人扩充为68人，为新区各审批权力向行政审批局集中提供了人力保障。

2019年8月，新区行政审批部门正式取得法人资格，行政审批服务真正实现了“独立办”，企业“多头跑”“找不到主管部门”等状况得到根本改变。

2. 审管分离谁来监管

作为与行政区分离的经济区，眉山天府新区的行政审批后的事中、事后监管究竟该由谁来负责？

按照“谁授权、谁监管”原则，市级部门授予新区市级管理权限，理应由市级部门监管，但有的市级部门持有异议。“我们把权力都给新区了，他们做的决策为什么要我们去担风险！”一位市级部门的领导说道。

2019 年 8 月，新区行政审批局成立后，根据“自管自治”原则，市级部门对新区进行随机监管抽查，并不进行日常监管。

在新区内部，新区行政审批局完成行政审批后的监管，又该由谁来负责呢？

按照过去“谁审批、谁监管”的一贯做法，新区通过“2 号”公章履行的审批似乎该由行政审批局监管，这对新区行政审批局来说，就成了既当运动员，又当裁判员。

为此，新区针对行政审批局不具备监管、处罚职能的实际，严格实行审、管分离，即新区行政审批局只负责审批，事中、事后的监管由新区行业主管部门实施，如教师资格证、办学许可监管职责由教体和文旅局负责，营业执照等由市场监管局监管。

“我们将权限委托给行政审批局，他们审批了这么多大大小小的项目，现在全部让我们来监管，压力实在太大，尤其重要环节很容易出问题。”新区市场监管局的负责人无奈地说。

在监管方面，新区行政审批局配合各主管部门做好事前监管，在审批结果出来后，第一时间推送到相关部门，主管部门得知许可结果后，同步开展巡察和监管。涉及重大项目立项的，行政审批局会让环保和安全应急部门提前介入，提出相应意见，指导企业准备相关材料。

目前，新区全面提升“双随机、一公开”监管，做到审批人员和申请人员不见面，监管人员和执法人员与被监管人员不见面，从制度设计上斩断了可能滋生腐败的源头，确保监管事项覆盖率 100%、结果公示率 100%。

3. “一窗综合受理”创品牌

2019 年 11 月 11 日“双十一”这一天，眉山天府新区市民服务中心正式开放运行，19家单位入驻，95个窗口、900余项服务事项全部进入国际化超一流打造的实体大厅，新区形象全面展现。

不得不提的就是新区“一窗综合受理窗口”。“如果你找不到在哪里办理业务，那来二楼的‘一窗综合服务窗口’，一定没问题。”新区行政审批部门人员介绍说。

为打破传统政务中心忙闲不均的状况，在学习借鉴其他地区先进做法基础上，新区积极推行无差别一窗受理，但究竟多少窗口合理呢。“‘一窗综合受理窗口’前后共用了两年的时间进行探索，经历了三个阶段才逐步发展成今天的样子。”新区行政审批部门负责人介绍说。

第一阶段，初步尝试探索。这一时期设置了7个窗口，其中5个专窗、2个一窗受理综窗。综窗安排业务能力最强的人员办理，在引导排号时，向办事群众推荐选择综窗办理，看办件是否可以正常运转，在综窗无法判断时，有专窗做支撑。

第二阶段，系统锻炼提升。增加为8个窗口，全部设置为无差别受理的综窗，人员设置A、B岗，由注册登记股、投资项目股、社会事业股3个业务科室的负责人在后台支撑，答疑解惑，确保服务质量不下降，同时全面锻炼人员的业务水平。在窗口外面设置1名业务能力突出的引导员，初步对群众办理事项资料进行查看，如有遗漏第一时间告知办事群众，节省排队时间，起到了“总调度”作用。

第三阶段，全面实现综窗。目前窗口被压缩为4个无差别受理综窗、1个出件窗口，行政审批177项大项、600多项子项都可以直接办理，窗口人员对资料驾轻就熟，办事速度大大提升，完全能够满足办件需要。同时，在大厅安排2名精明强干的引导专员，帮助窗口进行初审，避免出现办事等待时间过长的现象。为确保人员满负荷、高效率上岗，综窗人员根据需要轮班、换班，常态化设置A、B岗。通过较长时间的运行探索，目前已有12名人员能够胜任综窗岗位需要，人员调配游刃有余。

在重点提升一窗综合受理服务的同时，针对重点项目，新区还推行了“模拟审批”“红色先锋”“告知承诺制”“容缺受理”“一对一‘保姆式’全流程服务”等制度。“企业开办‘4 小时办结’”“企业集群注册”“商事登记”服务速度提速 97.5%，“投资项目‘50 天内开工’”等优质服务受到好评。同时，积极对标成都天府新区和世界银行营商环境评价标准，主动开展营商环境第三方独立评价。目前，新区投资项目审批效率全市领先，以“全市第一、全省一流、全国知名”为目标的市场化、法治化、国际化营商环境加速形成。

（五）一条河流引发的城市之变

初夏时节的柴桑河湿地公园格外美丽，河水潋滟、绿草茵茵，吸引了居民和游客前来休闲观光。家住视高街道的陈美琪是这个公园的常客，她不由自主地说：“家门口有这么高大上的公园，经常来散散步、赏赏景，觉得特别自豪和幸福。”

几年前的柴桑河污染严重，如今的柴桑河湿地公园历经数年治理后，已旧貌换新颜，见证了新区从“工业城”到“公园城”的巨大变化。

1. 柴桑河备受关注

柴桑河是眉山天府新区核心区内的一条主要河流，发源于视高街道杨家沟，主流全长 20.47 公里，途经 20 个村（社区），由南向北流入成都天府新区。

几年前的柴桑河，是名副其实的“臭水河”。“河里的鱼、虾、草都见不到，整条河流臭烘烘的。”新区视高街道居民张淑芬回忆说。

柴桑河的污染由来已久，2006 年 5 月成立的仁寿视高经济开发区就在柴桑河流经范围内，由于园区起步条件差，初期引进了大量家具加工厂、化工厂、塑料厂等高耗能、高污染企业。部分沿线企业和场镇居民污水直排，整条河道时时泛出白色泡沫，大量垃圾漂浮，老百姓怨声载道。

2016年，仁寿县政府和天府新区仁寿视高管委会开始着手治理柴桑河，但当时园区主要精力都放在发展产业上，加之治理项目规划设计标准低、不系统，初期的治理定位还仅仅停留在截污和水污染治理层面，生态环境修复零零碎碎、修修补补，污染问题难以根本改观。

2019年，柴桑河污染问题引起了中央有关部门的高度关注。同年4月，全国人大常委会水污染防治法执法检查组反馈柴桑河污染问题。同年9月，最高人民检察院将其列为水污染公益诉讼案件线索并予以挂牌督办。

柴桑河治理拷问着新区未来生态发展之路。

2. *他山之石破解“治理之困”*

2017年5月，占地4040亩、总投资28.9亿元的柴桑河和泉龙河河体整治项目正式破土动工，柴桑河进入流域综合治理阶段。通过一年多的治理，柴桑河流域水质虽有较大改观，但是距离“公园城市”的要求仍相去甚远。

2018年8月16日，四川省委书记彭清华在调研柴桑河生态湿地项目建设时强调：“柴桑河水环境和两岸治污效果很好，但治理水平和建设品质还需要提高，可以去学习借鉴南宁市那考河的治理经验，把最先进技术理念和最先进的建设工艺结合起来，进一步提升柴桑河湿地的品质品位。”

“他山之石，可以攻玉。”原来，治理定位不清、治理理念和技术落后才是提高治理成效的核心和关键之举。

2018年9月，新区派出相关人员外出考察学习，随即将柴桑河生态湿地的项目功能定位为贯穿眉山天府新区核心区的城市景观带、生态保护带和高品质建设示范带。同时，高度融合眉山市绿海明珠、千湖之城、百园之市“三大工程”建设理念，即在尊重自然的基础上，随坡就势不挖山，顺其自然不填塘，依树造景不毁林。项目规划贯穿“流动、边界、弹性”三个原则，集中体现“流”的核心理念，柴桑河治理实现“格局”之变。

第一，大力开展柴桑河河道清淤与河道拓宽，将河道从原有的30米平均拓宽至100余米，最宽节点形成约300米湖面，增加亲水性，强化净水功能。

第二，大力推进视高第二污水处理厂PPP项目建设和沿河两岸截污干管工程建设，收集处理沿线企业、居民住户污水，截断污染源，净化河水水质。

第三，融入全流域治理和海绵城市建设理念，通过人工湿地处理技术，促进沿河绿色植物的生长，并使其增产，实现废水的资源化和无害化处理，有效处理了河流上游农民和城镇居民的生活废水和工业废水。

第四，借鉴那考河低密度种树、高密度植草坪的经验，新区按照疏林草地的原则，重新布局柴桑河生态景观，适度增加高大乔木和草坪，增强景观通透性。

“我们还创新做法，对柴桑河生态湿地游园步道进行分色设置，引入互联网技术，对游客的运动能量消耗进行数字化标示，增强公园的互动性。同时，在公园主要节点设置二维码，扫描识别植物种类、所处位置坐标、海拔高度、推送公众号等，实现城市公园的智能化。”天府新区眉山管理委员会相关负责人介绍。

在柴桑河治理基础上，新区还全面对接成都龙泉山城市森林公园建设规划，编制《龙泉山城市森林公园（眉山区域）总体规划》，规划彭祖山、龙泉山等24个郊野公园和300余个邻里公园，形成了城市公园、郊野公园、邻里公园“三级公园体系”，新区公园城市建设迈出坚实一步。

3. 双重发力打出拆迁“组合拳”

2018年以来，随着新区“天府公园城、眉山创新谷、开放新高地”定位的提出，柴桑河治理步伐加快，治理涉及的拆迁难问题充分显现。

拆迁的重点是柴桑河沿线的工厂企业和民房。随着新区区位提升，地价房价上涨，等待拆迁的企业和老百姓都盼着自己拆迁后可以一夜暴富，加大了拆迁难度。

比如，某家待拆迁企业占地140亩，注册时是电子配件类，早就没有正常的生产经营，企业还有外债9000万元，而拆迁评估加上政策赔偿，大约4000万元，企业负责人希望通过拆迁把债务覆盖了，自己顺便再挣点，所以在协商的过程中要价9000万元甚至更高。

为此，拆迁办人员千方百计做好解释工作，不断和企业谈。同时，了解到该企业债权在成都两家国有公司，新区积极对接成都法院进行拍卖，并准备让眉山天府新区投资集团有限公司参与购买。

即便这样，也收效甚微。“后来，我们了解到企业早已将厂房出租给20多家小企业，而这些小企业都是作坊式生产，没有合法的经营手续，散乱污严重，安全消防隐患很大。”新区拆迁负责人介绍说，“这些小企业牵涉的环保违规问题，反而为拆迁打开了一条通道”。

历经前前后后两年时间，无数次不厌其烦、推心置腹地做思想工作和政策沟通、谈判，企业负责人最终打破了幻想，签订了协议。

对老百姓住房的拆迁，也遇到了不小的阻力。老百姓的房屋虽然为统规自建或统规统建，有些还是二次拆迁，但提及拆迁时常常“漫天要价”。2018年，新区核心区商品房价格已经高达1.4万元/平方米，老百姓直接要求按商品房单价赔偿，门市房按3万元/平方米赔偿。因此，尽快完成240户左右的拆迁任务，压力非常大。

为加快拆迁进度，新区拆迁办首先把村社的干部、党员召集起来，宣传讲解拆迁政策，等党员干部的思想都通了，再由他们做老百姓的工作。前后召开了30余次宣讲会、政策座谈会，现场答疑，统一思想。在取得老百姓的初步认可后，迅速形成了柴桑河居民房屋拆迁方案，拆迁工作进而启动实施。

为确保整个拆迁过程公平、公开、公正，新区经过反复研究论证，出台《眉山天府新区集体土地征收补偿安置办法》，明确了“第三方测绘机构测绘—张榜公示—现场复核—签字确认—第三方专业公司预评估—相关部门会审—签订合同—拨付资金”的拆迁补偿安置流程，拆迁进展明显加快。

为减少拆迁隐患，除为安置对象提供商品住房30平方米/人、生产经营用房10平方米/人、合并安置商品住房60平方米/人外，还积极做好拆迁过渡期工作，自签订拆迁补偿安置协议之日起至交房后3个月止，第一年按200元/人/月计算过渡费，第二年及以上的按400元/人/月发放过渡费。

通过不懈努力，历时5年时间，全面完成企业拆迁19户、完成居民拆迁429户。

四、实施效果

眉山天府新区与成都天府新区切实担负起国家创新改革战略使命，实施了一系列改革创举。如今的眉山天府新区区域协同不断深化，管理运行顺畅有力，空间布局明显优化，营商环境不断提升，城市公园架构日趋成熟，“天府公园城、眉山创新谷、开放新高地”的美丽画卷正徐徐展开。

（一）区域协同全面深入推进

主动融入成渝地区双城经济圈建设和西部陆海新通道等，交通协同成效明显，与天府新区成都直管区形成“30分钟同城化交通圈”，与重庆跨区域交通协同迈出新的一步；产业协同不断加强，共建成眉高新技术产业园、现代高端服务功能区取得进展；生态协同机制基本建立，跨区域生态廊道加速形成，眉山东部新城全域协同成都东部新区、全面融入成渝发展主轴的标志性工程——“三中心一基地”基本建成（见图4），成眉同城化整体推进，内陆开放经济高地逐步显现。虽然与沿海发达地区，如广佛肇经济圈一体化相比，产业协同深度差距较大，但已经构建起涵盖交通、产业、生态、公共服务等领域的区域协同体系，较好地发挥了辐射引领带动区域发展的新引擎作用。

图4　眉山东部新城“三中心一基地”

（图片来源：眉山天府新区）

（二）新区管理运行协调有力

新区一改过去各自为政、产业同构、恶性竞争的不利局面，“新区党工委＋街道＋功能区”管理体制运行顺畅，“大部制、扁平化”运行活力十足，全域空间布局优化提升，实现了由“散、小、区县主导”的分散型管理向“集中统一、权威高效”的管委会主导型管理转变。这也是国际上尤其是发展中国家和发达国家在早期采用较多的模式，比较成功的如日本的筑波科学城，中国台湾地区的新竹工业园、广东的中山火炬高新区、苏州的昆山开发区等。

（三）国有平台助力呈蓬勃之势

通过国有平台将新区的资源进行整合、盘活，使国有资源资本化，融资能力不断增强，新区实现了由小到大、由弱到强，充分发挥了建设资金筹集、基建投入、运营开发等作用。组建90亿元国资背景产业基金，实现了新区基金融资“零的突破”。成功发行11亿元全国首支智慧路灯项目收益专项债券，获财政部、省财政厅高度评价和大力推广。交通银行购买公司13亿元停车场债券，实现全省五大国行购买AA评级主体债券“零的突破”。2020年，眉山天府新区投资集团有限公司通过强力推进融资结构调整，重点推动债券融资项目12个，完成债券审批6个，获批金额52.8亿元，发行募资31.3亿元，全面打通了国家发改委、上交所、银行间协会、北交所等国内主流直接融资通道。与国内发达地方相比，虽然眉山天府新区国有平台公司起步较晚、规模偏小，但充分借鉴了雄安新区、浦东新区和四川天府新区成都直管区的开发模式经验，后发优势明显，已经成为眉山天府新区开发建设的重要力量。

（四）市场化、法治化、国际化营商环境逐步形成

通过理顺区县和新区关系扩大赋能，建成全省门类最齐全的市民服务中心，“一窗综合受理”实质化运行初见成效，过去因行政区划分割带来的“多头跑”状况不复存在，“最多跑一次”可实现率达80%，“新区事新区办”达5000余项，政务服务能力明显提升。截至目前，新区共承接5269项市县经济社会管理权限，其中涉及19个市级部门116项审批权限、23枚“2号”公章。同时，新区作为自贸区协同改革先行区正在承接146项省级管理事项。便利化普惠性指标位于眉山全市前列，与国际高标准投资和贸易规则相适应的制度规则加快建立。2019年7月，眉山天府新区获

准为中国（四川）自由贸易试验区协同改革先行区；2020 年 11 月，成为商务部等 9 部门和单位共同设立的全国 10 个进口贸易促进创新示范区之一。通观国内发达地区，有的已经建立起服务市场主体的全生命周期制度体系，“最多跑一次”变成了“一次也不跑”，眉山天府新区自我倒逼式“放管服”改革也已向打造一流营商环境的目标迈出了关键一步。

（五）公园城市架构基本形成

深入推进城市营城理念、发展方式、建管模式变革，以“河（湖）长制”推动“河（湖）长治”，引入先进城市建设技术和经验，柴桑河、泉龙河水质由劣Ⅴ类转变为地表Ⅲ类，获得省检察院高度肯定，整治经验上报最高人民检察院。球溪河水质达到地表水三类标准，创历史最佳。建成了由龙泉山城市森林公园、郊野公园、城市公园和城市绿化环境组成的全域公园体系，城市绿色空间形态全面重塑。虽然与天府新区成都直管区“轨道公交慢行”相融合的公园城市运行动脉、公园形态与社区生活有机融合，以及重庆两江新区协同创新区交通、水域治理智能化等相比还有差距，但眉山天府新区已经实现“城镇”向“城市”转变，形成了人、城、景、业高度相融的大美公园城市架构。

五、经验启示

近年来，眉山天府新区围绕“天府公园城、眉山创新谷、开放新高地”建设理念，不断改革创新，形成了高质量发展态势。在建设成渝地区双城经济圈、融入新发展格局背景下，眉山天府新区的做法虽有待完善提升，但对于突破经济区与行政区分离带来的壁垒，构建高质量发展新区域，助推内陆开放高地建设具有借鉴意义。

（一）典型做法

1. 加强区域协同，构建大协同促开放格局

第一，强化重大战略合作。立足国家政策机遇，加强战略对接，共同担负起打造内陆开放新高地的国家使命。与天府新区成都直管区共同推动天府新区成眉片区一体化发展战略合作，携手打造成眉同城化发展试验区、高质量发展示范区。聚焦四川省委“一干多支、五区协同”发展战略，与天府新区成都直管区共同推动四川天府新区成都片区、眉山片区交界地带融合发展，充分发挥天府新区辐射引领带动作用。强化“一盘棋”思想，贯彻“一体化”理念，与重庆两江新区开展战略合作，同唱“双城记”，联合打造内陆开放门户。

第二，加强重点领域协同。以交通同城为先导，加快构建“航空 + 轨道 + 高速公路 + 干线公路”路网互联互通体系，打造与成都“30 分钟同城化交通圈”，并依托中欧班列、长江黄金水道、西部陆海新通道等大通道，与重庆两江新区交通对接，加快两地交通枢纽优势互补联动，打造内陆地区铁水多式联运重要节点。加强产业协同，依托“成都区位 + 眉山成本”叠加优势，鼓励企业建立“总部 + 基地”“研发 + 生产”跨区域协作发展模式，推进产业同链发展，着力共建产业生态圈。加强生态协同，联动推进公园、绿道、湿地等生态工程共建共享，共同建立区域环境保护联防联控机制，共同打造全面践行新发展理念美丽宜居公园城市。

第三，构建协同工作机制。建立天府新区成眉片区一体发展“联席会议 + 分管领导工作协调 + 部门对接 + 办公室统筹协调”制度机制（联席会议制度、管委会分管领导工作协调会议制度、部门常态化工作对接推进机制、天府新区成眉片区一体发展办公室统筹协调制度），增强了区域协同合力。

2. 创新体制机制，重构区域发展格局

第一，理顺体制，统一管理。全面发挥新区先行先试优势，把握机构

改革契机，整合4个正县级机构，成立眉山天府新区党工委管理委员会，实现一套班子、两块牌子、交叉兼职，加强对镇（街道）、园区统一管理，全面理顺新区管理体制。成立眉东新城管理机构，明确职责，加强对功能区的统筹管理。

第二，完善机制，高效运行。学习借鉴雄安新区、滨海新区等先进经验，推行“大部制、扁平化”管理模式，组建内设机构9个、事业单位14个、功能园区5个、派驻机构4个，根据发展需要增设4个内设机构，构建了系统完备、科学规范、便捷高效的内部运行体系。优化乡镇（街道）布局，将视高镇、清水镇、里仁镇、兴盛镇合并设立视高街道，将青龙镇设立为青龙街道，充分发挥视高镇、青龙镇作为四川天府新区核心区的金字招牌作用。

第三，科学布局，支撑发展。结合规划调整，顺势确立“一核两翼”空间布局，增强了区域发展整体性、协调性。把握成眉同城化趋势，抢抓成渝地区双城经济圈建设机遇，根据对接成都东部新区、天府国际机场和重庆“东核”需要，进一步优化区域功能分工，明晰发展重点，重塑了区域经济地理，为发挥带动眉山全域高质量发展主引擎作用提供了支撑。

3. 创新投融资模式，破解发展资金瓶颈

第一，围绕“钱从哪里来”，创新债券融资模式。以“智慧路灯”建设为突破口，深度挖掘道路基建项目收益点，强化项目包装，成功发行全国首支、四川首支智慧路灯项目收益专项债，开创了公路领域发行智慧路灯专项债券的先河。眉山天府新区投资集团有限公司紧密围绕资产规模“三年500亿、五年1000亿”“三年实现AA+、五年实现IPO上市”目标，加强内部管理，做大资产规模，做优实体运营，通过债券市场树立“强AA”品牌形象，全省率先突破交通银行、建设银行购买AA主体债券2.7亿元。引入6大国有银行投资债券，引领直接融资降成本。引领市场对集团信用等级重塑，银行对集团融资成本重新定价，多类产品融资利率创全市新低。

第二，围绕“谁来使用钱”，做强、做优、做大国有平台。强化国有企业在新区的融资主体角色，担负起新区基础设施项目的融资筹资主体任务，通过资源整合和项目包装获取低成本资金，盘活国有资产；优化资源配置，将新区供排水、燃气等重要行业特许经营权赋予公司，授予公司砂石开采权，实现国有资产保值增值，同时通过现金注资、调整土地计价方式，增加国有平台净资产。

第三，围绕“如何用好钱”，积极拓展投资渠道。积极打造基金小镇，设立母基金不低于90亿元的工业发展、创新创业、乡村振兴等多只基金，实现了新区基金融资“零的突破”；通过公开招商方式，眉山天府新区投资集团有限公司引入社会资本组建合资公司，稳妥推进混改。坚持第二、三产业“双轮驱动”，入股四川银行、清华启迪、阿格蕾雅等发展前景好的优质项目。

4. 创新“放管服”改革，营造一流营商环境

第一，推进事项集中，确保有效行权。市级部门和2区县按照“简政放权、应放尽放”的原则，对凡是有利于加快新区建设、有利于优化新区营商环境、有利于新区工作更加便捷的行权事项，原则上一律委托新区行使。通过授予新区行使“眉山市彭山区人民政府”和“仁寿县人民政府”等“2号”公章，打通了新区土地审批最后一个中梗阻。通过跟岗学习、实践操作、业务交叉学习、市区县对口辅导等方式，加强行政审批窗口人员业务能力培养，确保新区行政审批服务“有人干”“干得了”。

第二，推进审管分离，促进有效监管。实行“一局一章管审批”，划转发展改革、经济和信息化等多个部门审批事项，变多部门审批为一部门服务，打通行政审批内部流转关键环节。按照“谁授权、谁监管”原则，积极推行市级部门随机监管；坚持审管分离，大力推行新区各部门“两随机一公开”监管；突出监督重点，健全完善权责清晰、风险明确、预警及

时、运行有效的风险防控机制，促进有效监管。

第三，创新服务模式，提升服务质效。积极推进“一窗综合受理”，加强“综窗服务人员”业务素质，全面建立“前台一窗进出、后台分类审批、即时办结送达、定期监督考核”政务服务模式；针对重点项目，推行“模拟审批”“告知承诺制”“红色先锋”“一对一‘保姆式’全流程服务”等制度，开办“4 小时办结”“‘商事登记服务速度’提速 97.5%”“投资项目‘50 天内开工’”等优质服务；积极对标天府新区成都直管区，世界银行营商环境评价标准，主动开展营商环境第三方独立评价，并推行“评价结果”在新区范围内排名，对标省内其他区县排名的双排名工作机制。

5. 突出绿色发展，建设公园城市

第一，推进形成绿色空间格局。高规格编制完成《眉山天府新区公园城市专项规划》《眉山天府新区邻里公园专项规划》，并以品质同标为目标，主动对标成都建设美丽宜居公园城市标准，高标准规划设计，加快构建城市公园、邻里公园和郊野公园构成的三级城市公园体系。统筹实施“绿道 + 生态涵养”厚植绿水青山的生态价值，形成与“青山绿道蓝网”相呼应的公园城市空间形态。统筹规划落实生态保护红线、永久基本农田、城镇开发边界等空间管控边界。

第二，推进产业结构绿色转型。实行“腾笼换鸟”工程，持续推动化解落后和过剩产能，推进产业体系绿色升级。加快发展节能环保产业，全面节约高效利用资源，大力发展循环经济。充分依托天府新区成都直管区科技、产业、平台、人才优势，加快高新技术产业园区、高新技术产业带建设；与成都东部新区搭建产业协同一体化发展新平台，推进两地发展智能制造、现代服务、临空经济等高端高质高新产业，积极推动空港新城、眉东新城、资阳临空经济区大临空经济产业集群建设，共建临空产业生态圈，着力形成既与天府新区成都直管区产业同链，又具有自身特色的产业体系。

第三，加快形成绿色生态机制。健全山水林田湖草一体化生态保护修复机制，落实最严土地集约利用、水资源管理制度。建立供、排、净、治一体化和垃圾分类机制，推进以市场为导向的绿色技术创新，构建产业生态经济体系。健全公园城市建设投入产出平衡机制，发展绿色金融，建立生态价值转化基金。积极推行绿色发展方式和生活方式，全面推行绿色智能化管理，建设宜居、宜业、宜商、宜游的绿色新区。

（二）启示

1. 区域协同发展是推动开放发展的重要方向

内陆地区国家级新区或重要开放平台，必须强化“协同发展、一体发展、融合发展、共享发展”理念，打破地域限制，加强与定位相近、互补性强、联动效果好的更大区域的战略合作。从战略规划对接、交通协同、产业协作、生态共育等方面，形成优势互补、资源要素自由流动、互利共赢的协同发展格局，形成内陆开放新优势。

2. 体制机制的改革是推动开放发展的重要前提

作为与行政区分离的国家级新区，必须根据国家战略定位充分利用好各种政策机遇，打破各种利益固化的藩篱，整合区域管理机构，重构集中统一、权威高效的指挥机构，推动“大部制、扁平化”管理模式，构建起科学合理、协调有力、运行顺畅的体制机制。

3. 创新投融资模式是推动开放发展的重要条件

国家级新区建设需要巨大的资金投入，必须坚持有效市场和有为政府更好地结合。一方面，要发挥有为政府作用，做大做强国有公司平台；另一方面，要发挥国有资本撬动作用，有效整合社会资金，积极拓展重大项目和产业投资空间。在此基础上，有效运用国家政策，探索建立符合本区域特色的投融资模式，发挥国有公司平台助推新区发展主力军作用。

4. 打造一流营商环境是推动开放发展的重要保障

营商环境是检验新区改革开放成效的重要标尺。作为国家级新区，必须放眼全球，对标世界银行及国际营商环境指标评价体系，学习借鉴国家级新区和发达地区营商环境建设经验做法，大力推进“放管服”改革，主动开展营商环境第三方独立评价，着力解决影响和制约营商环境的深层次问题，切实增强对国内外资本的吸引力和开放发展的活力。

5. 生态优先绿色发展是推动开放发展的重要支撑

新区肩负着引领、带动更大区域发展的使命，必须紧扣公园城市目标，牢固树立生态优先、绿色发展理念，打破产业、城市、生态分割的低层次治理模式，统筹区域环境治理和生态功能布局，有效融入绿色科技和智能管理，更高层次对接跨区域发展，形成人、城、景、业高度相融的现代化公园城市架构，增强城市发展可持续性。

6. 始终坚持政治领导是推动开放发展的根本遵循

新区改革开放牵一发而动全身，必须立足“两个大局”，深刻领会国家级新区战略定位，坚持新发展理念，紧扣发展定位，找准担当国家使命与推动自身发展的结合点，大胆改革创新，着力破解体制机制瓶颈，把党的领导贯穿改革开放全过程、各方面，确保新区改革开放步调与党中央保持高度一致，行稳致远。

参 考 文 献

[1] 中共中央关于制定国民经济和社会发展第十四个五年规划和二〇三五年远景目标的建议 [M]. 北京：人民出版社，2020.

[2] 裴泽庆，杨继荣．深入推进现代乡村治理制度改革的四川实践研究 [M]. 北京：国家行政管理出版社，2021.

[3] 唐文金．成渝地区双城经济圈建设研究 [M]. 成都：四川大学

出版社，2020.

[4] 杨艳．两江新区携手天府新区唱响“双城记”[J]．重庆与世界，2020（5）.

课题指导：中共四川省委党校（四川行政学院） 阿海曲洛

编写单位：中共眉山市委党校（眉山市行政学院、眉山市社会主义学院）

研究团队：周光普 张素文 郭佳铭 张珊珊 郭裔希 司国之 周茂祥

以川藏铁路建设带动甘孜州高质量发展

一、导语

2018年10月，川藏铁路正式动工，东起四川成都，西至西藏拉萨，正线全长约1600公里，运价低、能耗少、污染小、运力大是其突出优势。当前，成都至雅安段已于2018年底建成投运，拉萨至林芝段预计2021年底建成投运，雅安至林芝段也将于2021年开工建设，全线计划于2030年全面建成通车。作为西部大开发深入推进的重要标志和治藏稳疆固边安防长治久安的重要保障，川藏铁路在促进民族团结、维护国家统一、巩固边疆稳定以及促进川藏两地经济社会发展方面具有重大的战略意义，更是提高国家应对突发公共事件能力，实现“补短板、强弱项”的重中之重。

作为“十四五”规划与“中国制造2035”计划第二阶段重点交通建设工程，川藏铁路建设与“一带一路”建设、长江经济带建设、西部大开发以及乡村振兴等一系列重大国家战略交相辉映，协力推进中国实现迈入世界制造强国前列的目标，踏上基本实现社会主义现代化新征程。同时，川藏铁路将与规划建设的中国—尼泊尔铁路相连接，开辟连接孟中印缅经济走廊的南向开放新通道，加强我国在中印关系中的主动性，稳妥处理与周边国家的关系，强化双边贸易往来，进一步提升“一带一路”的国际战略地位。

川藏铁路是川藏两地经济社会发展的“重要引擎”、“关键变量”和“发展杠杆”，为甘孜州提供了千载难逢的发展机遇。建成以后将充分释放成渝地区双城经济圈、“一干多支”等战略的发展效能，进一步增强四川与西部地区的联结与互动。从而更好地辐射带动西南地区经济发展，加速西部大开发进程，助力乡村振兴。

根据四川省委“一干多支、五区协同”、“四向拓展、全域开放”的战略布局，依托川藏铁路站点，利用铁路沿线独特的旅游资源，在实施生态环境保护战略下，打造一条高效益、高质量、可持续发展的沿线绿色产业经济带，实现城镇布局、产业布局、交通建设与生态保护多元一体，形成“以点带线，以线辐面”的区域经济协同发展新格局，重构甘孜州产业布局和经济发展新版图。

在发挥川西北生态示范区主体功能基础上，甘孜州坚持创新、协调、绿色、开放、共享的新发展理念，以高质量发展为中心，以供给侧结构性改革为主线，以“六大战略”为具体路径，全力创建国家全域旅游示范区、国家生态文明建设示范区、全国民族团结进步示范州，聚力重塑甘孜州发展新功能，使“一干多支、五区协同”战略在川西北生态示范区取得重大突破，进一步促进甘孜州经济全面发展、生态屏障巩固、民族团结进步、社会长治久安。

二、案例背景

（一）国家重大战略布局

1. 西部大开发重大战略助推区域发展新格局

“西部大开发”是中央政府的一项重要决策，目的是把东部沿海地区的剩余经济发展能力，用于提高西部地区的经济和社会发展水平、巩固国防。2020 年 5 月，中共中央、国务院发布了《关于新时代推进西部大开发形成新格局的指导意见》（下称《意见》），强化举措推进西部大开发形成新格局。

《意见》指出党的十八大以来，在以习近平同志为核心的党中央坚强领导下，西部地区经济社会发展取得重大历史性成就，为决胜全面建成小康社会奠定了比较坚实的基础，也扩展了国家发展的战略回旋空间。但同时，西部地区发展不平衡不充分问题依然突出，巩固脱贫攻坚任务依然艰巨，与东部地区发展差距依然较大，维护民族团结、社会稳定、国家安全任务依然繁重，仍然是全面建成小康社会、实现社会主义现代化的短板和薄弱环节。

《意见》强调要强化基础设施规划建设，并指出要提高基础设施通达度、通畅性和均等化水平，推动绿色集约发展。加强横贯东西、纵贯南北的运输通道建设，拓展区域开发轴线。强化资源能源开发地干线通道规划建设。加快川藏铁路、沿江高铁、渝昆高铁、西（宁）成（都）铁路等重大工程规划建设。注重高速铁路和普通铁路协同发展，继续开好多站点、低票价的“慢火车”。打通断头路、瓶颈路，加强出海、扶贫通道和旅游交通基础设施建设。

2. 成渝地区双城经济圈赋予区域发展新使命

在中国区域发展板块上，成渝地区举足轻重。2011 年，国务院批复了国家发展改革委印发的《成渝经济区区域规划》。2016 年，国家发展改革委、住房和城乡建设部联合印发的《成渝城市群发展规划》中明确指出，到 2020 年，成渝城市群要基本建成经济充满活力、生活品质优良、生态环境优美的国家级城市群；到 2030 年，成渝城市群完成由国家级城市群向世界级城市群的历史性跨越。另外，《2019 年新型城镇化建设重点任务》中明确提出，将成渝城市群与京津冀城市群、长三角城市群和粤港澳城市群并列。

2020年，习近平总书记主持召开中央财经委员会第六次会议指出：推动成渝地区双城经济圈建设，有利于在西部形成高质量发展的重要增长极，打造内陆开放战略高地，对于推动高质量发展具有重要意义。要尊重客观规律，发挥比较优势，推进成渝地区统筹发展，促进产业、人口及各类生产要素合理流动和高效集聚，强化重庆和成都的中心城市带动作用，使成渝地区成为具有全国影响力的重要经济中心、科技创新中心、改革开放新高地、高品质生活宜居地，助推高质量发展。会议还强调，成渝地区双城经济圈建设是一项系统工程，要加强顶层设计和统筹协调，突出中心城市带动作用，要加强交通基础设施建设，加快现代产业体系建设，增强协同创新发展能力，优化国土空间布局，加强生态环境保护，推进体制创新，强化公共、服务共建共享。

3. 川藏铁路规划建设打通区域发展交通命脉

2008年3月，在十一届全国人大一次会议上，四川代表团提出的议案《关于尽快建设川藏铁路的建议》，得到国家有关部委的积极响应。2011年3月，由全国人大通过的“十二五”规划纲要，在其第十二章“构建综合交通运输体系”中，提出了要研究建设川藏铁路。一幅“国家快速铁路网”插图更是清晰地标注了川藏铁路的虚线，分别连接成都与林芝，连接待建的林芝至拉萨快速铁路。2019年10月，中央财经委员会第三次会议，专门研究了川藏铁路规划建设问题。会议强调，规划建设川藏铁路是促进民族团结、维护国家统一、巩固边疆稳定的需要，是促进西藏经济社会发展的需要，是贯彻落实党中央治藏方略的重大举措。要把握好科学规划、技术支撑、保护生态、安全可靠的总体思路，加强统一领导，加强项目前期工作，加强建设运营资金保障，发扬两路精神和青藏铁路精神，高起点、高标准、高质量推进工程规划建设。

（二）四川重点谋划发展

2018年6月，为着力解决四川区域协调发展不足等问题，四川省委十一届三次全会通过了《中共四川省委关于全面推动高质量发展的决定》（以下简称《决定》），明确了构建“一干多支、五区协同”的区域发展新格局。主要包括以下几方面内容：做强“主干”，支持成都加快建设全面体现新发展理念的国家中心城市；发展“多支”，打造各具特色的区域经济板块，推动环成都经济圈、川南经济区、川东北经济区、攀西经济区竞相发展，形成四川区域多个支点支撑的局面；大力促进“五区协同”发展，推动成都平原经济区、川南经济区、川东北经济区、攀西经济区、川西北生态示范区协同发展；推动成都与环成都经济圈协同发展；推动甘孜藏族自治州、阿坝藏族羌族自治州、凉山彝族自治州与各地协同发展；推动区域内各市（州）之间协同发展。

《决定》指出，川西北生态示范区和大小凉山地区要突出生态功能，重点推进脱贫攻坚，发展生态经济，促进全域旅游、特色农牧业、清洁能源、民族手工艺等绿色产业发展。落实主体功能区定位，完善和落实生态补偿机制。川西北生态示范区要建设国际生态文化旅游目的地、国家级清洁能源基地和现代高原特色农牧业基地。支持甘孜州、阿坝州建设国家全域旅游示范区、国家生态建设示范区、全国民族团结进步示范州。推进若尔盖草原湿地生态功能区、以石渠为重点的“中国最美高原湿地”和川滇森林及生物多样性生态功能区建设。加强“三江一河”重点流域和生态脆弱区综合治理。

《决定》还指出，对以甘孜、阿坝两州为主体的川西北生态示范区以及大小凉山地区，更多的是在“五区协同”中突出其生态功能，这既是建设长江上游生态屏障、服务国家大局的需要，也是确保这一地区可持续发展、增进人民福祉的需要。这进一步明确了甘孜州在“一干多支、五区协同”中的定位和方向。

2019年1月，四川省委办公厅、省政府办公厅印发《关于加快推进川西北生态示范区建设的实施意见》（以下简称《实施意见》），对川西北生态示范区的发展目标、发展路径等作出明确指导。

《实施意见》指出，川西北生态示范区要突出生态优先、绿色发展，以基础设施改善提升为先导，以发展全域旅游为主线，以保障和改善民生为出发点和落脚点，加强政策设计和体制机制创新，把资源优势转化为经济发展优势，统筹推进国家生态建设示范区、国际生态文化旅游目的地、国家级清洁能源基地和现代高原特色农牧业基地建设，探索出一条适合高原藏区特点的高质量发展之路。《实施意见》明确，到2022年，川西北生态示范区全面建成小康社会成果进一步得到巩固完善，生态功能更加突出，生态经济加快发展，基础设施瓶颈制约基本缓解，基本公共服务水平与全省差距逐步缩小，初步建成国家生态建设示范区、国家全域旅游示范区、全国民族团结进步示范州。

《实施意见》强调了要构建立体综合交通体系，畅通内联外达通道，全力推进铁路建设。加快建设川藏铁路，建成投运成都（朝阳湖）至雅安段，加快推进雅安至林芝段前期工作并力争尽快开工建设。加快推进成兰铁路成都至黄胜关段建设和成都至西宁铁路前期工作，积极开展成都至格尔木铁路和川藏铁路与滇藏、青藏、成昆铁路网连接线前期研究。实施四姑娘山至都江堰轨道交通扶贫项目。

（三）甘孜州“三创联动”推进

1. 创建国家全域旅游示范区

近年来，甘孜州统筹实施基础设施建设年、服务质量提升年、旅游营销宣传年“三大行动”，使甘孜州全域旅游持续向纵深发展。2019年，全州重点旅游项目累计完成投资22亿元；累计接待游客3300余万人次，实现旅游收入363亿元，同比分别增长47.98%和62.16%。旅游产品的不断丰富、旅游基础设施的不断完善、旅游品牌的不断成熟，对创建国家全域旅游示范区起到了有效推动作用。

甘孜州委十一届五次全体（扩大）会议指出，甘孜要立足世界级旅游资源，坚持优先发展旅游不动摇。要按照“全要素旅游、全过程旅游、全时空旅游、全人文旅游”的理念，构建环贡嘎山旅游圈、环稻城亚丁旅游圈、环格聂山旅游圈、格萨尔文化旅游带、中国最美高原湿地“三环一带一地”全域旅游空间布局；要建设旅游目的地、特色旅游产品、旅游营销、旅游服务保障、旅游扶贫新格局五大体系；要对标国家全域旅游示范区创建导则和考核验收标准，补齐旅游基础设施、配套设施、服务管理、体制机制短板，推动旅游高质量发展，实现旅游景观全域优化、服务供给全域配套、景区治理全域覆盖、相关产业全域联动、发展成果全民共享。

旅游作为一项综合性产业，对特色农牧文化、中藏医药等其他生态产业有直接带动作用，能有力推动甘孜州构建“环保型”产业体系，而且构建“环保型”产业体系正是甘孜州立足“川西北生态示范区重要组成部分”的区域定位，发挥好生态屏障功能的必然要求。

2. 创建国家生态建设示范区

甘孜州委十一届五次全体（扩大）会议明确要求，全州上下要牢固树立“绿水青山就是金山银山”理念，全面实施生态文明建设战略，坚持绿色发展、循环发展、低碳发展，加强生态空间、生态经济、生态制度、生态文化、生态生活建设，构建由政府、企业和社会多元主体参与的生态环境治理格局，积极探索具有甘孜特色的生态文明发展模式，筑牢长江上游生态屏障。同时，还为甘孜州创建国家生态建设示范区制订了“到2020年，基本形成科学合理的产业布局和空间开发格局、基本达到国家生态建设示范区创建标准；到2023年，全面建成国家生态建设示范区，全州林草覆盖率达到70%以上，单位工业用地工业增加值达到55元/亩，村庄环境综合整治实现90%以上，公众对生态文明知识知晓度达到80%以上，80%的县（市）通过国家考核验收”的时序计划。

对于甘孜州而言，生态是立州之本、生态是生命底色。大力创建国家生态建设示范区，既是为了让甘孜州融入全省发展新格局提供生态保障，又是有利于全州、全省乃至全国长远发展的必然选择。

3. 创建全国民族团结进步示范州

甘孜州委十一届五次全体（扩大）会议明确要求，全州要坚持“共同团结进步、共同繁荣发展”的民族工作主题，把维护祖国统一、加强民族团结作为工作着眼点和着力点，把民族团结工作作为促进各民族交往交流交融、铸牢中华民族共同体意识的实现路径，作为夯实甘孜长治久安的重要抓手，融入全州经济社会发展全过程。到2020年，建成全面小康的民族团结进步示范州，所有县（市）、90%的乡镇、80%的村（社区）及党政机关、学校、企事业单位、寺院创建成为民族团结进步示范县（市）或单位，并认真贯彻执行《甘孜藏族自治州民族团结进步条例》，深化民族团结进步“八进”活动，办好民生实事。

三、典型案例

（一）以川藏铁路建设为依托，打造立体交通发展

“要想富，先修路。”虽然是句老话，但在四川、青海、西藏三省交界地带的川西北地区，“路”却有着特殊意义。甘孜州是四川省面积最大的地级行政区，总面积15.3万平方千米，地处青藏高原东南缘，山高谷深，地广人稀，交通不便曾经是这里的“老大难”问题。如今，雅康高速全线通车，甘孜州进入高速发展时代；格萨尔机场成功通航，甘孜州成为全国首个拥有3座民用机场的地级行政区；国省干道实现提质升级；川藏铁路开工建设……甘孜州的交通条件得到了根本性改善，发生了历史性巨变，

创造了天堑变通途的奇迹，交通发展进入新纪元，立体综合交通体系的建成指日可待。

清晨8时许，一架空客A319飞机从稻城亚丁机场起飞，向东越横断跨雅砻；中午12时许，在雪域群山飘着的一条条“玉带”上，一辆辆自驾车鱼贯而行；下午18时许，城际专车司机张谦荣已是当天第3次奔驰在雅康高速上，最多3.5小时便能驶抵康定城……这是2021年7月初的一天，发生在甘孜大地上的一个个片段。从过去交通闭塞、山高路远，到如今通高速、自驾行、乘飞机……“铁公机”齐头并进打通川西“大动脉”，进而“织线成网”，甘孜交通走过了一段极不平凡的历史进程。

加快建设铁路网。2018年，国家全面启动川藏铁路建设。规划中的川藏铁路东起四川省成都市，西至西藏自治区拉萨市，线路全长约1800公里。2021年，川藏铁路雅安至林芝段全线开工。川藏铁路雅安至西藏林芝段，自二郎山隧道向西进入甘孜州境内，经过6个县（市）、22个乡镇，设立泸定、康定、新都桥、雅江、理塘、毛垭坝、巴塘7座中间站和火夹仲、西俄洛、沙马3座越行站，线路总长度约390公里。其中，桥梁43座、总长约69933米，隧道31座、总长约312152米，桥隧总长约382公里，桥隧占比达97.94%，静态投资约723亿元。

川藏铁路建成后，将成为继青藏铁路之后世界屋脊通往东部地区的又一条大动脉，对四川、西藏的发展建设和生态保护意义重大，尤其对于维护边疆地区稳定、维护国家安全等具有重要的现实意义。建设川藏铁路，必将促进甘孜州经济社会发生历史性变革，必将促进甘孜州发展格局实现根本性改变，必将提升甘孜州在全国的战略地位。因此，甘孜州各族干部群众翘首以盼这条“雪域天路”能早日开工、早日建成。说起对川藏铁路的期盼，康定市新都桥镇村民白马十分感慨地说：“现在全村人都在盼望川藏铁路（甘孜段）早点开工建设。有了铁路，游客就会更多，也就好做生意，发展产业，增加收入，生活更有奔头。”

提质升级公路网。打造立体交通，离不开公路网络的构建。当年解放军第18军修筑的川藏公路是“世界公路史上的奇迹”，随着雅康高速公路的通车，川藏公路步入“高速时代”。如今，甘孜州以雅康高速公路建设为突破，规划建设了川藏南线G4218、川藏北线G4217等高速项目。同时，提质国省干道路网等级、完善农村公路网络，建强公路运输骨干网络。

对于公路网的建设，新龙县雄龙西乡哈米村村民呷绒泽仁感慨很多，他说：“以前村里没公路，通乡的也是一条‘土路’（机耕道），到县城要两个小时。因为路况不好，骑摩托车稍不注意就滑到路边沟里了。”回想交通不畅造成的不便，仍是心有余悸。说过去不堪回首，谈现在满面喜色。呷绒泽仁说：“现在通乡有沥青油路、通村有水泥硬化路，还有连户路到家门口，车跑起来又快又安全，到县城只要半小时时间，费用也只有原来三分之一。路好车多，全村202户，就有30多辆小汽车、300多辆摩托车。”

雅康高速公路是甘孜州第一条高速公路，从2012年开始建设的雅康高速二郎山隧道全长13.4公里，洞口海拔1571米，被誉为“川藏第一隧”，是雅康高速重要的控制性工程，于2017年9月贯通。雅康高速通车后，从雅安到康定的通行时间由原来的6小时缩短到1.5小时，大大改善了进入甘孜州涉藏地区的交通条件。这条“云端”高速公路通车，最高兴的莫过于沿线的群众。雅康高速通车那天，康定市民扎西看到电视里挂着红绸的头车缓缓驶进雅康高速康定收费站时，忍不住大喊出甘孜藏区人民的心声：“终于通啦！嘎正切（藏语“谢谢”之意）！”20世纪90年代，从事商贸行业的扎西经常往返于康定和成都之间。扎西说，“当时，康定到成都没有高速公路，一大早就出发，到成都要走几天。夏天山体易滑坡，冬日结冰难行”。时隔多年，回忆起翻越二郎山的经历，扎西仍然心有余悸。

织密民航飞行网。甘孜康定机场于2006年开工建设，2009年正式投入运营。康定机场的开通结束了甘孜州只有陆路运输的单一局面，甘孜从此跨入“立体交通”时代。四川稻城亚丁机场于2012年6月正式开工建设，2013年正式通航，是世界上海拔最高的民用机场。成都至稻城航线开通后，两地来往不到1小时。2019年9月，甘孜州内第三座机场——甘孜格萨尔机场正式通航，标志着甘孜州成为全国唯一拥有3座高原民用机场的地级市（州）。

“十四五”期间，甘孜州将全面服务川藏铁路（甘孜段）建设，加快川藏铁路沿线国省干线瓶颈路段升级改造；全面加快高速公路建设，形成进出州大通道2条；全面提质升级国省干线，实现通三级及以上公路的乡镇达到65%，通国道三级及以上标准的公路达到95%，通省道三级及以上的公路达到65%；全面完善农村公路建管体制，创建省级“四好农村路”示范县数量达到70%以上，力争创建省级“四好农村路”示范州；全面提升交通运输服务品质，打造“金通工程”品牌，推进平安交通建设，奋力建设现代综合交通枢纽。

一年一目标、一年一变化。近年来，甘孜州交通建设已建项目加速推进、开工项目紧锣密鼓、前期项目万事俱备、民生项目落地落实，雅康高速“直通”客运、格萨尔机场“起飞”、川藏铁路全面开工，甘孜正在密织交通网，呈现出一派大跨越、大发展的火热景象。

（二）以川藏铁路建设为依托，培塑区域中心城市发展

理塘县地处康南中心，既是甘孜南部交通枢纽城市，也是一座平均海拔4300米的“天空之城”，年平均气温仅为3℃，含氧量仅占平原地区的50%，被称为“生命禁区”。环境恶劣、设施滞后、产业落后以及社会发育低是理塘所面临的问题与客观现实。同时，理塘县地处藏羌彝文化和蒙藏文化走廊相交地，有藏戏梵音非遗文化、诗歌文化、红色文化、民俗文化等多种文化，自然资源和文化资源极其丰富。

自脱贫攻坚实施以来，理塘县大力发展县域经济。一是大力发展文旅

产业。以“康藏之窗·圣地理塘”为名片，推进格聂景区开发，打造了勒通古镇、千户藏寨AAAA景区等，成为独特的藏羌彝蒙民族文化综合体。二是大力发展特色农产品。利用理塘高原地势平坦、日照充分的优势，积极招商引资，建成由甲洼田园综合体、康藏阳光现代生态农业双创中心以及圣地农庄原种示范基地组成的“极地果蔬”现代生态农业园区，现今已是省级现代农业产业融合示范园区，规划占地面积2万亩，种植果蔬8300亩，产量8100万斤，产值6880万元，产品被整合到全国。目前，全县有37个贫困村逐步形成了以牦牛、高原蔬果、草业和食用菌为主的食品产业雏形，为旅游业的餐饮发展提供了大量特色绿色食品。三是大力发展商贸业。利用区域中心城市定位，理塘已建成南亚国家小商品交易区、电子商务示范区和川滇藏结合部物流集散中心，正在推进建设康南物流园、康南商贸中心。为推进农村电商创新创业孵化中心建设，打造了涉及6个乡（镇）、50个村的农村电商服务站（点）。

家住理塘康呷村的牧民真他，以前靠在山上捡菌子、挖虫草为生，年收入只有几千元，是当地的贫困户。如今，理塘濯桑现代农业园区农业基地的建设使他有了固定的工作，2020年赚了7万多元，是4年前年收入的6倍。真他刚开始在园区做零工，一两个月之后学开大拖拉机，有专门师傅教授。出师后他的月工资达到七八千元，比以前高得多，真他高兴地说：“现在我在基地开拖拉机，到了采收季还是采收班的带班组长，一天最少有300—400元收入。工作离家也很近，平时照顾小孩老人很方便。本地的老百姓都很开心，因为都有这个工作，他们一天有100—200元的收入。”像真他一样到农业基地干活的农牧民不止一个，农业基地的建设增加了农作物的产出，优化了资源配置，同时解决了农民增收的问题，也为农旅融合的发展打下了基础，农牧民的生活更加美好，实现乡村振兴更加动力十足。

理塘县毗邻稻城亚丁机场，国道G318、G227贯穿境内，规划中的川藏高速经过理塘，正在建设的川藏铁路在理塘也设有站点，“铁公机”齐头并进，大大拉近了雪域高原和平原腹地的时空距离，理塘县紧紧抓住这一难得的发展机遇，根据甘孜州委全域旅游和生态示范战略定位，以康南交通枢纽网络为支撑，加快文化旅游、生态农牧业、商贸物流业等主导产业和支柱产业的发展，大力推进“文旅体农商”五位融合的发展模式，驱动理塘高质量全面发展。一是实施大商贸战略。构建康南商贸物流中心，按照提升中心、优化网络、覆盖全域、创新业态、辐射周边的思路，搭建县、乡、村三级农特产品上行物流服务体系，积极内引外联，加快发展商贸服务业。二是发展高原绿色农牧业。理塘是川菜供港澳的备案基地和全省畜牧业大县，并具备交通枢纽和商贸物流中心的优势，以康藏阳光等龙头企业为基础，依托万亩农业产业基地和特色农畜产品工业园区，培育康南农畜产品加工龙头企业，创立极地果蔬、理塘牦牛肉等高原农畜产品知名品牌。三是大力发展文旅融合。利用县城既有功能和布局，以及县域内格聂神山、海子山、勒通古镇AAAA景区、毛垭最美草原、无量河最美湿地等知名旅游品牌和国家打造中国最美景观大道的机遇，不断完善全域旅游配套服务功能，进一步为游客提供更多、更丰富的旅游产品，为铁路开通后随之而来的客流做好承接准备。以山地旅游目的地和康藏文化体验为目标，打造“处处是景，时时可游，全程服务，进出便捷”的旅游集散服务中心。四是打造全州生态示范区。推进森林、草原、湿地全方位生态系统保护和建设，强力推进污水、垃圾、“厕所革命”等多维度城乡环境治理，实现政治、经济、社会、环境有机统一。在县城逐年推进仙鹤、洞嘎、白塔、佛眼、扎蚌、长青等“八大林卡”绿地湿地建设。五是推动文体旅融合。推动发展涉农、涉旅特色商品；推广传统民俗文化、红色文化、非遗文化、赛马文化以及诗歌文化；拓宽农畜产品、南亚小商品、康巴手工品、中藏药材、虫草销售渠道，进一步撬动旅游市场，筑牢康南商贸中心地位。

川藏铁路建成之后，接近一半的货运和客运将会由铁路承担，交通运输效率将迈上一个新台阶。川藏铁路不仅是进藏的一条大动脉，更是一条带动经济发展、民族团结的大命脉。对拥有理塘站、毛垭坝站两个铁路站的理塘而言，破除交通瓶颈立竿见影，巨大的人流、物流、信息流将涌入理塘，资源、人才、资本等核心要素进一步聚集，经济发展虹吸效应将快速显现，整个甘孜南部地区将会获得突飞猛进的发展。川藏铁路建设带来的社会、经济、文化效益将全面带动理塘以及辐射整个甘孜南部地区，在为理塘县带来前所未有的交通便利的同时，也为巩固脱贫攻坚成果，进一步推进乡村振兴起到了推动性与保障性的作用，同时对增强城市发展支撑能力具有重要意义。

（三）以川藏铁路建设为依托，加快生态经济发展

甘孜州地处青藏高原东南缘，既是世界天然物种重要基因库、中国西南林区核心组成区和长江黄河上游重要水源涵养地，也是“中华水塔”的重要组成部分和国家重要生态功能区，其生态环境的好坏关系到国家生态安全和长远发展。党的十八大以来，甘孜州按照川西北生态示范区的区域发展功能定位，牢固树立“绿水青山就是金山银山”的理念，用生态优先统筹规划全州经济社会发展格局，走出生态优先、绿色发展新路子。

丰富的自然资源和绝美的自然风光奠定了甘孜州发展旅游的基础，据四川省测定，甘孜州旅游资源总数、优良级旅游资源数量、四级旅游资源数量、五级旅游资源数量 4 项指标，在四川省 21 个市（州）中排名第一位。2020 年底，甘孜州 A 级景区总数已达 81 个，仅次于成都市，居四川省第二位。践行绿色发展理念，全域旅游自然成为龙头引领。近年来，甘孜州一手抓品牌形象提升，一手抓重点景区建设，已构建环雪域贡嘎旅游圈、环圣洁亚丁旅游圈、环格聂圣山旅游圈、格萨尔王文化丰富的资源优势旅游带和中国最美高原湿地、中国最美草原湿地的“三环一带两

湿地”发展布局。2020 年，全州接待游客突破 3000 万人次、综合旅游收入达到 300 亿元。

青稞是高原特产，甘孜县的青稞产量占全甘孜州的 1/7，传统的水磨青稞粉（糌粑）品质上乘，但由于缺乏深加工企业，青稞产值低，每亩收入仅在 450 元左右。为增加青稞附加值，带动农业转型升级，甘孜县积极引进了上海贝玛食品有限公司，建立了集青稞加工和观光体验为一体的甘孜县格萨尔青稞文化产业园。园区全面投产运营后，努力打造“甘孜糌粑”品牌，每年收购青稞原料 7700 吨，有了与企业的种植收购协议，收购价从 3. 2 元提升到 4. 4 元，农牧民再也不怕青稞卖不出去，种植良种青稞的积极性空前高涨。2020 年，该园区生产加工线也已经进入试生产阶段，解决贫困人口就业 24 人，人均月工资 3000 元。领到劳务工资的生康乡四村村民土登扎西激动地说：“往年没地方挣钱，今年在家门口就挣到了钱，感谢政府引进企业，也感谢企业给我们提供了就业机会。”

依托东西部地区扶贫协作和省内对口帮扶机制，甘孜州 2012 年就与眉山市共建甘眉工业园区，2015 年与成都市达成协议共建成甘工业园区。通过“飞地”模式，促进项目向优势产业区域集中，利用共建园区区位优势及留存电量等资源政策优势，围绕新能源新材料方向发展工业，既保住“绿水青山”又赢得“金山银山”。以甘眉工业园区为例，它已成为四川省经济总量最大的藏区“飞地”园区，已成为省级经济开发区和四川省重点培育产业园区之一，现有规模以上企业 38 户。22 岁的彝族青年马尔呷是九龙县乌拉溪乡石头沟村人，他家共 7 口人，为当地建档立卡贫困户。2018 年 6 月，在康定举行的甘眉工业园区专场招聘会上，马尔呷应聘到国创成公司，经过专业培训后上岗成为一名搅拌设备操作工，每月工资 4000 多元，随着操作技能的熟练，工资还将逐步提高，马尔呷家里再也不为没钱发愁了。类似马尔呷的情况还有很多，甘眉工业园区每年两次走进甘孜州开展定向招聘，重点吸收甘孜州“9 +3”毕业生就业。2019 年，园区内企业已吸纳甘孜籍员工 101 人，成为民族团结合作和建设涉藏地区生态保护实验区的典范。

川藏铁路建设是国家重大部署，对四川涉藏地区经济社会发展具有重大而深远的影响，对甘孜州持续发展生态经济有极大推动作用。因此“十四五”期间，甘孜州以川藏铁路建设发展为契机，提出以“大建基地、建大基地，大建产业、建大产业，大引企业、引大企业”为工作思路，加快形成以清洁能源、优势矿产、食品饮料、中藏医药、特色加工、新兴产业为重点的六大绿色优势产业和以数字经济为主体的“6+1”绿色现代工业体系。预计到2025 年，“飞地”园区实现工业总产值 1100 亿元以上，州内产业集中区实现产值20 亿元以上。伴随铁路建设和开通，引导新型建材等产业生产布局，力争全州制造业总产值年均增速保持在 8% 以上，工业增加值年均增速保持在 10% 以上，工业增加值占 GDP 的比重达到 20% 以上。

甘孜州根据自然资源禀赋，按照川西北生态示范区定位，坚持发展生态经济。首先，优先发展旅游业，推动全域旅游发展，全力打造国家全域旅游示范区和国际生态文化旅游目的地。其次，有序发展能源产业和矿产业，加快发展生态农牧业、特色中藏药业和特色文化产业。依托“一优先二有序三加快”产业发展思路，切实把生态优势变为发展优势、产业优势，用实际行动诠释绿色发展的真谛。“十四五”期间，甘孜州将以川藏铁路建设发展为契机，加快建成“6+1”绿色现代工业体系，为全面建成美丽生态和谐繁荣的社会主义现代化新甘孜奠定坚实基础。

（四）以川藏铁路建设为依托，促进物流发展

“嗡嗡嗡”，听着熟悉的声音，看着无人机从山顶飞过，雅江县八角楼乡帕姆岭村的藏民俄沙尼玛脸上挂满了笑容，他知道无人机上正搭载着高原之宝松茸，即将降落在雅江松茸产业园。雅江县出产的松茸年均产量保

持在800吨左右，约占全国产量的10%。以往俄沙尼玛和他的伙伴们常常需要深夜出发，徒步四五个小时才能到达采摘地，采取松茸后还需要徒步下山送到市场，这样的运输模式危险、低效不说，松茸的新鲜程度也大打折扣，收购价格也会大幅度降低。现在有了无人机运送基地，村民采摘的新鲜松茸直接用无人机送走，再由冷运车接力发往园区松茸预处理中心，经过筛选和预处理后，通过机场和高速公路在48小时内就能将新鲜松茸发往全国430多个城市。与以往人工运输相比，无人机运输松茸效率提升了4倍，松茸的新鲜与保鲜程度大幅提高，能以高于市场价10%的价格售卖，无人机解决了雅江松茸下山“第一公里”的运输问题，促进当地藏族群众增产增收致富奔小康。俄沙尼玛一家也靠采摘松茸盖起了新房，日子一天比一天好起来。

雅江松茸运输只是甘孜州物流变化的一个缩影，2017年雅康高速公路建成后，甘孜州康定、稻城、甘孜三大机场陆续建成投入使用，物流运输较以往有了长足发展。2019年，全州物流行业完成货运量1202.6万吨，同比增长12.27%；货运周转量242046.3万吨，同比增长8.08%。目前，甘孜州物流快递集散中心（见图1）、雅江县城乡物流配送中心和泸定得威冷链仓储物流中心等物流节点已投入运营，川藏（新都桥）商贸物流园、稻城亚丁机场空港物流园和稻城县现代商贸物流园等正在建设中，已建成康定、稻城、乡城等县级冷链物流集散地10个，甘孜州物流公共信息服务平台正式上线运营，可以在线上推动整合全州物流资源，实现降本增效；州、县、乡、村四级快递配送体系已经建成，为发展电子商务、开发站稳农村市场奠定了坚实基础。

甘孜州土特产品丰富，“10+2”现代农业体系战略规划已进入落实阶段，但由于交通条件制约，多数农产品还是以陆路运输为主，时间长、损耗大、成本高，对农民增收十分不利。即将全线开工建设的川藏铁路一旦建成投运，将使川藏之间的交通条件实现质的飞跃，对促进农民大幅增

图 1　甘孜州物流快递集散中心

（图片来源：课题组）

收，实现可持续发展具有重要意义。铁路与公路相比，运输效率更高且成本更低。一般而言，铁路与高速公路相比，运价仅为后者的1/3，能耗仅为后者的1/5。可以想见，川藏铁路建成后将彻底改变现有的交通状况，推动甘孜州经济大步发展，打通四川向西通道，战略意义十分重大。川藏铁路建成后，川西及西藏地区与成渝两地联系将更为紧密，有利于融入成渝双城经济圈及长江经济带，充分发挥中心城市的带动作用，通过区域增长极的极化效应和扩散效应，带动整个藏区乃至西部地区的发展，促进产业、人口及各类生产要素合理流动和高效聚集。

为抓住川藏铁路建设的契机，甘孜州坚持统筹发展，已规划以康定—泸定为重要节点，加快推进康定市公铁多式联运枢纽中心、川藏（新都桥）现代商贸物流园区等集公路、铁路运输方式于一体的综合交通枢纽；围绕鲜活农产品全程冷链物流目标，以康定、泸定、甘孜、理塘等县（市）为中心，推进区域性冷链物流中心建设；布局按东、南、北三个区域打造物流智能化程度高、专业物流能力强、配套功能全的物流园区，加快建设甘孜格萨尔机场商业圈、稻城亚丁机场空港物流园和理塘外贸转型升级基地。以正在建设的川藏（新都桥）现代商贸物流园区为例，规划园区位于雅康高速、川藏铁路和康定机场出口交会处，按照“一轴三心六功能区”整体布局，以商贸物流发展为轴，布局商贸物流、机动车和城市（文旅）服务三大产业中心，建设农业物流、机动车服务、商贸交易、多式联运、公路物流、城市服务六大功能区，构建川藏现代商贸物流新城。项目建成后将服务全州 18 个县（市），正式投用后预计园区总产值将达 62 亿元，直接纳税 1.33 亿元，将成为全州商贸物流的重要集散地，推动实现甘孜州与全国铁路、高速运输网络无缝对接，促进内外物资交流，带动产业集聚与联动发展，逐步补齐产业发展短板，推进全州经济社会发展工作。

现代物流业是支撑国民经济发展的基础性、战略性、先导性产业，在立体交通网络已基本建成的甘孜州，物流业得到了长足发展，既为产业发展提供了坚实支撑，也改变了长久以来居民的生产生活方式，不断满足人民对美好生活的需求。在川藏铁路开始建设的今天，为抓住这一千载难逢的历史机遇，提升物流综合服务能力，甘孜州陆续开始在交通枢纽及区域中心城市建设现代物流园区，主动适应新形势下现代物流业发展的新要求，构建现代物流、文化旅游、商业贸易、现代金融四大支柱型服务业和六大成长型服务业的开放合作长效机制，沿着符合甘孜州州情的现代物流业发展思路不断前行。

（五）以川藏铁路建设为依托，推进全域旅游发展

甘孜州全域旅游的发展历程很不平凡。20 世纪 80 年代中期，甘孜州的旅游开始萌芽起步，探索发展旅游之路历经了 20 多年的发展，直到 2011 年才真正进入探索发展期。2011 年，甘孜州在全国率先提出“全域旅游”，把全域旅游定义为“四全”，即：全域资源、全面规划、全境打

造、全民参与。全域旅游是指在一定区域内，以大众休闲旅游为背景，以产业观光旅游为依托，通过对区域内经济社会资源尤其是旅游资源、产业经营、生态环境、公共服务、体制机制、政策法规、文明素质等进行全方位、系统化的优化提升，实现区域资源有机整合、产业融合发展、社会共建共享，以旅游业带动和促进经济社会协调发展的一种新的区域协调发展理念和模式。

2016 年 2 月，全域旅游上升为国家战略，甘孜州被整体纳入国家创建全域旅游示范名单。围绕创建全国全域旅游示范区，甘孜州以海螺沟、亚丁、木格措等骨干景区建设精品景区为目标，加大资金投入力度，强化骨干景区的辐射和带动作用，连同次级景区形成精品旅游环线。2017 年，海螺沟景区成功创建 AAAAA 景区。2020 年，稻城亚丁景区成功创建 AAAAA 景区。全州加速实施城镇风貌改造和景观打造工程，各地呈现竞相加快发展的态势，以“圣洁美丽甘孜、康定情歌故乡”旅游品牌为统揽，建立和提升甘孜整体旅游形象（见图 2）。

图 2　泸定县牛背山风光

（图片来源：甘孜州委党校马银堂摄）

交通条件的改善大大促进了甘孜州全域旅游的发展。如今，快速便捷的高速公路和国省干道已经改变了全州的交通面貌，畅通的农村牧区公路也已成为甘孜州农村牧区产业发展、农牧民脱贫增收的“助推器”。三大机场业已建成，川藏铁路也已进入前期论证规划，“铁公机”立体交通体系初步形成。2019 年，甘孜州内全面实施基础设施提升工程，加快建设“成网成环、互联互通、四通八达、安全便捷”的交通运输体系，以路串联产业基地、美丽乡村、旅游景点，以点连线、连点扩面、连线成片，推动与全州各县市城区、客运枢纽等“快进”系统和各乡镇、景区景点“慢游”系统无缝对接，更好地服务旅游需求。

2020 年，甘孜州堪称全国文旅的“网红地”和“大赢家”，在疫情的巨大冲击下，甘孜州全年接待游客 3100 万人次、实现旅游综合收入 341 亿元，两项指标分别恢复到 2019 年同期的 93.48% 和 92.92%，基本与 2019 年持平。实践证明，甘孜州交通条件的改善，有力地促进了甘孜打造世界重要旅游目的地和国家全域旅游示范区，加快了全州农牧民群众脱贫奔小康的步伐。

自从 2018 年高速公路修进甘孜州，全州接待游客人次和旅游收入较之前强劲增长，实现一年上 1000 万元台阶、一年破 100 亿元大关，甘孜州已成为全国最具影响力、全省最具支撑力的全域旅游目的地之一。如泸定县杵坭村就是甘孜州较早享受交通红利的村庄。在四川省道 211（泸定至石棉）改道以前，杵坭村的交通情况很差，是泸定县发展较为滞后的地区。随着省道 211 的改道，冷碛牛背山大桥通车，雅康高速的泸定段通车，杵坭的交通从单线条成为网络状，“红樱桃之乡”品牌随之打响，“农家乐”等旅游延伸产业也相继入驻杵坭村。“农家乐，乐万家，快乐游客富咱家。自从办起农家乐，我家不仅收入多了，还能照顾家人，日子也越过越红火了。”泸定县杵坭村“板板桥”农家乐老板娘邓安美介绍说：“自从办起了农家乐，我曾经捉襟见肘的日子如芝麻开花节节高。”以前，邓安美在村里给别人家的农家乐洗菜、做饭，没挣到多少钱。2017 年，她家办起“板板桥”农家乐后，半年就挣了近 4 万元。现在每年收入可达 10 多万元，淡季的时候，每天少说可以收入几百元，多则 1000 多元；旺季的时候，最好的一天可收入八九千元。交通的改善对杵坭村的村容村貌、对村里的老百姓的生活来说都有很大的帮助，现在好多村民都依靠办农家乐发家致富。

川藏铁路的建成将推动甘孜州旅游提质升级。2021 年，川藏公路雅安到林芝段全面开工，不久的将来，火车也将开进甘孜，这意味着川藏铁路建成后，川渝经济区乃至长江中下游地区将直接与西藏连通起来。这对甘孜州来说，不仅可以构筑起立体交通体系，带动当地经济发展，更可以促进甘孜州产业结构升级。另外，全面开工建设的川藏铁路将会成为甘孜州旅游发展的新增长引擎。青藏铁路的通车，大大增加了去西藏旅游的游客流量。可以预见，随着川藏铁路的全面建设的展开，甘孜州与旅游客源地的联系也将更加紧密，这将进一步大幅扩展旅游客源流量，甘孜州全域旅游的发展优势将进一步凸显。

2020 年 11 月 11 日，丁真被在理塘县采风的摄影师胡波拍摄到，最终在抖音上发酵，不到两小时，播放量突破 1000 万次。“顶流”丁真已直接推动当地旅游。丁真的火爆为理塘带来了巨大的流量，理塘的格乃汪波说：“寒冷冬季，人们都会来看看理塘，更不要说最美的时候了。我看到了我的未来。”2021 年五一假期，理塘热度暴涨 510%，接待游客数和旅游收入双双突破历史纪录。数据显示，2021 年 5 月 1 日至 5 日，理塘县入境车辆达 2.4 万台次，共接待国内外游客 8.4 万余人，实现综合旅游收入 9315.2 万元，同比增长 98.7%。其中，五大景区及赛马会活动共计接待游客 4.3 万余人，同比去年两大景区增长 135%；酒店接待过夜游客 1 万余人，同比增长 72.3%。这些成果是丁真给理塘县带来的流量红利，更是综合立体交通网络给理塘带来的红利。

未来，和丁真的走红给理塘带来发展机遇一样，随着川藏铁路的建设，甘孜州一些处于“深闺”中的“偏远山区”，一些“坐着火车去拉萨”的“途经区”，甚至从未被纳入旅游“目的地”的旅游县区，将有机会转变为面向全国和海外市场的旅游前沿地区。因为，铁路运营将进一步优化资源配置，有效撬动各地旅游经济社会发展的协同推进，推动旅游业升级。可以预见的是，川藏铁路营运后，会进一步完善甘孜州的综合立体交通网络，甘孜州将会有一大批桥头堡式的旅游产业不断涌现，进一步加速甘孜全域旅游提质升级。这会加强全国各地的经济、文化、人员交流，实现客源的高速流动，随之而来的是其负载的一系列旅游才智、信息、文化、机遇等各种城市间旅游战略合作的软资源交换。这也会倒逼甘孜州旅游服务的提质升级。甘孜州大到旅游产品的区别化定位、设置，小到服务培训、卫生设施的建设，系统化工程的整体升级指日可待。

四、实施效果

（一）立足整体规划，突出发展重点

以习近平新时代中国特色社会主义思想为指导，全面贯彻党的十九大及十九届四中、五中全会精神，认真落实中央治藏方略和四川省委藏区工作指导思想，及四川省委十一届三次、四次、五次全会和甘孜州委十一届五次、六次全会部署，抓牢西部大开发与成渝地区双城经济圈发展战略契机，围绕建设生态经济强州目标，统筹抓好发展、民生和稳定三件大事，全力推进国家全域旅游示范区、国家生态文明建设示范区和全国民族团结进步示范州“三创联动”，建设美丽生态和谐繁荣甘孜。在立足甘孜州整体发展和区域协调的基础上，以高质量发展为中心，以供给侧结构性改革为主线，科学谋划产业主攻方向和突破重点，发挥生态资源优势，加强特色资源开发，着力升级产业结构，优化产业区域布局，统筹推进“五位一体”总体布局，协调推进“四个全面”战略布局，突出旅游“三环一带两

湿地”布局，联动推进旅游全域化、新型城镇化、农牧业现代化和信息化发展，促进产业协同发展，加快推进生态资源优势向生态经济优势转化，着力构建经济效益好、特色突出、竞争力强的生态产业体系。2020 年，经济社会发展取得的显著成效，为“十三五”规划画上了圆满句号。地区生产总值连续跨越“300 亿元”“400 亿元”两个台阶，达到 410.61 亿元，超“十三五”目标 69.61 亿元，是“十二五”末的 1.61 倍，年均增长 7%。

（二）以人民为中心，推动社会进步

把改善民生、凝聚人心作为经济社会发展的出发点和落脚点，深入实施重大民生工程，全面提升公共服务水平，进一步健全社会保障体系，巩固脱贫攻坚成果，不断拓宽增收致富渠道，提高群众生活水平和幸福指数。建立人才高地，加强人力资源开发，抓住川藏铁路重大科技攻关提供的有效需求和经济发展机遇，吸引高端研发人才聚集，增加甘孜群众就业机会，提升人口发展能力。集约配置基础设施和提供高水平的公共服务，提升铁路沿线居民的受教育水平和卫生健康水平，扩大人际交流，弘扬先进文化，实现民族地区社会和谐稳定。截至 2020 年，紧紧围绕“两不愁、三保障”，投入 557 亿元，深入实施 21 个扶贫专项，强力推进“五个一批”“七大攻坚”，完成易地扶贫搬迁 13351 户，改造棚户区 5652 户、农村土坯房 17153 户、农村危房 41713 户。突出抓好产业就业扶贫，推广“飞地”产业扶贫模式，建成旅游扶贫示范区 6 个、示范村 71 个，建成就业扶贫基地 109 个，动态开发公益岗位 90845 个（次）。中央单位定点扶贫、东西部地区扶贫协作、广东省对口支援和省内对口帮扶全面加强，到位资金 57.5 亿元，实施项目 2033 个。在全省率先出台防止致贫返贫实施意见和监测帮扶管理办法，深入实施“扶贫保”“防贫保”，常态开展“回头看”“回头帮”，18 个贫困县（市）、1360 个贫困村、225540 名建档

立卡贫困人口全部“清零”，兑现了向全州人民的庄严承诺。

（三）实现协同发展，重构经济版图

以川藏铁路为依托，把提高区域发展整体实力作为区域发展的重要任务，立足资源禀赋、产业基础、人才支撑、交通区位、环境容量等条件，突出比较优势，准确定位区域发展重点，充分发挥市场配置资源的决定性作用，破除行政体制束缚，强化产业链分工配套和区域协同，完善区域合作机制，促进要素有序流动，推动交通互联互通，促进产业联动发展，培育各具特色的优势产业和区域经济板块，构建分工明确、关联紧密、优势互补的区域一体化发展格局，重构甘孜州经济版图。2020 年，全面实施产业富民战略，构建形成“4 +6”现代服务业体系、“6 +1”绿色现代工业体系、“10 +2”现代农业产业体系，服务业增加值突破 200 亿元，达到 224. 6 亿元，产业结构由 2015 年的 22. 72：21. 02：56. 26 调整为 19. 65：25. 65：54. 7。全域旅游实现从起步到起飞的历史性跨越。建成 AAAAA 级景区 2 个、AAAA 级景区 20 个，A 级景区从“十二五”末的 4 个增加到 2020 年的 81 个，总量居全省第二位。

（四）坚持集约开发，促进集聚发展

把优化国土空间开发秩序作为优化区域布局的重要途径，约束国土空间开发行为，强化土地集约高效开发利用，引导人口和产业集中布局、集聚发展，实现人口城镇化、产业基地化、经济规模化，形成合理有序的开发格局。发挥铁路站点的交通便利优势，建设新城镇，鼓励交通不便的高原城镇向铁路站点附近迁徙，打造点状分布的川藏铁路新型城镇带。同时，引领绿色产业项目在铁路站点附近的城镇布局，鼓励符合清洁生产要求的企业向铁路沿线迁徙，形成绿色产业带，发挥集聚效应。截至 2020 年，东部率先、南部加快、北部追赶的区域发展格局和县域经济竞相发展

态势已经全面形成，常住人口城镇化率达到34%，较2015年提高5.94个百分点。围绕“成渝后花园·康养加休闲”定位，建成“两江一河”流域乡村振兴试点示范村253个、幸福美丽新村1305个、宜居乡村达标村737个、扶贫新村1360个。创建省级乡村振兴先进乡（镇）2个、示范村27个，命名州级先进县（市）7个、先进乡（镇）30个、示范村235个。甘孜州入选全国首批传统村落集中连片保护利用示范市（州），国家和省级传统村落分别达到71个和214个，均居全省第一位。

（五）加快转型升级，促进高质量发展

积极顺应科技革命和产业革命趋势，把提高发展质量和效益作为经济发展的核心任务，优化存量做大增量，加快转变经济发展方式，大力推进传统产业转型升级，推进产品换代、绿色制造，激发传统产业活力。前瞻谋划布局新兴产业和未来产业，培育新优势新动能，发展壮大特色生态经济，继续保持投资平稳较快增长，增强消费对经济发展的拉动作用，提高经济发展的创新驱动能力。2020年，在提升发展质量基础上实现较快发展，努力缩小与全国、全省发展差距，着力推动城乡一体化发展，进一步增强辐射带动能力。成甘、甘眉“飞地”工业园区通威太阳能（一期）、爱敏特新能源新材料（一期）等一大批重大项目建成投产，甘眉工业园区获批省级经济开发区、实现财税收入3.37亿元。全州规模以上工业企业达到63户，是“十二五”末的1.4倍。基地效应和园区经济已经成为甘孜州绿色现代工业高质量发展的重要支撑。农特产品实现园区化、规模化、品牌化发展。完成“三个百公里”绿色生态产业带建设，“两个百万亩”特色农林产业基地达到204.94万亩，粮食总产量实现13年连增。建成省级现代农业园区2个、州级农业园区15个。中藏药材种植基地达到9.68万亩，实现中藏药业总产值15亿元。完成国家和省级农业标准化试点示范项目18个，建成省级农民合作示范社55个、州级示范社143个。“三品一

标”农产品达到205个，其中地理标志产品达到58个，居全省第一位。牦牛、虫草等地方标准达到47项，居全省第三位。农村电商“全域统筹·整体推进”发展模式在全国民族地区推广。连续举办两届农产品产销对接现场会，促销农特产品29.71亿元。“圣洁甘孜”成为全省十佳农产品区域公用品牌，一大批特色产品冲出四川、走向全国，远销港澳地区和国际市场。

（六）发展全域旅游，深化产业融合

以大力发展生态文化旅游业作为推动甘孜州经济社会转型发展的重大突破口，大力实施全域旅游战略，促进旅游业与其他产业深度融合，推动旅游发展与基础设施建设、城乡发展、生态保护、扶贫开发有机统一，以全域旅游重构产业体系基础设施体系、公共服务体系、城乡风貌和农牧民生产生活方式，推动生态、业态、文态、形态全面提升，形成旅游促发展、旅游促转型、旅游促开放的新局面。全域旅游实现从起步到起飞的历史性跨越。2020年，建成AAAAA级景区2个、AAAA级景区20个，A级景区从“十二五”末的4个增加到2020年的81个，总量居全省第二位。成功创建国家级生态旅游示范区1个和省级生态旅游示范区2个、旅游度假区2个、天府旅游名县2个。获批省级康巴文化生态保护试验区，建成州级文化产业园4个。在全国首次推出全域景区冬春旅游门票全免，在全国30个自治州率先实现旅游从业人员全员持证上岗。连续5年举办山地文化旅游节系列活动。旅游资源总数和优良级、四级、五级数量均居全省第一位。2017年以来，接待游客连续3年实现一年上一个千万台阶目标。特别是2020年在疫情巨大冲击下，仍然实现接待游客3100万人次、旅游综合收入341亿元，分别是“十二五”末的2.89倍和3.28倍。甘孜州已经成为全国旅游热度最高、游客评价最好的全域旅游目的地之一。

（七）坚持生态优先，促进绿色发展

把生态文明建设作为经济社会发展优先方向，牢固树立和践行“绿水青山就是金山银山”的绿色发展理念，把推进绿色发展融入经济社会发展各领域，坚持保护中开发、开发中保护，统筹山水林田湖草系统治理，严守生态保护红线、永久基本农田和城镇开发边界，在保护生态环境的前提下开发特色优势资源，决不以牺牲生态环境为代价换取经济增长，构建以生态产业化和产业生态化为主体的生态经济体系，以绿色发展引领高质量发展，推动经济社会发展和生态环境建设良性互动，提高区域可持续发展能力。2020 年，全面实施生态文明建设战略，全力创建国家生态文明建设示范区，“山顶戴帽子、山腰挣票子、山下饱肚子”的立体生态格局基本形成。划定生态保护红线 6. 97 万平方公里，划定自然保护地 83 个共 5. 54 万平方公里，依法常态管护森林资源 9578 万亩、天然草原 1. 42 亿亩，均居全省第一位。森林覆盖率达到 35. 02%，草原植被覆盖率达到 84. 50%。

五、经验启示

（一）案例的经验

“十四五”时期是甘孜州由全面建成小康社会向基本实现社会主义现代化迈进的关键时期，为进一步推动甘孜州产业转型升级，优化产业结构，实现经济社会现代化发展，在坚持“十四五”时期甘孜州经济发展基本原则，紧紧围绕党中央、四川省委加快藏区经济社会发展的重大战略部署以及甘孜州东部、南部和北部地区各县发展总体定位的基础上，结合甘孜州经济社会发展的阶段性特征和未来发展的支撑条件，坚持以人民为中心，抓住川藏铁路建设重大机遇，助推甘孜州农业、工业及服务业现代化转型发展，并不断强化各产业间的关联性，推进三次产业联动发展。

当前，甘孜州仍然处于工业化和城镇化的起步阶段，总量小、不协调、不发达仍是甘孜州最大的问题。短期问题和长期矛盾相互交织，在迈向基本实现社会主义现代化道路上，甘孜州仍然存在诸多制约和挑战。面临发展不充分不协调、产业转型升级压力大、民生改善任重道远、基础设施制约严峻、关键要素极为短缺、生态环境较为脆弱、社会治理难度加大等现实问题。甘孜州应审时度势，转变发展理念，加快生态经济发展的同时，着力改善生态环境，不断完善基础设施建设，实现城乡融合发展，区域协同发展，提高人们生活水平，保障社会和谐稳定。

1. 现代农业：构建农产品种植、加工与销售全链条模式

深化农业现代化与城镇化发展相结合的模式，发展现代化农业，以生态友好为方向，结合各地区资源环境条件，因地制宜建立生态农牧业中藏医药业等特色现代农业基地，进一步推进农业产业结构调整。同时，积极发展农产品加工业，打造农业地理标识产品，强化现代农业发展载体和农产品流通体系建设，构建农业新型经营体系和发展模式，推动现代农业快速发展。

东部地区以泸定县、九龙县为中心，积极建设高原特色农业产业种植养殖基地，形成种植养殖集聚效应。泸定县以独有的气候和区位优势，建设西南干热河谷精品农业生态经济带、川藏特殊中药材种产示范基地、川西优质食用菌及绿色蔬菜种育基地，打造农业产业基地强县。九龙县则凭借牦牛、黑毛驴、生物药材、茶叶、花椒、黑山猪等特色农畜产品，进行适度规模经营，推进标准化生产、产业化经营，创建现代农业园区。

南部地区大力发展农产品初加工，提升精深加工水平，着力打造南部特色农业走廊、景观农业基地、特色林果基地和康南特色产业加工区，努力开发特色农畜旅游产品，努力开拓本地和外地市场，建设葡萄酒原料基地、藏猪藏鸡种源基地和休闲农业与乡村旅游示范带。其中，雅江县应加大农牧产业结构调整，建设蔬菜、水果、食用菌等种植基地，推进雅江生

态食用菌产业园区建设，打造“中国松茸交易中心”，塑造“中国松茸”品牌，做大做强农副产品加工业；巴塘县应发挥金沙江干热河谷气候优势，建设特色林果、蔬菜、养殖基地；乡城县应重点发展藏香猪、藏香鸡、苹果、酿酒葡萄、芫根等特色产业，建设农业种养殖基地，做大做强康南特色农产品集中加工发展园区。

北部地区则突出发展牦牛、青稞、春油菜、马铃薯、中药材、食用菌和农畜产品制作加工，着力打造北部生态农业产业带。甘孜县在稳定发展粮食生产，夯实“康北粮仓”的基础上，以孔萨农庄田园综合体格萨尔青稞文化园建设为依托，发展现代畜牧业，延伸产业链，建设高原藏区“观光农业旅游示范带”；色达县实施饲草、牧场、药材基地规模化建设，推动畜产品精深加工；白玉县、德格县和石渠县则依托丰富的牦牛、黑山羊、芫根、马铃薯等特色资源，加快建设现代农牧业。

2. 现代工业：发挥资源优势，构筑绿色现代工业体系

川藏铁路的建设将打破交通壁垒，实现要素资源双向流动，依托甘孜州独有资源优势，以生态保护为前提，构建绿色现代工业体系。全力创建国家级清洁能源示范基地，有序推进大渡河、金沙江、雅砻江水电开发，连片推进大型太阳光伏发电基地建设，努力推进高原风电发展，加快地热资源开发，通过风、光、水互补，大幅提升可再生能源的调节能力，实施“专线供电”“直供电”试点，切实解决电力消纳问题；全力推动园区经济发展，以甘孜州集中式水电消纳示范区与分布式水电消纳示范区建设为契机，引进大数据、电解氢、新材料制造等绿色高载能产业和战略性新兴产业入驻园区；有序开发矿产资源，发展甘孜铁路建筑材料产业。

东部地区围绕机场、铁路、高速公路、国省干道，发展康泸工业带，构筑甘孜州工业发展的重要增长极；积极发展大数据中心、新材料制造等绿色高载能产业，建设甘孜州水电消纳产业示范园区，吸引优势企业向园区聚集，建设产业孵化中心，形成“6+1”现代产业体系。康定市依托水

电资源优势，加快建设新都桥水电消纳产业示范园区；九龙县坚持资源深度开发利用和产业转型升级，重点发展水电、矿产、旅游、农牧产业，积极参与直购电、富余电量、留存电量市场化交易，着力推进水电消纳，同时推进技术改造和转型升级，加快推进中咀铜矿建设和打枪沟锂铍矿开发，做强雅砻江矿业、银海矿业等重点矿产企业。

南部地区以金沙江上游、雅砻江中游水电资源和南部光伏资源开发为重点，着力打造水、风、光互补清洁能源开发基地，推进以大数据为主的绿色高载能产业发展。雅江县充分发挥水电、农业、旅游、矿产资源优势，加快推进水电资源、农牧业、旅游、矿产资源的开发利用，加快推进两河口电站建设，全力做好楞古、瓦戈吉、雄美等电站前期工作，打造水电强县；理塘县有序发展优势矿产业，打造甘孜州黄金矿业基地；巴塘县则推进金沙江上游四级电站开发，建设好康南水光互补清洁新能源基地。

北部地区依托白玉呷村银多金属矿采选、德格中藏药加工、民族民间手工艺加工、色达格萨尔彩绘石刻等特色产业，着力打造康北生态工业区。白玉县加快金沙江上游水电资源开发步伐，推进叶巴滩、波罗电站建设进程，稳步推进呷村矿开发，有力推进嘎依穷、胜莫隆、坚隆沟等重点矿山开发，打造北部地区工业强县；德格县加快建设阿须格萨尔文化产业园区、麦宿民族手工艺产业园区、藏医药产业园区，建设甘孜州中藏药业强县。

3. 现代服务业：深化全域旅游，打造“互联网 +”现代服务体系

以川藏铁路、机场、国省道及高速公路为引擎，依托甘孜州丰富的自然风光及资源优势，大力发展具有民族文化特色的绿色生态旅游业、休闲业、特色文化产业，以“互联网 +”为特色，适应旅游等相关产业的有效需求，发展商贸服务业。围绕高原铁路建设和运营的特殊需要，积极发展铁路保障产业，依托铁路站点分别建设公铁联运、空铁联运的物流枢纽和物流节点，搭建物流信息平台，加快甘孜州现代物流和智能物流发展。

东部地区以川西环线和康定机场为依托，着力塑造大渡河流域乡村振兴文化旅游节庆活动品牌，集中力量打造一批国家 AAAAA 级、AAAA 级旅游景区，国家旅游度假区，国家级生态旅游示范区，围绕川藏铁路、康定机场、雅叶高速“三位一体”的立体交通体系，建设新都桥综合性商贸物流园区，打造藏区交易物流中心。康定市加快跑马山、木格措贡嘎西坡、莲花湖、亚拉雪山等景区开发，建设“成都后花园、康养加休闲”乡村旅游带，加快特色小镇建设；泸定县以塑造“红城绿谷、康养泸定”旅游品牌为主旨，打造大渡河流域乡村振兴示范区，提升海螺沟景区旅游服务承载力，打造泸定桥国家 AAAAA 级旅游景区，积极创建国家全域旅游示范县；丹巴县突出乡村文化主题酒店和民居民宿接待、文化旅游节会活动等休闲游娱服务，着力发展一批省级休闲农业示范乡村。

南部地区围绕中国香格里拉核心旅游区定位，以稻城亚丁为重点，着力打造环圣洁亚丁旅游圈、环格聂神山旅游圈和中国最美高原湿地，建设集高山生态观光、户外运动、民俗体验、研学旅游、休闲度假、天文科普教育等为一体的世界重要旅游目的地。雅江县整合 G318 沿线旅游资源，推进康巴汉子村、松茸产业园区、祝桑等景区开发，打造一批 G318 线旅游精品驿站；巴塘县充分发挥“环亚丁 2 小时旅游圈 + 最美川藏线”区位优势和“高原江南”气候优势，加快夏邛古镇、措普沟景区开发，打造中国最美景观大道黄金驿站；乡城县则围绕“圣洁甘孜、醉美乡城”品牌，树立“田园白藏房，净土香巴拉”品牌形象，积极推进香巴拉七湖、查呈沟、然乌天浴温泉、尼丁峡谷等景区（点）开发，打造国际休闲度假旅游目的地。

北部地区把握甘孜格萨尔机场通航机遇，以“做活市场、做强产业、提升人气”为目标，鲜明绿色发展主题，以格萨尔文化为主线，提升康巴文化发祥地、格萨尔故里、色达格萨尔藏剧等地域文化品牌，打造格萨尔王旅游文化带，建设集文化体验、生态观光、户外运动为一体的旅游目的地。甘孜县以格萨尔王城、雅龙湾湿地、红色文化遗迹为重点，谋划“飞机+”产业发展，全力打造一批具有高原民俗特色的观光景点，构建美丽村寨风景线，大力发展红色旅游，构建北路旅游枢纽中心，树牢康北旅游集散中心地位。新龙县推进天堂拉日马、措卡湖、色沟丹霞地貌旅游资源开发，打造拉日马高原户外运动基地和摄影天堂，推动藏式药泥面具基地和石板石剂基地建设，加快建设雅江大峡谷生态文化体验园。色达县强力推进瓦须游牧风情体验园区、洛若藏文化特色旅游风情小镇建设，铸就“朝圣色达”名片。

4. 产业联动：强化产业关联性，推进三次产业联动发展

甘孜州作为经济社会发展相对落后的民族地区，实现三次产业联动发展主要以农业为依托，通过产业联动、产业集聚、技术渗透、体制创新等方式，将劳动力、资本、技术和资源要素进行跨界集约化配置，使得农产品生产、加工、物流、销售餐饮、休闲旅游等得以有机整合，使得三次产业紧密相连、协同发展，实现产业链延伸、产业范围拓展与居民增收。同时，甘孜州突出先进制造业的导向地位，重视发挥现代服务业的主体作用，要推动传统服务业提质升级和现代服务业加快发展，大力发展和完善与先进制造业相关联的现代物流业、信息服务业、商务服务业等。

建设综合园区基地，统筹三次产业融合。创建并培育农业初级产品集“生产+加工+科技服务+产品销售+休闲生态旅游”为一体的综合性产业园区或产业基地，打造全产业链，统筹相关产业的深度融合发展。东部地区依托区位优势，加快建设川藏特殊中药材及川西优质食用菌、绿色蔬菜种产示范基地，推进农产品精深加工，并着力推进其特色旅游景区开发，打造具有民族文化特色的配套餐饮、民宿及手工业产品，构建“产、销、服、游、购、娱”全产业链体系，在促进农业、工业和服务业现代化转型发展的同时，实现居民增收。

打造农业品牌，引领三次产业发展。宣传并依托名优特色农产品的市

场价值和品牌效应建立生产基地，发展集约物流、建立“产销运游”横跨三大产业的超长产业链，最大限度地提高农产品的附加值。例如，南部地区的雅江县凭借丰富的食用菌资源，塑造“中国雅江松茸”品牌，提高农副产品加工技术，形成多样性产品结构，配合其水电、矿产资源优势，整合国道沿线旅游资源，推进松茸产业园区和旅游精品驿站建设，引领三次产业集约发展。

建成“产城一体”示范区，加速三次产业联动发展。研究并探索以产业链较完整且具有较强实力的全国性龙头企业为核心，采取企业投资、政府扶持、社会融资相结合的建设模式，带动产业升级，聚集就业人口，以川藏铁路为主线，建设宜居城镇，打造新型工业化、信息化、城镇化、农业现代化“四化互动”的“产城一体”示范区。例如，稻城县在推进稻城全域旅游，提升亚丁景区旅游服务承载力，推进农牧土特产品深加工，建立完善线上线下销售体系，加快物流园区、电商销售平台建设，做实“互联网+”的同时，加快推进高海拔宇宙线观测站、圆环阵太阳风射电成像望远镜等项目建设，推动天文主题公园建设，打造国际高海拔宇宙线研究中心、国家天文科普教育基地、世界顶级天文旅游目的地，建设四川乃至国家面向世界的天文科技新名片，完善配套基础设施，优化居住环境，不断吸引高精尖人才、技术等要速资源聚集，加速三次产业联动发展。

（二）案例的启示

1. 推进交通基础设施互联互通，促进交通产业城市融合发展

交通基础设施对促进经济发展具有显著的积极影响。交通基础设施的建设需要借助多种资源和因素，在技术、资本、人力、物力等有效投入的基础上，推动区域内各种要素的流动，挖掘人才资金、信息等的最大内涵，直接带动周边地区的经济发展。同时，交通基础设施能够为区域经济中资金、人才、信息、物资等的流动创造良好的条件，能够实现经济成果

的有效转化。

区域经济想要实现快速发展，必须重视交通基础设施的发展力度，将其作为经济发展的先行因素，使交通基础设施起到良好的带头和奠基作用，为区域经济一体化做出相应的贡献。因此，在发展区域经济一体化的过程中，需要将交通经济作为依托，以此为基础不断向周边地区辐射，从而为交通经济带的辐射提供充足动力，使交通基础设施成为交通经济带的重要组成部分，发挥两者的作用，进一步促进区域经济发展。

在空间经济一体化阶段，需要加强交通相关法律、法规的建设，使各种资源要素在整个区域内实现全方位、多角度的流动，通过发挥几个大城市的地区核心作用，形成多核心地区有效的连带作用，加强城市体系的建设，体现区域经济的典型特色。加强交通枢纽的建设与扩建，提高中心地区经济发展的开放性与连通度，强化交通枢纽的战略地位，扩大交通经济带的规模，增强交通枢纽的影响力，不断拓宽交通经济带的辐射范围，实现区域经济的稳步发展。

2. 推进产业结构转型升级，提高全产业链竞争力

推动产业集群的组织变革，在强调全产业链的发展模式、推动各自主导产业做大做强的同时，还应着力于促进产业集群的组织变革，推动产业集群技术共生、利益共享、组织共治，鼓励企业之间相互合作、交流共生，营造良好的产业生态系统。

提高技术创新的市场效益，营造高效的技术转化生态。构建企业主导、政府参与、市场服务的科技创新体系，补齐技术转化服务短板，重点改善中上游地区创新生态。发挥服务型政府的引领作用，完善金融、财税、人才、法规等政策，降低技术转化制度性成本，深化科技成果使用、处置和收益权改革。借助“互联网+”打造区域性、行业性技术交易O2O平台，支持技术专业机构与天使投资、创业投资等合作建立投资基金，加强技术转化，引导资金、高技术企业创业投资基金联动发展。鼓励企事业

单位设置研发机构，扶持市场中介机构发展，为高技术企业创新提供信息咨询、风险评估、产权交易等市场服务，降低技术转化成本，缩短周期，提高技术的时效性和竞争力。

3. 促进城市群、都市圈功能提升，推动区域协同发展和产业发展

从产业发展规律看，越来越多的产业表现为资本密集特征，同时大多数的经济活动都是规模经济递增的，规模越大，产出效率越高，因此要加强合作。从发展趋势看，产业结构相似地区深化合作是完全可能的。深化合作必然带来生产要素空间聚集格局的再调整，生产活动空间格局的变化会影响各地财力的相应变化，地方财力的变化又会影响公共服务的提供。因此，深化合作要有强有力的推动者，并建立利益平衡的机制。

以城市群、都市圈带动经济带高质量发展和区域协同，要充分明确城市群、都市圈中核心城市的功能定位，避免出现内部生产力布局不合理、要素流动不畅、产业整合不易的情况，力争实现产业结构的差异化和多样化发展。同时，加强经济带在不同地域城市群、都市圈的城际合作，并在人才、资金、市场、交通等方面实现政策协调，消除行政壁垒，推进城市群、都市圈带动产业经济带的协调增长，促进带内城市群之间的产业分工、专业化发展规划以及相关政策的协调统一。

4. 以生态环境保护为抓手，实现绿色可持续发展

绿色发展就是要解决好人与自然和谐共生的问题。对于生态地位突出、自然生态系统完整、山水林田湖草浑然一体的地区，其具有强大的涵养水源、繁育生物、释氧固碳、净化环境功能，是我国重要的生态安全屏障，更是子孙后代生生不息、永续发展的重要支撑。发展是我们党执政兴国的第一要务。处理好发展与保护的关系，应防止从单纯追求发展的一个极端走向一味保护的另一个极端，要实现发展的转型升级，实现绿色、协调、可持续发展。推动产业经济带发展，必须把坚持生态优先作为前提，把修复生态环境摆在压倒性位置，逐步解决生态环境透支问题。相关各方

都应切实转变思想观念，及时跟上党中央的步伐，增强共抓大保护、不搞大开发的思想自觉和行动自觉。

参考文献

[1] 生态打底 甘孜绿色产业有“钱途”[N]. 四川日报，2020-05-29 (8).

[2] 飞地园区助力藏区脱贫攻坚 [N]. 四川日报，2019-11-04 (1).

[3] 无人机运输松茸 雅江菌农实惠多 [N]. 四川农村日报，2019-08-07 (2).

[4] 青稞“出川入海” 百姓增收致富 [N]. 光明日报，2020-07-26 (9).

[5] 念“产业经” 走“生态路”：理塘县激活绿色经济赋能高质量发展 [N]. 光明日报，2021-01-14 (3).

[6] 雪域天堑变坦途 畅通甘孜小康路 [N]. 四川经济日报，2020-06-26 (1).

[7] 杨琦等 . 70 年交通巨变 雪域甘孜与世界更近 [N]. 甘孜日报，2020-09-09 (4).

课题指导： 中共四川省委党校（四川行政学院） 白雪峰

编写单位： 中共甘孜州委党校（甘孜州行政学院）

研究团队： 戴兴昭 张元黎 汤红蒂 廖彩虹 谢 坤

好风凭借力，协同共崛起

——成都东部新区资阳协同区发展实践探索

一、导语

2020 年 4 月 28 日，四川省政府批复设立省级成都东部新区，着力打造国家向西向南开放新门户、成渝地区双城经济圈建设新平台、成德眉资同城化新支撑、新经济发展新引擎和彰显公园城市理念新家园。2021 年 2 月，资阳市推进同城化发展领导小组印发《成都东部新区资阳协同区“1 + 4 + 20”建设推进方案》，推动资阳协同区与成都东部新区统筹一体规划、同标同质建设、协同融合发展，实现基础设施无缝连接、产业有机分工协作、开放创新协同共进、公共服务整合共享、生态环境联动共保、政策机制协调一致，努力把成都东部新区资阳协同区建设成为联动成渝相向发展先行区、推动同城化发展率先突破区、引领资阳高质量发展示范区。

建设成都东部新区资阳协同区，是资阳担当国家战略使命、加快融入成渝地区双城经济圈建设的重要举措，是共享成都“东进”发展势能、加快推进成资同城化率先突破的重大支撑，是提升资阳竞争力、影响力，加快推动经济社会高质量发展的现实路径。为更加清晰、准确地呈现成都东部新区资阳协同区的发展现状，总结资阳协同区在发展过程中积累的有效经验，本课题组选取了共建交通枢纽、提升城市品质能级、推进文旅融合发展、打造沱江综合发展轴四个方面的具体案例进行研究。

如今的资阳，区位及交通优势明显，多条交通大动脉直线连接成渝“双核”，正积极构建“8 高 11 轨 16 快”立体综合交通枢纽；立足自身资源禀赋及产业特色，资阳充分发挥成都主导带动作用和自身比较优势，走特色、差异、协作发展之路，注重优势产业错位布局，有效提升了城市品质能级；以巴蜀文化为基石，深化了文旅融合，推进了巴蜀文旅走廊建设；抢抓成都“东进”特别是成都东部新区建设机遇，以主动融入成都东部新城体系为突破，努力打造沱江综合发展轴，加速区域一体化绿色发展。四个案例在实践过程中均产生了较为明显的、积极的社会效益和经济效益，成为资阳担当国家战略使命、加快融入成渝地区双城经济圈建设，共享成都“东进”发展势能、加快推进成资同城化率先突破，提升自身竞争力影响力、加快推动经济社会高质量发展的重要体现。成都东部新区资阳协同区的高效良性发展，是多效联动推进的结果。一是用好用足政策，共担历史使命；二是要打破行政分割，夯实机制保障；三是坚持规划引领，凝聚发展合力；四是用好比较优势，激发竞合潜能；五是打造产业集群，产城融合并举；六是优化基础设施，完善公共服务。

二、案例背景

（一）成都东部新区资阳协同区概况

资阳市地处成渝经济区腹心地带，现辖雁江区、安岳县、乐至县，设有高新区、临空经济区，区域面积 5747 平方公里，总人口 338.9 万人，是唯一同时连接成渝“双核”的区域性城市，是西迎成都、东接重庆的“双门户”。中心城区距成都东部新区的核心引擎——天府国际机场仅 18 公里，多条交通大动脉直线连接成渝“双核”。成都东部新区资阳协同区拟规划面积 880 平方公里，涵盖资阳中心城区组团（含高新区、临空经济区全域和雁江区部分区域）约 566 平方公里、乐至县部分区域约 314 平方公里。以资阳中心城区为依托，联动临空经济区、高新区、雁江区、乐至县，构建“一城四片”的空间布局；以建设成资临空经济产业协作带为抓手，协同推动成渝相向发展轴、沱江发展轴建设，构建“一带两轴”的平台载体；将安岳县部分区域作为资阳协同区拓展区，打造成渝中部先行发展示范区。

（二）成都东部新区资阳协同区发展的政策背景

1. 国省战略机遇多重叠加

《成渝地区双城经济圈建设规划纲要》明确推进成德眉资同城化发展、加快共建成都都市圈；《成都都市圈发展规划》明确支持资阳建设成都东部新区协同区；特别是四川省委十一届七次全会明确支持资阳建设“成渝门户枢纽、临空新兴城市”，支持成资临空经济产业协作带和交界地带融合发展，支持以“一区两片”模式共建天府国际空港航空经济试验区，为建设成都东部新区资阳协同区带来战略机遇。

2. 成都市全方位政策支持

《成都东部新区总体方案》明确支持东部新区与资阳临空经济区等周边区域协同发展。成都和资阳两市政府签署的《共享成都“东进”建设势能　共促成资同城化率先突破　共建成渝相向发展先行示范区合作协议》，明确了支持资阳建设成都东部新区协同区，统一编制发展规划，同标同质推进建设，共同争取国、省政策支持，统筹布局产业发展及重大功能设施，联动实施重大改革试点、制度创新等试点示范项目，协同推进成资临空经济产业带建设、成资交界区域融合发展，支撑龙泉山东侧产业带和沿沱江发展轴建设，整体打造成资同城化率先突破和成渝相向发展的高能级平台。

3. 资阳市上下强力推动

中共资阳市委四届十次全会及《关于深入贯彻习近平总书记重要讲话精神 坚持成资同城化战略支撑全面融入成渝地区双城经济圈建设的决定》明确提出了共享成都东进势能，建设成都东部新区资阳协同区。相关部门积极作为，编制形成成都东部新区资阳协同区“1 +4 +20”系列推进方案，经市全面融入成渝地区双城经济圈建设领导小组暨推进同城化发展领导小组第一次会议审议通过；2021 年全国、全省“两会”期间，资阳市十余位国、省人大代表呼吁建设成都东部新区资阳协同区，并争取被纳入国、省“十四五”规划，争取享受与成都东部新区同等发展政策，逐步与成都东部新区形成交通互联、经济共生、产业协同、服务共享的联动同城发展新格局。

（三）成都东部新区资阳协同区发展的现状

成都东部新区将努力把新区建设成为国家向西向南开放新门户、成渝地区双城经济圈建设新平台、成德眉资同城化新支撑、新经济发展新引擎和彰显公园城市理念新家园。成都东部新区资阳协同区的发展既与成资同城化一脉相承，又是成资同城化的新支撑，同时还是资阳加快融入成渝双城经济圈的先手棋。

1. 从合作基础看，成资合作启动早、规格高、成效好

2008 年即率先开启成资合作，2010 年资阳加入成都平原经济区，并签署《成都经济区区域合作框架协议》、共用“028”区号，2016 年签署《成资一体化合作协议》，2017 年联合印发《成资一体化发展实施方案》；四川省委十一届三次全会作出“一干多支”战略部署，支持成德眉资 4 市同城化发展；2021 年成立四川省推进成德眉资同城化发展领导小组，专责

推进，成资合作进入最紧密、最高级别的同城化发展阶段；成资同城化发展两年多以来，全市与成都各层面开展300余次对接交流，达成270余项合作协议，谋划生成280余个同城化重点项目、130余项合作事项，同城化“起步期”具备了十分坚实的合作基础。

2. 从比较优势看，资阳有区位优势、产业优势、交通优势

资阳地处成渝地区双城经济圈的“直线主轴”，属于成都“主干极核”的重要板块，是唯一同时连接成渝“双核”的区域性城市，具有全域临空、国际空港连通全球的独特优势；培育形成轨道交通、商用汽车、口腔和医药、食品、纺织五大优势产业，加快构建工业“5+N”、服务业“4+X”、农业“6+3+1”产业体系，与成都共建航空航天、轨道交通、绿色智能网联汽车、医药健康、现代商贸、文化旅游、都市现代农业等产业生态圈，推动特色优势产业深度融入成都产业链、供应链、价值链。一批重大产业平台加快建设，加快打造中国一流、世界知名的“产学研销医养”全产业链“中国牙谷”，已形成国内最大的口腔产业集群；资阳临空产业新城是全国最大的园区开发类PPP项目和全省PPP重点示范项目，已完成投资161亿元，展现出强劲的发展势头；资阳正积极构建“8高11轨16快”立体综合交通枢纽，加快打造“成都—天府新区—空港新城—资阳—重庆”成都东向交通发展主轴。成达万、成自、成渝中线等高铁在资阳境内设站，渝蓉高速公路贯通资阳，成资渝高速公路建成通车，成资大道、成资临空大道等快速通道加快建设，成资市域铁路S3线开工建设，形成成都都市圈东部“铁公机”立体综合交通枢纽，构建起“成资半小时、天府国际机场10分钟”通勤圈。

（四）成都东部新区资阳协同区发展的瓶颈

2020年成都东部新区设立以来，资阳在现有成资同城化基础上，积极谋划，切实作为，经济社会发展成就显著，各项事业长足进步，迈上了新

的历史起点，但底子薄、不平衡、欠发达的情况仍未根本改变。

1. 发展短板依然存在，发展能级亟待提升

一是经济实力不强。2019 年全市生产总值为 777.8 亿元，排名全省第 17 位，仅为成都的 4.6%、德阳的 33.3%、眉山的 56.4%；人均生产总值 3.1 万元，排名全省第 20 位。二是要素资源外流。常年转移输出农村劳动力上百万人、占劳动年龄段户籍人口的 50% 以上，20% 左右的社会消费流向了成渝等周边地区。特别是毗邻的空港新城、简州新城正处于起步加速阶段，淮州新城、简阳城区的功能定位、发展层次与资阳相当，势必会在区域内吸附集聚更多资源要素，在一定程度上成为阻碍资阳加快发展的“拦路虎”。三是发展空间受限。仅辖一区两县，是全省辖县（市、区）最少的地级市；占地 5747 平方公里，其中限制开发面积就达 4015 平方公里，占全市总面积的 70%；现有发展平台仅有资阳高新区和安岳、乐至经济开发区 3 个省级园区，全市无 1 家国家级高新区（开发区）。在自身发展基础不优、发展空间受限的情况下，与成都有关区（市）县及德阳、眉山“同台竞技”，进一步加大了压力负荷。

2. 毗邻地区融合遇困境，体制机制障碍亟待突破

随着区域协同发展的持续纵深发展，资阳市与成都、德阳、眉山在推进行政区与经济区适度分离等方面进行了积极探索并取得了一定成效，但目前尚处于初步融合阶段，主要工作是搭建框架、对接互动、寻求突破、积蓄动能。目前存在的阻碍因素还有三个。

一是存在行政壁垒。成都和资阳属于不同行政区域，行政体制障碍天然存在，两市经济发展多在各自行政区划的框架内进行。在东部新区起步发展阶段，容易形成区域间同质化竞争和低水平重复建设，影响制约合作成效。同城化规划属于跨区域规划，要确保合法性则必须提请四川省审定，导致区域规划统筹融合较难实现。二是存在政策壁垒。成都是副省级城市，享受了较多国家和省级层面给予的特殊支持政策。早在 1987 年国务

院就对成都在国家计划中实行单列并赋予其相当于省一级的经济管理权限。资阳市则无法享受这些特殊优惠政策和改革创新举措，较大程度阻碍了同城化发展。三是存在市场壁垒。受限于发育不完善的生产要素市场、不完全竞争的市场结构、宏观调控与微观管制的制度环境，目前同城化发展缺乏有效推动区域资源互补、分工协作、市场一体、互利共赢的长效性、常态化机制，以及解除土地、资金、技术、人才等流动限制的市场化手段，双方投资主体不能自由地进入或退出对方市场，资源要素的配置效率和公平性有待改变。

三、典型案例

从经济区位看，资阳既属于“主干”“极核”的重要组成部分，又位于成渝地区双城经济圈的“主轴”上，成都东部新区资阳协同区作为同城化发展率先突破区，与成渝双城经济圈建设在发展理念、发展模式、发展路径上高度契合。资阳市对照《成都东部新区总体方案》，立足重要节点城市的角色，着力共建立体综合交通体系、加快提升城市品质能级、深入推进文旅融合、加强生态环境共保共治，全面联动成都东部新区，加快融入成渝双城经济圈。

（一）下好交通先行“关键棋”，加快共建立体综合交通体系

交通先行是成都东部新区资阳协同区的重头戏，是创新资阳发展路径，构建新阶段资阳发展新格局的关键环节。2018 年，资阳即提出建设交通强市；2020 年，资阳市启动《建设成都东部枢纽行动计划》，结合《成都东部新区资阳协同区“1 + 4 + 20”建设推进方案》，以成都天府国际机场为核心、轨道交通为重点、高速公路和快速通道为骨干、农村公路为基础，加快建设“8 高 11 轨 16 快”立体综合交通网络和川渝空铁公物流集

散基地，为建成成都东部枢纽打下坚实基础。

1. “畅”——以天府国际机场为核心，共建空港物流网络

“请各位乘客系好安全带，戴上口罩，我们马上出发咯!”2021 年 6 月 27 日下午 3 时，伴随着司机师傅刚落音的话语，从资阳开往天府国际机场的首趟客车从资阳汽车客运站缓缓发动，这也是资阳至天府国际机场临时客运班线的第一班车。“我们一班车 37 个位置，首班车上午 7 点发车，花 10 块钱，50 分钟就到新机场了。很多市民想体验一下，但没有买到这趟车的票。”汽车客运站的工作人员告诉记者。搭乘第一班车的 37 名乘客都是幸运儿，张大姐就是其中一位。她坐在窗边感受着一路的平坦开阔，看着车窗外的景色缓缓退后（见图 1）。大巴从高新区收费站进入高速路段，经由成渝高速和成资渝高速，比预计的提前了 5 分钟，只用 45 分钟就到达了天府机场收费站。“以后我和我们家老头子去看我女儿、女婿，去带孙子就太方便了。”张大姐一脸笑容，“我女儿能干，在新加坡读完研究生就

图 1　资阳临空道路

（图片来源：资阳市委宣传部）

留在新加坡工作了，后来还成了家。以前要从安岳到双流机场，老两口恼火得很。就是为了方便去机场，我们才定居到资阳，以后真的太方便了”。

天府国际机场投入运营，不仅给广大群众的生活带来了极大的便利，更有着重要的战略作用。《成都东部新区总体方案》中指出成都东部新区交通体系的完善要依托成都天府国际机场，建设国家级国际航空枢纽和国际门户枢纽城市核心支点，构建“空铁公水”一体化综合交通体系，打造国家级内陆临空经济发展示范区，全面提升高端要素资源双向集聚和配置能力，着力将成都东部新区打造成为面向“一带一路”的国际交通门户、国际消费中心和国际交往中心，全面提升城市辐射力、影响力和带动力，加快形成对外开放门户枢纽。成都东部新区未来将发展成为成德眉资同城化新支撑。成都东部新区资阳协同区积极落实政策，深入推进“交通＋临空”模式，依托资阳至成都天府国际机场、东部新区综合交通走廊，以临空高端产业培育和植入为路径，布局临空指向型产业，推动临空经济区与成都空港新城协同发展，带动资阳全域发展现代临空产业集群，做强成资临空经济产业带。

2. “通”——以轨道交通为重点，畅通“1 小时”都市圈

赵明激动地摁下了“朋友圈”的发送键，昨天他发送了一条轨道交通线将于 11 月 27 日开工的信息，获得一片“赞”。今天的“朋友圈”更给力——“轨道交通资阳线今日开工”的消息在资阳人的“朋友圈”里掀起了热议。赵明是四川恒和鑫口腔科技有限公司的质检经理，2017 年因工作需要随公司一同从成都来到资阳。三年来，几乎每个周末他都会回到成都双流与家人短聚，对于轨道交通资阳线他期盼已久，当得知轨道交通资阳线今天正式开工的消息，他激动地说：“其实我们盼了很久了，这条线路开通后不管是平时的工作，还是下班之后的休闲，出行都会方便很多，省了很多时间。”这个好消息不仅受到了赵明的关注，也刷屏各大主流新闻媒体，这是资阳人民期待了好几年的大事，开启了资阳及成渝中部地区人

民群众对即将来临的轨道交通时代美好生活的新期待。

然而2021年年初，两篇帖子在九曲河论坛引发热议，一篇名为《关于轨道交通资阳线宝台大道站施工封路的公告》，另一篇名为《资阳建设南路西延线到这里拐个弯！奇葩路真是哪里都有!》。对轨道交通打围施工，网民一致表示理解与支持，但对于其引发的拥堵，大部分网民表示出埋怨情绪。这迅速引起了市委宣传部业务骨干小施的注意和警惕。正如小施所料，到了3月，资阳城区拥堵现象较为突出，给群众生产生活带来不便使得不满情绪滋生，引发一些网络媒体和大量网民关注，形成一定规模网络舆情。网友有的咨询："恼火！资阳现在的公交线路和封路的情况到底是怎样哦？感觉脑壳都大了。"有的吐槽："雁江区建设路南二段多次封路施工；有些地方围而不建是怎么回事？"有的建议："建议将资阳城区政府西路由单向通行改为双向通行以缓解老城区交通压力；建议取消拥堵路段的临时停车位。"当然，也有幽默的网友开始调侃："莫慌！可以先在车上把早饭吃了。"

明明是便利民众、助力资阳发展的大好事，怎么反倒引来群众倒苦水了呢？小施有些疑惑，但职业敏感也告诉他一定要重视这个问题，于是他将情况汇报给领导，部里立即组成专题调研组，对资阳城区内交通拥堵的情况开展调研。经过扎实的调研，汇集相关调研数据，总结出市民的观点主要集中在四点：一是打围施工严重影响周边商铺生意；二是打围施工段无交警值勤更容易发生事故；三是交通拥堵使出行者增加时间成本；四是容易对资阳市重大交通项目建设造成误解。第四点的不良影响特别突出。搞清了缘由，资阳市委宣传部、市委网信办先后6次通过《网络舆情参阅》就城区交通建设相关情况上报，并转相关部门。同时，市委宣传部、市委网信办及时对接市发改委、市住建局、市交通局等相关部门开展舆论引导，及时组织核心网评员针对网上偏激观点撰写《最近资阳S3线开始落地施工，真的是甜蜜的烦恼啊!》《资阳城区的路堵堵堵，但好比产前阵痛，暂时的也是值得的》等舆论引导帖文，在资阳大众网、九曲河门户网等本地有影响力的商业网站推出并置顶，组织网评员跟帖扩散，积极疏导网上舆情，争取网民的理解和支持。

轨道交通资阳线是四川首条跨市城际轨道交通，是资阳轨道交通中的“明星线路”，备受社会各界关注，它标志着成德眉资同城化首条轨道交通项目启动，成渝地区双城经济圈建设加快推进，成都和资阳更近了。尽管轨道交通资阳线已经足够抢眼，但资阳市轨道交通的亮点不止于此。2021年4月，资阳市制定了《资阳市加快建设交通强市实施方案》，开工建设成自宜高铁、成达万高铁、成渝中线高铁、轨道交通资阳线，开工建设成都外环铁路、绵遂内铁路等城际铁路，加快推进成渝铁路成都至隆昌段扩能改造和城市铁路S14、S17线前期工作，构建联通多区域的铁路大通道，“轨道上的资阳”雏形已现。结合轨道交通建设，同步配套实施成渝高铁资阳北、成自宜高铁资阳西等一批高铁主导型综合客运枢纽。布局建设异地城市候机楼，实现直达成都天府国际机场快速接驳和“一站式”航空服务。启动资阳高铁西站存车场及动货基地规划论证，承接成都都市圈动车货运仓储集散地。

3. “快”——以高、快速路为骨干，加快成渝互联速度

2020年12月30日，成资渝高速公路成都天府国际机场至潼南（川渝界）段项目通车仪式在资阳市举行（见图2）。成资渝高速定于2020年12月31日24时正式开放，将成为直连成渝地区“双核”的第四条高速公路。至此，成渝间高速公路通道增至13条。成资渝高速起于成都市简阳江源镇，止于川渝界的资阳市安岳县龙台镇，路线长约110公里，设计时速100公里（见图3）。作为首条直连天府新区和重庆两江新区两个国家级新区的高速公路，成资渝高速将进一步加强“双圈”联系。成资渝高速还串联起已有的成渝、成安渝、成遂渝3条成渝高速大通道，并与成都三绕、遂资眉、内遂高速衔接转换，便捷连接成都平原经济区、川南经济区。

图 2　成资渝高速公路（机场至潼南段）通车仪式现场

（图片来源：资阳市委宣传部）

资阳市交通运输局相关负责人颇为激动地介绍道：“成资渝高速于 2018 年 5 月开工建设，历经 32 个月，比批复工期提前半年建成通车，这是资阳人民，也是成、资、渝人民盼了很久的喜讯。”他继续说道，“随着成渝间第四条高速公路也就是成资渝高速公路正式通车，资阳成为全省首个实现‘县县三高速’的地级市。”成资渝高速的亮点颇多。一是成资渝高速是省内首条直接连接天府新区和重庆两江新区两个国家级新区的高速公路，给成渝两地架起了一条快速通道；二是成资渝高速与四川境内的 6 条高速公路和重庆境内的 3 条高速公路互联互通，用一条线串起了一个交通网；三是成资渝高速融入了智慧交通理念，全程 5G 网络覆盖，可随时将天气、交通路况、停车信息等反馈到用户的手机终端，带来更加便捷的服务。成资渝高速建成后，将进一步密切资阳与成都、重庆的联系，大大缩短了成资、渝资之间的距离，加强重庆两江新区和天府新区的直接联系，显著改善资阳地区交通条件，并惠及数百万人口生产生活，优化地区产业格局，改善投资环境，强化地区横向交通联系，为资阳融入成渝地区双城经济圈打下坚实基础。

图3　新建成的成资渝高速沱江特大桥

（图片来源：资阳市委宣传部）

成资渝高速公路建成通车，只是资阳高、快速公路高效高质建设过程中的一个缩影，资阳的一揽子计划正在有条不紊地进行中。开工建设了资中至铜梁高速与资中至乐山高速、成渝高速扩容等项目，加快推进三台经乐至至犍为高速公路前期工作。到2025年，将构建县县“四高速”路网格局，实现与周边毗邻城市高速畅达。一是构建完善干线网。加快成资大道、成资临空大道、成都东西城市轴线东延线（资简段、乐简段）等项目建设，有序推进普通国道城镇过境路段建设，提高干线公路与城市道路衔接水平。二是构建广泛基础网。全面实施资阳市农村公路品质提升三年行动，新改建通往特色（中心）镇村、特色产业园区、旅游景区、市域周边的农村公路1065.6公里，助力乡村振兴。三是构建高效城市网。以城市为区域中心，建设畅达轨道交通、高速公路、干线公路的道路路网，形成支撑多种交通方式出行的多节点路网体系。提高城市道路通达性，强化城市内外路网衔接。

在成渝地区双城经济圈建设的大背景下，成德眉资同城化成为支撑，成都东进的脚步加快。成都东部新区资阳协同区建设，要求发挥成都枢纽优势和资阳本地优势，构建成资1小时通勤、资渝1小时通达、市域1小时畅达的“3个1小时”交通圈。加快形成内畅外联、贯通成渝、连接全国、畅达全球的立体综合交通运输网络，有力支撑成都东部新区资阳协同区建设，全面融入成都半小时、重庆一小时经济圈，促进资阳全域全面开放，提升资阳在成都都市圈、成都平原经济区和成渝城市群的地位和作用。

（二）唱好临空经济“重头戏”，助力资阳乘“机”腾飞

2016年11月，四川省政府发布《成都天府国际机场临空经济区规划纲要》，明确成都天府国际机场临空经济区包括成都、资阳两个片区，战略定位为国家级国际航空枢纽、国家级内陆临空经济发展示范区、西部重要的创新创业基地、西部重要的现代化空港新城。资阳临空经济区距天府国际机场12公里，托管面积154平方公里，辖雁江镇、临江镇，总人口10.3万人。近年来，资阳临空经济区抢抓成渝地区双城经济圈建设机遇，坚持成资同城化发展战略，把握内陆开放重要战略支点、临空经济创新发展高地、怡然蜀乡宜居产业新城的发展定位，突出门户枢纽、临空经济、公园城市特色，做实做优成资同城化先行区、临空经济集聚区和公园城市示范区，加快建设现代化国家级临空经济示范区。经过4年多的规划建设，资阳临空经济区已经成为资阳市弥补自身发展短板、构建现代产业体系、提升城市品质能级的典范。

1. 规划引领与项目支撑，临空新城“加速前进”

临空起飞，资阳翱翔。作为成都天府国际机场临空经济区“一区两片”中的资阳片区，资阳临空经济区与成都天府国际机场同时布局、同步

规划、同标建设。打造临空经济，产业是关键。资阳临空经济区以发展临空产业谋篇起势，全域布局临空高端制造、临空综合服务、临空都市农业三个产业功能区，形成大健康、大智造、都市消费和都市农业“3 + 1”主导产业体系。

资阳市政府采取政府主导、市场配置、企业运作、合作共赢的市场化运作方式。资阳临空经济区产业新城 PPP 项目通过公开招标，采购了中信建设牵头的联合体为中标社会资本方，引进国家级 PPP 引导基金——中国政企合作基金投资本项目，共同打造政企合作典范项目。首期项目总投资约 110.8 亿元，建设内容包括成资大道、纵二路、纵三路、纵四路和三贤路 5 条市政道路。2018 年 7 月，首期项目集中开工，在项目公司各股东的重视和支持下，项目建设有序推进，取得良好开局。2020 年 6 月 30 日，资阳临空产业新城重点项目（二期项目）举行开工仪式，项目总投资 150 亿元，共 27 个项目集中开工，临空产业新城进入全面开发建设的崭新阶段。目前，资阳临空经济区的临空产业新城 PPP 首期项目陆续竣工，产业孵化中心正式投用（见图 4），雁溪湖核心区 20 平方公里城市框架初步形成。二期项目加快推进，雁溪湖项目水利工程和景观工程同步实施，大高寺连接线等重点项目加快推进。

2021 年 1 月 4 日，资阳市与中国铁建签署临空高铁新城综合开发项目协议，实施范围约 11 平方公里，总投资 110 亿元，资阳临空经济区进入临空产业新城与临空高铁新城“双轮驱动”的新进程。明确将抢抓成自高铁、成达万高铁、成都外环铁路在资阳高铁西站“三线合站”新机遇，加快建设集科研文教、康养休闲、综合服务、现代物流、交通枢纽于一体的资阳临空高铁新城，打造资阳新兴增长极、成都东部“铁公机”枢纽和融入成渝地区双城经济圈建设新平台。

2. 多重机遇和优势叠加，企业投资意向渐浓

当前，党中央大力推进长江经济带发展和新时代西部大开发建设，尤

图 4　资阳临空经济区产业孵化中心

（图片来源：资阳临空经济区管委会）

其是推动成渝地区双城经济圈建设，打造中国经济版图“第四极”。四川省委强力支持成都、资阳同城化率先突破，加之成都“东进”、重庆“西拓”，给资阳带来了前所未有的重大战略红利和制度性长期红利。作为唯一直线连接成都、重庆“双门户”的城市，资阳成为四川综合交通网络最密、距天府国际机场最近、通达地铁最早、同享成渝双核辐射最多的区域性中心城市。“在种种战略机遇下，资阳临空经济区的社会关注度持续增高，前来考察的企业明显增多，对临空产业新城建设纷纷看好。”资阳临空经济区党工委负责人表示。直观可见的景象就是正式投用的产业孵化中心，前来考察调研的投资者络绎不绝，围绕“临空经济”的投资意向日趋浓厚。

2021 年 6 月 29 日，资阳在上海市举行中国牙谷·临空新城全球投资推介会，借天府国际机场通航之机，进一步宣传推广城市形象、展示特色优势产业、扩大对外开放合作。会上共签约投资意向项目 9 个，投资额 442.84 亿元。

3. 一批重大项目显成效，民众体验好评如潮

成资大道（见图5）资阳至天府国际机场段即将试行通车的相关信息，在资阳人民的“朋友圈”广为传播，资阳群众的出行幸福感明显提升。“从资阳临空经济区驱车到成都天府国际机场仅需10分钟，从资阳市区驱车到成都天府国际机场仅需20多分钟。同时，成资两地将围绕成资基础设施建设同城化和公共交通服务同城化建设，依托该项目逐步开行跨区域公交客运班线和机场公交专线，届时市民坐公交可直达天府国际机场。”资阳临空经济区建设局负责人说。项目的建成通车，对资阳抢抓成都天府国际机场通航机遇，进一步彰显区位优势，建设成渝门户枢纽、临空新兴城市具有十分重要的意义。

图5 成资大道实景图

（图片来源：资阳临空经济区管委会）

2021年1月4日，节后上班的第一天，家住成都高新区的李占波驱车前往资阳高新区，刚刚通车的成资渝高速让他节约了不少时间。“从家门口到公司门口，只用了50分钟，这个速度，比许多人在成都通勤还快。”

李占波感叹道。成资间的通勤时间不断压缩，同城化的生活愿景正在实现。未来几年，随着成德眉资同城化发展和成渝地区双城经济圈建设加快推进，成资、渝资间的时空距离还将进一步缩短。

（三）讲好巴蜀文化好故事，推动文旅融合高速发展

巴蜀历史，源远流长。巴蜀文化是在巴蜀大地上发生、发展近4000年历史的中华区域文化。中华文明很早就形成“多元一体”的宏大格局，巴蜀文化是其中不可或缺的有机组成部分，独具特色，具有重要的历史地位。资阳地处巴蜀走廊之上，拥有深厚的文化底蕴，成渝双城经济圈建设是突破行政藩篱、激发地域活力的创举，文化就是最好的破题口。

1. “活”——深耕在地文化，讲好故事，让文物“活起来”

“文化是旅游的灵魂，但旅游文化不是文史或文物的简单复制。必须具备广泛的社会关注性、巨大的市场经济性，应该是三分史学、七分演绎。”2021年7月2日，在《同城引领资阳文旅融合创新发展共建世界级旅游目的地》讲座上，资阳的干部们听得津津有味。主讲人是来自四川省旅游协会的专家海洋老师，他已经记不清这是第几次来资阳了，这些年来，他致力于文旅融合问题的研究。“资阳有着非常丰富的文化资源，但是怎么提炼精神内核，怎么转化为旅游动能非常重要。”海洋老师说道，“成渝双城经济圈这样的国家战略，给了资阳文旅极大的政策优势和发展空间”。海洋老师认为，资阳应致力于开发四大品牌——文良师（孔子良师苌弘）、武元帅（开国元帅陈毅）、古石窟（安岳千年石窟）、今柠檬（安岳柠檬）。

资阳在巴蜀文旅走廊中，既要“入圈”，又要“破圈”；既要融入巴蜀文化的场域氛围，又要充分挖掘在地文化。在地文化是指特定区域内源远流长、独具特色、传承至今仍发挥作用的文化传统，是特定区域的生态、民俗、传统、习惯等文明的集中表现。它在一定的地域范围内与环境相融

合，因而打上了地域的烙印，具有独特性。扎根于地方各种属性特征和禀赋特色的“在地文化”，是一种凝练的内生动力，深刻影响着地方的意识形态、价值观念与行为方式，也是文旅开发的重要触媒。资阳致力于挖掘自身的文化禀赋，通过区域联动协同、差异化发展，进一步擦亮“长寿之乡、石刻之乡、柠檬之乡、陈毅故里”这“四张名片”，打造“四大组团”。

建设临空新城，打造文旅康养组团。以临空经济区为核心，重点发展医美康养、文化创意、主题公园、会议会展、都市农业、商旅服务等业态，配套口腔教育研学、高星级旅游饭店、智能旅游装备制造等功能，建设中国牙谷特色小镇（见图6）、牙谷博物馆、异地城市候机楼、雁栖湖国际康养度假区、沱江农旅田园综合体、临空文化创意产业园、研学实践教育营地等，打造成都资阳文旅同城发展先行区，发挥对全市文旅发展的辐射引领作用。2021 年，全市文化和旅游产业发展重大项目 35 个，总投资 961 亿元，其中在建 8 个项目：“蜀源 · 滨江”城市文化旅游休闲区项目、

图 6　牙谷小镇

（图片来源：资阳市临空经济区）

成渝中部禅修康养旅游区建设项目、高洞柑橘梦想小镇项目、天府花溪、陈毅故里文旅融合发展示范园项目、关公湖农旅示范区、乐至国家农村产业融合发展示范园农旅提质项目、水龙灵度假村二期。

建设长寿之乡，打造田园休闲组团。依托雁江“中国长寿之乡”品牌，挖掘“资阳人”文化、“三贤”文化、沱江文化、工业文化等，发展养生养老、文化体验、户外运动、特色美食、特色民宿、休闲观光等业态，建设“十里沱江”文化康养特色小镇、“蜀源·滨江”城市文化旅游休闲区、花溪河生态旅游度假区、水龙灵度假村等，打造承接成渝客流、独具长寿文化特色的田园休闲康养旅游目的地。

建设陈毅故里（见图7），打造红色体验组团。依托陈毅故里名片，挖掘红色文化、生态文化、农耕文化等，发展红色文化研学、生态康养、休闲度假等业态，推进陈毅故里AAAAA级景区创建、劳动文旅特色小镇、“五彩林乡”旅游景区、蟠龙湖康养度假区建设等。对接四川红色旅游行动，打造爱国主义和革命传统教育主题旅游产品，将陈毅故里融入“伟人故里”红色旅游经典线路，建设全国红色文化旅游目的地。

图7 陈毅故里大门

（图片来源：课题组成员拍摄）

2. “合”——融入巴蜀文旅走廊，干好实事，让动能“合起来”

巴蜀文旅，既同根同源，又各具特色。资阳要坚持“合”的思路，以交通互联为依托，整合资源扩宽文旅“朋友圈”，积极融入巴蜀文化旅游走廊，助力川渝一体。资阳市以“市场主导、政府推进、优势互补、突出特色”为指导，坚持事业与产业相统筹、保护与开发相协调、融合与创新相结合、质量与效益相统一的原则，在资阳协同区大力实施全域旅游发展战略，充分挖掘文旅资源优势，释放文旅经济活力，推动文旅、农旅、康旅、工旅、商旅等深度融合，联动发展环成都文旅经济带和巴蜀文旅走廊建设，奋力建设成渝联动门户、成都东部枢纽、临空经济高地、山水魅力之城，打造巴蜀生态康养文化旅游目的地。

建设资阳大足文旅融合发展示范区，打造石刻文化体验组团，是资阳融入巴蜀文旅走廊的重要一环。一是共建文旅线路。加快安岳—大足旅游快速通道建设，积极对接大足区文旅项目，共同推出乡村旅游、石刻线路等精品线路，开通安岳到大足的旅游巴士，进一步打通区域游客往来渠道。二是共拓合作平台。以成渝双城经济圈建设为契机，依托成渝直线联盟、渝西川东合作等平台，与重庆大足区在文艺演出、公共服务、旅游发展等方面开展合作。三是共享石刻文化遗产。联合大足组建非遗产品研发团队，共同研发两地石刻石雕、大足竹雕、安岳竹编等非遗文化，讲好两地共通的石刻文化故事，有力促进了两地石刻文化、技艺传承交流联系。

资阳同时致力于建设“3 廊道”，以巴蜀间的共同文化基础为灵魂，助力打造特色品牌。一是“多彩丘陵”美丽乡村廊道。沿境内国道 319、国道 318、省道 106 和阳化河水系，西起中国牙谷特色小镇，东至安岳县卧佛院，串联五组团，打造原生态、田园式、体验式乡村旅游线路，融入巴蜀美丽乡村示范带和蜀道—嘉陵江旅游环线。二是“人文沱江”成渝古驿廊道。沿境内沱江和国道 321，北起水龙灵度假村，南至佛山橘海，串联“临空新城 · 文旅康养”和“长寿之乡 · 田园休闲”两个组团，打造山水风光文化走廊，融入沱江流域生态文化旅游线和环龙泉山文化旅游线。三是“佛心石韵”文化遗产廊道。沿卧佛至石羊快速通道，北起卧佛院，南至毗卢洞，串联“柠檬之乡·绿色生态”和“石刻之乡·文博艺术”两个组团，打造唐宋石刻精品旅游线路，融入巴蜀佛教文化旅游线路。

（四）奏响生态协同保护最强音，共建世界级滨江发展轴

生态文明建设已上升至国家战略，资阳市以“成资同城、生态优先、绿色发展”为指导，树立“绿水青山就是金山银山”的发展理念，践行“创新、协调、绿色、开放、共享”发展理念和乡村振兴战略，抢抓成德眉资同城化发展和成都东部新区建设机遇，积极融入成渝地区双城经济圈建设，协同推进环境污染联防联治，推动形成拥江发展新格局，整体打造城市核心生态骨架、共建沱江绿色发展经济带。筑牢成都东部新区资阳协同区生态绿色本底，支撑协同区高质量发展，打造成资同城化绿色发展示范区，奏出人与自然、社会和谐发展的文明乐章。

1. 人城和谐——共同推进成资空间联动，打造资阳沱江滨江带

青山披翠，城在园中，自然景观与城市建设相得益彰。人在景里，安居乐业，绿色发展新风吹拂雁城大地。

“沱水临中座，岷山到北堂。”沱江，这条孕育了无数资阳人的江河，千年江水悠悠，自主城区蜿蜒而过，是资阳市城市发展核心地带和建设生态江城的重要载体。成都“东进”、资阳“西迎”，沱江赋予成资在空间联动率先突破的优势。成都在编制完成《龙泉山东侧沱江发展轴总体规划》后，资阳迅速将打造沱江绿色发展轴纳入成资同城化“头号工程”。《沱江绿色经济发展轴资阳中心城区“一江两岸”总体规划暨重点地区详细城市设计方案》拟依托沱江干流资阳段、阳化河干流，规划长度 106.5 公里，建设面积 1880 公顷，以“两条碧水长流的生态长廊，孕育山水田园的幸福资阳”为主题，重点打造资阳生态发展轴核心绿带。

以山为核，协同成资城市组团。城市发展在国家城市群中战略定位的不同，决定了城市格局的调整。成都市东部新区的建立，标志着龙泉山和龙门山夹着中心城区的“两山夹一城”转变为“一山连两翼”。家住北门车站附近的陈女士经常带着孩子去街边新建成的小花园散步。她说：“这几年修了不少街角小花园，凤岭公园、字库山公园也越来越漂亮，我们休闲有了更多去处。”资阳市在坚持“一山一特色、一山一主题”的特色前提下，协同“一山连两翼”的发展战略，推动城市形成公园特色化组团。一是建设以“康养”为主题的凤岭公园组团。加快推进北部新城建设，打造阅览山河、俯瞰城市的山顶地标。二是建设以“政务服务和总部经济”为主题的车城公园组团。结合中车老厂址的产业发展历史，打造“车”文化的公园群落。三是建设以“城市都市中心”为主题的天台山公园组团。以成资轨道 S3 线建设为契机，打造生产生活、生态空间相宜的现代化都市复合型空间。四是建设以“休闲度假”为主题的白沙坝公园组团。打造集康养、会议、旅游与观光为一体的休闲度假区，示范带动全市域、全领域构建新生态。

以水为魂，打造沱江滨江发展轴。“东拓南延，拥江发展。”资阳将协同成都淮州新城、简州新城、空港新城、简阳城区打造沿沱江流域生态走廊，共建沱江绿色生态发展轴，着力打造“一轴、一带、多点”的城市滨水活力空间。构筑“航道 + 铁道 + 滨江道 + 绿道”复合交通走廊，打造董家坝、侯家坪等文娱、会展、物流特色小镇（街区），建成水清景美、产兴业旺的绿色景观带和与成都相呼应的高品质绿色经济发展示范带，实现成资产业承接转移。

以廊为环，提升“资溪九曲”人文景观带。“十里画卷绘雁城，九曲八景融古今。”资阳市以廊为环，坚定拥江发展思路，对标成都美丽宜居公园城市规划，与成都共建沱江绿色发展经济带，沿江依次串联特色小镇、主题公园、基本服务、临时休憩四级驿站，满足群众健身休闲、客商观光游览的需求，为举办城市自行车赛、马拉松、花卉展、大庙会等特色活动提供支撑。优化绿道空间体系，彰显资阳人文韵味，构建“一轴穿城、两环绕城、多网链城”的三级资府绿道体系。让老百姓真正“望得见山，看得见水，记得住乡愁”。

2. 城水共生——深化跨界水体共治体系，共筑长江上游生态屏障

江水清澈，碧绿如玉，树木丰茂，满眼绿荫。顺江而下，老君、临江、松涛、南津、伍隍，一座座诱人的集镇，都与绿色紧密相连。在南津，迎桥村数十万株果苗在果园里茁壮成长，苏家湾两岸绵延数公里的长江防护林带郁郁葱葱，一片苍翠，掩映出“母亲河”的秀美与壮丽。

过去，“母亲河”也受到过伤害。采砂船肆意开采，把剩余的鹅卵石丢弃在江中，阻塞航道，打碎了“母亲河”的骨骼；股股污水浊流直泻沱江，侵蚀着“母亲河”的肌肤；建筑垃圾、生活垃圾倾倒入江，丑化着“母亲河”的容颜。

在成都东部新区资阳协同区建设口号的影响下，资阳推动资阳协同区与成都东部新区实现环境污染治理，生态空间优先管控，筑牢长江上游重要生态廊道，力争把成都东部新区资阳协同区建设成为美丽四川的典范。

深化跨界水体协同共治体系，强化流域水生态修复。成都东部新区成立后，资阳市协同成渝城市群，建立健全全流域跨界水体协同管理机制。联合成都市共建河（湖）长制工作联动机制，定期联合开展流域水环境风险排查，合力打击涉嫌生态环境违法行为。主城区沿沱江水系水网滨河两侧建设生态廊道，实施农村生活污水“千村示范工程”，做好雁江区中和镇凉风村、安岳县兴隆镇金龙村、乐至县宝林镇黄家祠村农村生活污水处理技术示范，确保东部新区资阳协同区生活污水得到有效治理。打造长江上游、沱江中游生态屏障，雁城八景的秀丽风光也将重现在世人面前。

构建“海绵城市”和“韧性城市”。资阳市继续开展水环境治理，提出城市水体自然生态修复和梯级滞蓄、溪水常流、自然补给的河湖连通系

统构建策略。资阳市政务服务和大数据管理局相关负责人在资阳全球投资推介会上激情洋溢地为外地客商介绍着资阳协同经验：“资阳市将继续营造城市亲水空间，完善滨水公共服务功能，学习借鉴‘数智环境’成都模式，实现成资环境大数据共享，与成都将强化在流域污染联防联治、城镇空间布局、绿色产业体系、生态价值转化等领域的对接协作。”

3. 产城互动——优化自然生态环境保护，融入成德眉资都市现代生态农业

资阳市坚持“两山论”的发展理念，把保护和修复生态环境摆在优先位置，坚定走绿色低碳循环、可持续的高质量发展之路，推进产业生态化、生态产业化，实现社会经济发展和生态环境保护互促互进。

生态环境共保共治。在北门经营面包店18年的彭桂娉回忆：“以前天经常灰蒙蒙的，店里家具半天不擦就铺了一层薄薄的灰尘。这几年好多了，经常都是蓝天白云绿水相伴。”随着成都东部新区的建立，资阳迅速行动，精心绘就全市经济社会发展向绿色转型蓝图，率先吹响了“大规模绿化全川”的号角，坚定不移地走生态优先绿色发展之路。深入开展大规模绿化全市行动，森林覆盖率达到41%，积极推广运用市花市树，系统开展保留山体绿化补植补造。与成都市联合打造水系和道路绿色网络，严格生态红线管控，建立健全生态保护红线管理机制。

共建成渝现代高效特色农业。在国土空间规划上，充分利用成渝直线主轴和沱江生态发展轴的地理优势，通过精准把握成都地区双城经济圈建设，与成都市共建成渝现代高效特色农业带，突出差异化、特色化、链条化发展，探索生态价值转化体系，重点建设巴蜀美丽乡村示范带和沱江美丽乡村示范带。

乐至县宝林镇黄家祠村村民黄定军的柠檬园开办于2015年，已累计投资300多万元，每年可为村民创造劳务收入20万元，正值养树期的春见已初挂果。他说：“还有两年才到盛果期，年产量可达到20万斤。”目前，

资阳已基本布局四大产业功能区（资阳临空都市农业体验园、佛山橘海现代农业产业功能区、国际柠檬产业融合发展功能区、乐至国家农业产业融合发展示范园）建设，推动简阳—雁江、资阳临空经济区农旅融合发展带、简阳—乐至高端农产品保供产业带建设，推动资阳和成都跨区域乡村振兴示范走廊构建，建设毗邻区县乡村振兴示范典型，共同打造形成全国领先的成渝都市现代高效特色农业示范区资阳区域，积极融入长江经济带发展战略，努力为全省发展大局贡献资阳力量、展现资阳作为。

四、实施效果

党中央部署推动成渝地区双城经济圈建设，着力打造继京津冀、长三角、粤港澳之后的中国经济“第四增长极”，给成渝地区带来了新的重大发展机遇。资阳市委、市政府迅速抢抓战略机遇，找准战略定位，主动积极作为，全面融入成渝地区双城经济圈建设。

（一）立体综合交通枢纽基本成型，通道优势进一步凸显

聚焦推动成渝地区双城经济圈建设，四川省委十一届七次全会明确指出，要抓实补短板、打基础、增动力、利长远的重点任务，尽快取得突破性进展和实质性成效。其中，加强交通基础设施建设，深入实施交通强省战略，聚焦“内联”形成经济圈高效便捷交通网，聚焦“外畅”打通多向出川大通道，建设现代物流枢纽体系，构建现代综合交通运输体系，是其中的重点任务之一。

成都东部新区资阳协同区在建设和发展过程中，紧紧扭住“共建成都东部交通枢纽”这个核心任务，积极部署融入成都枢纽建设、建设外联通道网络、构建内畅交通体系、优化公共交通服务几个方面的重要工作。其中，天府机场距资阳临空经济区 12 千米、距资阳中心城区仅 18 千米。直

达机场的轨道交通、快速通道、公交专线方便快捷，“8 高 11 轨 16 快”综合交通体系加快构建，资阳已经实现“县县三高速”，即将实现“县县双高铁”。作为成渝双城圈的重要节点城市，资阳的独特区位交通优势进一步凸显，在丰富资阳老百姓日常出行方式的同时，也为资阳协同区带来了更多的发展机遇。

（二）临空优势产业形成错位布局，差异协作发展显成效

《成都东部新区资阳协同区“1 +4 +20”建设推进方案》将协同构建全面融合产业生态圈明确为重点任务之一，并从统筹产业布局、强化产业协作配套、建设产业合作园区几个方面着力。谋划之初，资阳临空经济区就积极对标雄安新区、成都空港新城等地区经验和自贸区、保税区建设标准，不断完善临空经济区规划体系，产业布局既着眼协同发展又坚持错位互补。

历时 4 年规划建设，凭借天然凸显的地理优势，在成渝地区双城经济圈建设和成资同城化发展两大战略的支撑下，资阳临空经济区成为成渝门户枢纽和成资同城化的核心区、主阵地。如今，临空经济作为资阳全新经济增长极的发展势能正在显现。据统计，2020 年资阳临空经济区全年地区生产总值 22.04 亿元。其中，第一产业实现增加值 3.86 亿元，比上年增长 3.0%；第二产业实现增加值 11.43 亿元，比上年增长 2.3%；第三产业实现增加值 6.75 亿元，比上年增长 2.3%。相信不久之后，随着临空制造、高端服务产业集群全面形成，都市农业的健康发展，资阳临空经济区将为城市和区域经济发展提供源源不断的新动能。

（三）生态环境联动共保持续深化，绿色发展谱写新篇章

行政区划有边界，生态保护无边界。资阳市以成渝直线、沱江发展轴为城市空间两大轴线，地处双核中心，是加强生态环境保护、推进区域内

生态廊道建设、深化跨区域跨流域生态环境保护合作、推进生态环境联防共治的重要组成部分。

一是生态环境保护尤其是大气污染防治取得重要成果。四川的成都、达州、广安、遂宁、资阳、内江、泸州等市，重庆的长寿、江津、合川、永川、大足、潼南、荣昌等区，都是受大气污染传输通道相互影响的主要市（区），开展大气污染防治双边、多边协作势在必行。《关于深化川渝两地大气污染联合防治的协议》《成都平原经济区生态环保一体化发展合作框架协议》《成德眉资同城化暨成都都市圈生态环保联防联控联治实施方案》的编制与签订，为资阳市融入成渝生态环境联防共治提供了制度保障。

二是跨区域、跨流域生态环境保护合作得以强化。川渝地区地缘相连、水系相通，境内干流长度占整个长江干流长度的39.37%。目前，川渝两省市在深化河湖长制合作、开展河流联合巡查、强化河流联合治理等方面达成共识，将进一步加强跨界河流协同治理，推进长江、嘉陵江、乌江、岷江、涪江、沱江等生态廊道建设，打造良好水环境和优美水生态。资阳市作为长江经济带及沱江重要城市，全面推进沱江河长制工作落实，制定印发《2021年资阳市沱江流域水生态环境工作要点》《2021年沱江河长制清单》，加强沱江上下游、左右岸共整共治，提升沱江、阳化河、九曲河生态品质，增强生态、景观、文化、公共服务、水源保障等功能，共建跨界水体共治体系。

（四）巴蜀文旅走廊建设不断推进，自然与人文相融共生

成资渝三地地域相接、血脉相连、文脉相通，有巴文化、蜀文化、长江文化、革命文化、“三线文化”、移民文化等深厚的历史文化渊源，可以实现真正意义上的历史文化资源共建共享、合作共赢。打开“双门户”，成渝之间是资阳。西迎成都、东接重庆，资阳作为唯一同时与两个国家中

心城市接壤的地级市，不断挖掘用活成渝两地文化旅游资源、畅通联动巴蜀文旅走廊、打通两地文化交流的“任督二脉”。

资阳市以巴蜀生态康养文化旅游目的地为定位，初步完成临空新城·文旅康养组团、长寿之乡·田园休闲组团、柠檬之乡·绿色生态组团、陈毅故里·红色体验组团、石刻之乡·文博艺术组团的空间布局及“多彩丘陵”美丽乡村廊道、“人文沱江”成渝古驿廊道、“佛心石韵”文化遗产廊道的基础建设，抢抓成渝地区双城经济圈一体化战略，抓住川渝合作“2+16”系列工作方案（协议）政策机遇，与重庆在文旅融合发展方面就12个项目达成意向性合作。主动服务成都和重庆两个国家中心城市。主动对接、深度融入成都文化旅游经济发展核心区，融入成都“三城三都”建设。加强与渝西旅游经济带城市的合作，共建无障碍旅游示范区，推进与环成都文旅经济带、渝西旅游经济带城市协同联动、一体发展。在用好、用活历史文化资源的基础上，一方面，逐渐拆掉政策竞争互斥、规划不衔接、通道不畅通等看得见的“墙”；另一方面，要摒弃心理上的障碍和分歧，真正拆掉区域之间、上下之间、内部之间无形的“墙”，做到互信、互通、共享。

五、经验启示

成都东部新区协同发展是成都、德阳、眉山、资阳等城市主动担当国家战略新使命、积极抢抓历史新机遇、共建共享区域发展新势能的现实之举，意义重大、影响深远。梳理总结其发展的经验和教训，可以得出如下启示。

（一）要用好用足政策，共担历史使命

从现实条件分析，协同发展是多重利好机遇叠加，《成渝地区双城经济圈建设规划纲要》明确了要推进成德眉资同城化发展、加快共建成都都

市圈。《成都都市圈发展规划》明确支持德阳、眉山、资阳建设成都东部新区协同区。四川省委十一届七次全会明确支持成资临空经济产业协作带和交界地带融合发展，支持以“一区两片”模式共建天府国际空港航空经济试验区，支持共建成渝中部地区一体化发展示范区等。为建设成都东部新区协同区带来重大战略机遇。

因此，协同发展区应用好用足《成渝地区双城经济圈建设规划纲要》《关于推动成渝地区双城经济圈建设的若干重大改革举措》《关于推动成德眉资同城化发展的指导意见》《成都都市圈发展规划》等政策措施，积极探索推进行政区和经济区适度分离改革，争取在省级层面建立成都东部新区协同发展区发展基金，着力破解土地、资金等制约协新区发展的要素瓶颈，协同创建具有国际影响力的东部协同发展区。

（二）要打破行政分割，夯实机制保障

成都东部新区协同发展区的规划范围涉及不同行政区块，在四川全省的功能定位已远远超越区级、市级局部性地方利益。随着成德眉资同城化持续向纵深发展，资阳与成都、德阳、眉山在推进行政区与经济区适度分离等方面进行了积极探索并取得了一定成效，推动一批“打基础、利长远、促发展”的重点项目开工建设，大量民生领域“补短板、惠民生、强均衡”的合作事项加快推进。但同城化目前仍处于初步融合阶段、成都东部新区协同发展区尚处于起步阶段，工作主要是搭建框架、对接互动、寻求突破、积蓄动能，体制机制障碍仍是阻碍其发展的重要因素。

因此，必须加强省、市、区三级政府部门间纵向协同和监管统筹，在理顺相关行政主体权利、责任与利益关系的基础上建立一体化新区管理体制机制，打破横向区块分割和行政壁垒，推进成都与其他协同发展区的高效联动，更好地发挥政府作用和市场在资源配置中的决定性作用，提高整体运转效率。

（三）坚持规划引领，凝聚发展合力

规划的浪费是最大的浪费。成都东部新区协同发展区建设是区域协同发展的重要形态，国内外有一些可借鉴的宝贵经验。

例如，历经长期发展探索实践，欧洲、北美、东亚地区涌现出众多人口密集、经济活跃、富有竞争力的世界级都市圈（协作发展区）。国内以长三角、大湾区和京津冀为代表，形成了中心城市牵引形成的大都市圈。以日本为例，东京都市圈是典型的组团式网络化发展模式，经过五轮规划建设，经历了“绿环带+新城”“一极集中”“一极+多点”“组团式网络结构”4个阶段，渐次推动了人口、产业以及城市功能的网络化布局，城市化率达90%以上，构建起一个有3700万人口、经济总量1.7万亿美元的世界级大都市圈，成为日本集聚国际高端要素的窗口和主阵地。长三角区域是典型的中心城市引领型都市圈，经过近40年的努力，已经形成以上海为龙头，以南京都市圈、杭州都市圈、合肥都市圈、苏锡常都市圈、宁波都市圈为次极，区域一体化发展的城镇体系，经济总量超过20万亿元、占全国比例近1/4，承载人口2.2亿人、占全国比例近1/6，呈现出经济社会发展全国领先、科技创新优势明显、基础设施联通、生态环境共保、公共服务共享、城镇乡村协调的发展局面。综观国内外成熟或先发区域协同发展区历程，呈现出共通的特点：规划引领和政策支持是根本保障。东京区域协调发展区（都市圈）建设始于1956年、长三角一体化建设始于1982年，经过“核心城市引领—外部溢出—功能布网—融合发展”的阶段并逐渐走向成熟，得益于区域中心城市和区域其他城市间不懈的同心同向合力推动。日本政府前后共制定了10多项相关法律，推出系列财政金融政策，建立了以中央政府为主导、区域性协作机制相配套的协调推进机制，保障东京都市圈规划的顺利实施。长三角一体化建立“决策层、协调层和执行层”三级合作机制，通过合作联盟、合作协议、合作基金、专业论坛、专题合作等方式打破行政壁垒，实现全领域对接。

因此，成都东部新区协同发展区建设必须牢固树立融合发展理念，做好顶层设计，坚持协同区与成都东部新区在总体规划、空间规划、控制性详细规划等专项规划上高度统一、无缝衔接，通过完善的规划体系，促进区域资源要素同用、城市运营同体、竞争优势同构，打造空间一体、功能协调、制度统一的区域发展共同体，确保新区开发、建设、利用的前瞻性、科学性和可持续性。

（四）用好比较优势，激发竞争合作潜能

成都作为国家中心城市和西部地区重要的经济中心、科技中心、金融中心、文化中心、对外交往中心，集中了全省最优质的科教、人才等资源。成都东部新区作为成都未来发展的重要区域，大量资源将聚集于此，协同发展区的其他城市应发挥“近水楼台先得月”的区位优势，主动“借光发光”，借助成都的发展环境、发展政策、发展资源、发展平台，进一步拓展成都新区对内对外开放合作，扩大新区影响力，打造新区核心竞争力，更高层次参与国内外经贸合作，全面提升发展能级，同时让群众直接受益，享受到更为优质和便利的公共服务。

同时，协同发展区要注重基于自身资源禀赋和比较优势有机嵌入区域、区际分工体系，融入区域、全国乃至全球城市网络，不断提升新区以及资阳在网络中的价值捕获能力和战略耦合能力。具体而言，基于成都东部新区协同发展区建设正处于起步阶段的现状，应充分发挥成都主导带动作用和周边城市比较优势，走特色、差异、协作发展之路。德阳、眉山、资阳要与成都注重优势产业错位布局，主动为成都东部新区产业补链、延链、强链，协同做强成都“主干极核”功能，提升协同开放创新水平，构建优势互补、高效协同发展格局。此外，在具体实施过程中谨防盲目、冒进布局投资项目和产业发展项目，注重内涵式高质量发展。

（五）打造产业集群，产城融合并举

跨区域协同发展，重点是处理好区域内特色化发展和同质化发展的关系，找准方向，形成区域分工与协作的发展格局。从国内先进经验来看，长三角地区以共同培育产业集群为抓手，注重各扬所长，以产业链为强链、以补链为核心，形成良好的分工协作格局，共同打造跨区域先进制造业集群。江苏、浙江两省先后出台指导意见或行动计划，在全省范围内统筹考虑，重点培育若干先进制造业集群，通过集群促进机构将有合作关系和竞争关系的各方联合起来，以共同应对来自外部的竞争。

因此，东部新区协同发展区应积极抢抓机遇，着力干好“四件大事”：一是共建产业生态圈。按照“总部、研发、头部、终端在成都，转化、配套、承接在协同发展区”模式深化合作，推动协同区建设成为成都东部新区产业补链、强链和转移疏解的重要基地。例如，在资阳协同区错位发展临空制造、临空综合服务、轨道交通、商用车及零部件、口腔装备、生物医药、现代商贸、都市农业等产业，与东部新区共建产业生态圈。二是强化产业协作配套。瞄准成渝两地万亿级电子信息产业集群，加快发展集成电路、智能硬件、大数据等产业，有效填补产业发展空白。抢抓天府国际机场即将建成投运的重大机遇，加快发展具有临空经济特色的高端产业集群，协同共建成资临空经济产业协作带，引领产业结构转型升级。对接成都“三城三都”建设目标定位，大力发展航空食品等地方特色美食，优化布局以生态康养、口腔医疗、农旅融合为重点的休闲消费体验功能区，积极参与成都国际消费中心建设。三是建设产业合作园区。围绕产业补链、延链、强链，高标准共建产业合作园区。例如，资阳可重点在临空经济区布局建设成资临空制造产业园，在资阳高新区布局建设高新技术产业协同发展先行示范区，在雁江区布局建设成都汽车零部件配套基地，在乐至县布局建设成资汽车配件产业园，在两市交界地带布局建设一批跨区域乡村振兴示范走廊和农商文旅融合发展示范点。四是建设产城融合的高品质生活宜居地。在促进产业集群化发展的同时，坚持以人为本，合理布局生活配套和服务设施，发挥人文自然优势，建成产城融合的高品质生活宜居地。

（六）优化基础设施，完善公共服务

坚持以交通先行为支撑，以便民共享为根本，加快共建立体综合交通体系，推进公共服务普惠共享，加快提升新区内城市品位和城市能级。一方面，加紧织密“交通网”。从发达地区都市圈的经验看，东京都市圈拥有世界上规模最大的城市轨道交通系统，上海都市圈全面形成了轨道交通半小时通勤圈。密集的轨道交通网降低了资源集聚对区位的依赖，功能布局网络化提升了区域城市间运行效率、发展质量。因此，协同发展区要积极对接《国家综合立体交通网规划纲要》，统筹推进区域内立体综合交通网络建设，强力推进重大交通项目建设，以密集的交通网降低资源集聚对区位的依赖，持续提升区域运行效率、发展质量。

另一方面，加快完善公共服务。按照建设高质量省级新区的目标要求，统筹优化新区市政公用工程设施和公共生活服务设施等，推动教育资源共享、文化体育、公共卫生和医疗养老、公共安全保障等方面的合作，协同提高公共服务供给质量和水平。例如，深化成都优质教育等“八大共享平台”合作，促进合作办学、网教共享，建立健全互派骨干教师（校长）跟岗研修常态化工作机制；深化多模式医联体合作，扎实推进成都优质医疗资源扩容下延，共建特色医疗专科联盟，进一步完善双向转诊、远程医疗服务体系和检查检验结果互认机制；深入推进社保无障碍转移、养老保险核查互认、异地就医即时结算扩面提质；深化“互联网+政务服务”合作，促进政务云平台、政务大数据平台共建共享，尽快实现一网通办、结果互认，推动成都新区协同发展区与成都在就业社保、公共就业创业服务、社会保险协同互认、教育文化、医疗卫生、落实户籍便捷迁移、

住房保障等公共服务政策协同，加快建立起同步便捷生活事项清单化管理制度和更新机制，以此增强区域集聚效应，聚集产业高端人才，为成都东部新区及协同发展区建设运行不断注入动力和活力。

参考文献

［1］张景秋，孟醒，齐英茜．世界首都区域发展经验对京津冀协同发展的启示［J］．北京联合大学学报，2015（10）．

［2］王得新．我国区域协同发展的协同学分析：兼论京津冀协同发展［J］．河北经贸大学学报，2016（5）．

［3］国际复兴开发银行，世界银行．重塑世界经济地理（2009 年世界发展报告概述）［J］．城市与区域规划研究，2009（3）．

［4］顾朝林，于涛方，张敏，等．长江三角洲城市群空间规划［J］．城市与区域规划研究，2009（3）．

［5］邹军，姚秀利，侯冰婕．“双新”背景下我国城市群空间协同发展研究：以长三角城市群为例［J］．城市规划，2015（4）．

［6］祝尔娟，何皛彦．京津冀协同发展指数研究［J］．河北大学学报（哲学社会科学版），2016（3）．

［7］张平．胶东半岛区域产业协同发展战略［J］．科学与管理，2005（2）．

［8］张淑莲等．京津冀高新技术产业协同创新研究［J］．河北工业大学学报，2011（6）．

［9］张劲文．首都经济圈跨区域产业协同创新的模式与路径研究［J］．改革与战略，2013（8）．

［10］徐永慧，周立群．区域协同发展的新纽带、新载体：京津冀产业联盟的发展现状与合作机制［J］．河北联合大学学报（社会科学版），

2016（5）.

[11] 张协奎，林冠群，陈伟清．促进区域协同创新的模式与策略思考：以广西北部湾经济区为例［J］. 管理世界，2015（10）.

[12] 李国平．加快构建京津冀区域协同创新体系［J］. 区域经济评论，2016（2）.

[13] 刘亚娟．利益共享视角下的区域协同创新研究：以西南六省区市为例［J］. 经济学，2016（6）.

[14] 王明安，沈其新．基于区域经济一体化的府际政治协同研究［J］. 理论月刊，2013（12）.

[15] 邱诗武．珠江三角洲区域行政协同机制构建探究［D］. 广州：广州大学，2012.

[16] 高俊峰．跨域治理与区域协同："一带一路"建设的时代审视［J］. 理论研究，2016（2）.

[17] 朱慧．公共经济学视角下的京津冀区域协同分析［J］. 城市地理，2016（20）.

[18] 黄征学．城市群的概念及特征分析［J］. 区域经济评论，2014（4）.

课题指导： 中共四川省委党校（四川行政学院） 阿海曲洛

编写单位： 中共资阳市委党校（资阳行政学院）

研究团队： 李　晶　刘维薇　许　英　郭立为　石朝武　田　翔

后　记

《开启全面建设社会主义现代化四川新征程的实践研究》是中共四川省委党校（四川行政学院）深入学习贯彻党的十九届五中全会、中共四川省委十一届八次全会精神的生动实践，被纳入了2021年度中共四川省委党校（四川行政学院）重点委托项目及重大研究市（州）项目，受到校（院）领导高度重视，得到各市（州）党校（行政学院）大力支持。

"开启全面建设社会主义现代化四川新征程的实践研究"丛书的总主编为中共四川省委党校（四川行政学院）副校（院）长裴泽庆。该研究包括1本理论专著和3本案例集，理论专著为《全面建设社会主义现代化四川的战略研究》，案例集分别为《成渝地区双城经济圈建设案例研究》《四川乡镇行政区划体制改革案例研究》《四川县级党校高质量发展案例研究》。

理论专著由省委党校牵头完成，主要结合党的十九届五中全会、四川省委十一届八次全会的战略部署，把握四川发展的国内外环境和阶段性特征，辩证看待新发展阶段面临的新机遇新挑战，深刻认识社会主要矛盾变化带来的新特征新要求，强化理论支撑，找准实践转化桥梁。案例集撰写由各市（州）、区（县）党校部分骨干教师完成，聚焦四川乡镇行政区划体制改革、成渝地区双城经济圈建设、四川县级党校高质量发展方面，从市、县、乡（镇）、村（社区）、企业等各个不同的层面和维度，选择富有故事性、代表性、独特性的对象开展撰写工作，注重案例细节展示与理论提炼相结合，展示全面建设社会主义现代化四川的创新做法和实际成效，着重突出四川特色、寓理于事，有效反映了四川经济社会发展。

《成渝地区双城经济圈建设案例研究》由中共四川省委党校（四川行政学院）副校（院）长裴泽庆和经济学教研部主任许彦主编，全书约 20 万字，包含 11 个研究报告，主要从川渝协同联动、成渝主轴发展、促进县域经济上台阶等方面开展研究，参与编撰的市、州党校为省直机关党校、成都市委党校、泸州市委党校、德阳市委党校、遂宁市委党校、南充市委党校、达州市委党校、雅安市委党校、眉山市委党校、资阳市委党校、甘孜州委党校。

本书能够促进学员进一步深入学习相关会议精神、政策执行、方法经验等，同时对实践案例进行剖析分析，也能够进一步指导工作开展，为全面建设社会主义现代化四川贡献党校智慧力量。

本书在撰写过程中，周治滨、郭伟、李翔宇等对研究开展和成果撰写给予了宝贵的指导。中共四川省委党校（四川行政学院）研究室、财务处、行政后勤处在文稿写作、资金支持、后勤保障方面给予了全面的支持。国家行政学院出版社为本书的出版进行了扎实细致的工作，付出了辛勤的劳动，在此一并表示感谢。

裴泽庆　许　彦

2021 年 10 月